中国社会科学院创新工程学术出版资助项目

# 保险业系统性风险
# 及其管理的理论和政策研究

郭金龙　周华林　著

社会科学文献出版社
SOCIAL SCIENCES ACADEMIC PRESS (CHINA)

现代保险业的发展极大地扩大了保险的功能和范围，使得保险的业务领域由传统保险业务向非传统保险业务扩展和延伸，改变并提升了传统保险业在金融系统和经济生活中的地位和作用，赋予现代保险业更多的金融功能和特征，现代保险业已经成为金融系统中的重要支柱，渗透到社会经济生活中的每个领域和各个方面。随着现代保险业的进一步深入发展，未来将产生更多新形态的保险业务，从而进一步深化保险业在实体经济中的应用范围，改变保险业对现代经济社会的影响力和作用。

保险业本质上是一种风险管理过程，但其自身也是风险系统的重要组成部分，在一定条件下，也可能引发更为严重的后果。保险业金融属性和功能的不断扩展，使得保险业更多地以金融业的形态存在和发展，也因此沿袭了金融属性的所有特性。现代保险业不再是金融系统中最具稳定性的组成部分，而是金融系统风险中的重要一环，也可能对实体经济产生致命的破坏力，影响和后果可能远超过银行业。

2008 年金融危机的爆发，是现代金融业系统性风险的一场有效的预演，各类金融行业都在这场危机中有所表现。银行业无疑是这次金融危机的主要罪魁祸首，也是这轮金融危机中损失较为严重的一个金融行业，许多甚至是百年老店，久经风险考验的银行也在一夜之间轰然倒塌。相比之下，保险业在这场金融危机中的隐性表现几乎掩盖了其绝大部分的负面影响。迄今为止，仍然有部分研究者认为 2008 年金融危机只是银行业不规范发展的严重后果，银行才是这轮金融危机的主角，保险业只是这轮金融危机中无辜的受害者之一，保险业对这轮金融危机的冲击力较小。

正如本书所述，美国政府为避免美国国际集团（AIG）破产倒闭，先后投入了总计约 1823 亿美元的救助金。而政府对银行业的最高救助资金发生在英国苏格兰皇家银行（RBS），救助资金达 455 亿英镑；其次发生在美国花旗银行，救助资金为 450 亿美元。美国政府为救助保险业耗费的资金远超过银行业。2008 年金融危机中全球破产倒闭的保险机构共有 3 家，保险机构破产倒闭的数量远不及银行业，但是，美国政府仅提供给 AIG 一家保险机构的救助金额就超过了全球银行业两笔最高的救助金额之和。保险业虽然未出现大规模的破产倒闭现象，但是在这轮金融危机中的损失巨大，其影响和后果并不比银行业的小。美国政府挽救了 AIG，AIG 没有真正破产倒闭，使得保险业成为这轮金融危机中损失较具隐蔽性的一个金融行业，一定程度上造成了市场的误觉，误认为 2008 年金融危机中银行业风险的作用很大，保险业风险的作用较小。

2008 年金融危机中保险业发生的这种风险初露锋芒就彰显其威力，可见，保险业发生的某些风险也可能对经济社会发展造成巨大冲击。这种风险不同于以往国际保险市场中的破产倒闭现象，与以往传统保险业引发的风险事故具有本质的差异。现代保险业的发展在给实体经济带来巨大支持和保障的同时，新型业务的出现和某些不规范的发展方式也可能对实体经济产生巨大的破坏力。

AIG 在 2008 年金融危机中的表现和影响力，引起了国际保险监管机构以及相关学者的关注，大家开始思考保险业发生的这种新的风险是什么，有什么特征，会造成什么样的影响，如何监管和预警，与银行业系统性风险有什么不同，与保险业的一般性风险有哪些不同等问题。在金融稳定委员会（FSB）、国际货币基金组织（IMF）、国际清算银行（BIS）等机构的推动下，国际保险监督官协会（IAIS）等组织和相关学者开展了对保险业系统性风险问题的研究。针对 2008 年金融危机引发的一系列问题，美国和欧盟等诸国有针对性地开展了对各国保险业监管制度的改革计划，加强对保险业偿付能力的监管。其中，美国偿付能力现代化（SMI）和欧盟偿付能力Ⅱ是这些改革计划中影响力较大的两种保险监管模式。2012年3月份开始，中国也启动了第二代偿付能力（简称"偿二代"）改革计划。

目前，国外相关的研究已经取得一定成果。总体上来看，这些研究仍然处于初级阶段，尚未形成完整系统的理论成果，还需要进一步探索和深入挖掘，特别是关于保险业系统性风险的识别和评估方法、监管机制、预警措施等，有待未来的研究者继续深入探讨和分析。国内对保险业系统性风险问题的研究则主要引用和借鉴了国外相关研究的成果，并没有形成系统化的研究成果。同时，由于我国国内保险业发展的水平和程度相对较低，国际发达保险市场正在大规模经营和开展的新型业务，我国保险业都尚未涉足，而我国监管机构对保险业风险的监管和控制较为谨慎，保险业风险总体上处于可控状态，但也可能容易造成我国国内对保险业系统性风险问题的疏忽和轻视。

随着我国经济发展进入新一轮增长阶段，各行各业都在全面深化改革开放，保险业作为现代金融业的重要组成部分，还存在较大的成长空间和潜力，或将成为我国新一轮经济增长的重要推动力量。中国保险业正在以完善价格形成机制和准入退出机制为着力点，全面深化保险业的改革。未来我国保险业或将涉足更多高风险领域，如果管理不规范或者对保险业系统性风险的认识不够充分，可能会带来巨大风险，进而对我国现代化建设造成较大的冲击。2014年8月，国务院发布了《国务院关于加快发展现代保险服务业的若干意见》（俗称"新国十条"），要求保险行业处理好加快发展和防范风险的关系，守住不发生系统性区域性金融风险的底线，加强全面的风险管理。近年来，随着我国保险业市场化改革的推进，保险机构表现踊跃激进，涉足了一系列高风险业务。在2015年4月30号偿付能力"考核"大限之前，多家保险机构大规模增资，也反映出保险机构经营风险加剧。与此同时，监管机构也在密切关注保险市场风险发展的动态，整顿和规范保险市场秩序，最大限度地保障保险市场健康可持续发展。

2008年金融危机爆发以后，保险业加强了全球统一监管制度体系建设，由国际保险监督官协会（IAIS）牵头制定了一系列国际保险监管标准和准则，加强国际保险监管合作。针对保险业系统性风险的监管，一是加强对整个保险市场风险的宏观审慎监管；二是建立针对国际活跃保险集团（IAIG）的共同框架（CFS）；三是挑选和识别全球系统重要性保险机构，强化对这类特殊机构的监管；四是加快制定和建立《以风险为基础的全球保险资本标准》，建立针对全球系统重要性保险机构偿付能力监管资本要求的标准和原则，加强对保险业系统性风险的防范与预警。

中国社会科学院金融研究所的郭金龙研究员多年以来致力于保险业理论和政策的研究，对金融业风险管理研究颇深，具有丰富的理论研究成果和实践经验，很早就敏锐地发现了保险业系统性风险对现代保险业发展的重要性，有针对性地搜集和整理了国际和国内关于这一问题的理论研究成果资料，形成了较为完整和系统性的研究成果。《保险业系统性风险及其管理的理论和政策研究》一书是国内最早的系统性地对保险业系统性风险这一主题进行全面研究的理论成果，首次站在理论高度和国际前沿视角系统性地整理了国内外的相关研究成果，为未来深入研究这一问题奠定了基础。

2013 年，中国平安集团成功入选全球首批系统重要性保险机构，成为国际保险市场系统重要性风险的重要一环。随着中国保险市场的发展壮大，未来或将有更多的机构入选全球系统重要性保险机构，保险业系统性风险或将对中国现代经济社会的发展产生深远影响。希望本书的出版，能引起保险业界、监管机构、学术界和决策机构等对保险业系统性风险问题的足够重视，从各自的领域做好充分的准备，更好地引导现代保险业持续健康稳定发展、对我国经济社会的发展发挥更加积极的推动作用。

周延礼

2015 年 5 月 15 日

2008 年全球金融危机爆发，给全球经济带来巨大冲击和深远影响，使全球经济发展增加了更多不确定的因素，如何重构金融系统和恢复经济发展是摆在当时世界各国面前的首要问题。而要解决这一问题，首先需要对 2008 年的全球金融危机有一个全面的认识和深度的理解。现代金融业的快速发展，调整了传统金融业在社会经济生活中的地位和功能，扩大了金融业的影响范围和作用程度。保险业一向被认为是金融系统中最具稳定性的金融行业，是经济发展的"稳定器"和"助推器"。然而，2008 年金融危机中保险业的表现令人刮目相看：人们认识到保险业也不见得总能保障自身的经营风险；保险业也是全球金融风险系统中的一环，在一定条件下，也可能演变为助涨金融风险的重要工具。全球保险业虽然没有发生大规模的破产倒闭事件，不过仅美国国际集团（AIG）所造成的损失，就足以与银行业全行业发生的损失相比。由于 AIG 在 2008 年金融危机中并没有破产倒闭，而美国政府耗资巨大也力图挽救其命运，所以，AIG 成为全球金融危机救助案中最具争议性的一项政府援助计划，保险业也成为这场金融危机中最具隐蔽性的推手。实际上，现代保险业也是这轮金融危机的重要推手和重要风险环节，对金融危机的演进和发展起到不容忽视的作用，其本身也出现了潜在的系统性风险隐患。

现代保险业的发展极大地丰富和扩展了保险服务的范围和内容，使得保险业资金配置和管理的作用越来越突出，保险业更多地展示了其金融属性和功能。保险业通过跨边界业务、交叉持股、兼并重组、证券化等多种方式，与其他金融行业建立了千丝万缕的联系。任何一个金融行业发生了风险都可以迅速传递到其他金融行业，并在金融系统内蔓延，再通过各金融行业的杠杆效应放大，最终传导给实体经济，引起一系列一连串的反应。现代保险业已经成为金融系统中的重要组成部分，近年来美国保险业资产在金融资产中的占比达到40%左右，其对金融稳定的影响力和作用力并不比银行业逊色。

保险业破产倒闭牵涉的是保单持有人的利益，甚至关系到保单持有人未来几十年的利益保障问题。保单持有人投保的前提和基础是保险机构持续正常经营，一旦这种利益受到损害，或将威胁到民生保障，引发严重的社会后果和问题。2008 年的全球金融危机中，AIG 危机事件是"太大而不能倒"的问题，不同于以往保险市场的一般性破产倒闭事件。这种机构在整个保险体系中处于关键节点和环节，一旦破产倒闭可能会引发一连串的后果和问题，甚至引起整个金融系统的瘫痪和崩溃。2013 年，我国平安集团入选首批全球系统重要性保险机构，是亚洲市场唯一一家入选全球系统重要性保险机构的金融机构，反映我国保险市场的发展和进步，也反映了我国保险市场已成为国际保险市场系统性风险的重要一环。我国保险市场规模庞大，随着我国经济的进一步发展，在一定时期内其还将继续保持持续快速发展的态势，未来或将有更多的保险机构入选全球系统重要性保险机构，这类机构的稳定发展对我国以及国际金融市场的稳定具有重要作用和影响。

我国经济发展进入"新常态"对保险业的发展提出了新的要求，要求保险业全面深化改革，更好地为新一轮经济发展提供支持和动力。从全球来看，经济发达国家或者地区，保险市场也较为发达。经济发展为保险业发展提供了良好的基础和条件，现代保险业的发展则改善了经济发展的质量和效益，更好地助推经济持续健康发展。近两年来，以服务业为主的第三产业在我国国民经济中的占比已经超过第二产业，并且这一差距进一步扩大，这也反映了我国经济转型发展取得的成效。2014 年 8 月出台的《国务院关于加快发展现代保险服务业的若干意见》（国发〔2014〕29 号，简称"新国十条"），是我国保险业发展历史上具有重要意义的一项纲领性文件，明确了我国保险业要建成与我国经济社会发展需求相适应的现代保险服务业，要努力实现由保险大国向保险强国转变的目标。在传统保险业向现代保险业发展的过程中，新型保险业务的拓展以及保险业自身存在的问题也可能对现代经济社会的发展带来较大风险，甚至会影响实体经济的健康运行。正确认识和理解保险业系统性风险，对现代保险服务业的规范发展具有重要意义，也是我国保险业全面深化改革过程必须重点关注的问题。

郭金龙研究员进入中国社会科学院金融研究所以来，兢兢业业，孜孜不倦地开展科研工作，一直致力于保险业理论建设和实践发展等相关问题的研究，对风险管理理论具有独到的见解，对保险业实践发展有深刻的认识和了解，在学术研究领域建树丰富，对保险业发展动向和理论前沿问题的把握较为准确和及时，很早就意识到保险业系统性风险对现代保险业发展的重要意义。在加快发展现代保险服务业的纲领性文件"新国十条"出台不久，就完成了《保险业系统性风险及其管理的理论和政策研究》专著成果的撰写工作，为我国现代保险业的规范发展提供了坚实的理论基础，把握住了保险业理论研究的核心和关键，是我国保险理论和政策研究方面具有创新性的一项研究成果。

中国社会科学院学部委员、金融研究所所长 王国刚

2015 年 5 月

前　言

商业保险既是一项为风险提供保障的营利性金融服务，也是一项关系国计民生的保障服务。日内瓦协会（Geneva Association，2010）指出，保险的主要功能是为保单持有人提供风险保障功能，通过建立保险基金池的方式，对保单持有人的风险进行积极管理，并将部分风险转移给再保险人。通过提前收取保费的方式，保险人将部分保险资金用于投资，未来通过投资收益可以向保单持有人提供更多的赔付。由于部分保单合同期限较长，保险资金是资本市场资金的重要来源之一，是一种重要的金融媒介和资本积累过程。从 2008 年的全球金融危机来看，在金融危机的形成机制和利益关系链条中，保险公司不仅充当了次级债券的重要投资者，成为次贷市场资金的重要来源之一，而且通过其提供的按揭贷款保险、单一风险保险和信用违约掉期（Credit Default Swap，CDS）等产品，大大增强了市场和投资者的信心，成为金融危机形成机制中的重要一环。因此，现代商业保险机制是传统风险管理机制和金融资产跨时间跨空间配置机制的融合。这是现代保险发展过程中具有里程碑意义的重要标志。

2008 年金融危机爆发以后，引发了全球性的经济危机。迄今为止，多个国家仍然未从经济危机造成的经济增长下滑局势中完全恢复。在这次金融危机中，银行业遭受了巨大的损失，多个银行破产倒闭引发了银行业系统性风险。

保险业在金融危机中遭受的损失也不容忽视。全球保险机构倒闭的数量虽然不及银行业多，但这些机构的规模量级较大。例如，美国国际保险集团（AIG）的破产，导致美国政府共投入了 1823 亿美元的救助资金。由此，AIG 成为全球金融业中获得救助资金最多的金融机构，救助资金总额比政府为救助银行破产倒闭提供的救助资金最多的英国苏格兰皇家银行和救助资金第二多的美国花旗银行而支付的救助金之和还要多得多。既然 AIG 造成的损失如此巨大，美国为什么可以允许同样是百年老店的雷曼兄弟投资公司破产倒闭，而对提供保险金融服务的 AIG，即使花费巨额的救助资金，也不能容忍 AIG 破产倒闭？

美国政府对 AIG 的救助说明了"太大而不能倒"的问题。保险业一向被认为是金融系统的稳定器，是金融系统中最不容易引发系统性风险的金融行业。2008 年美国 AIG 遭遇的危机，引发了国内外学者以及监管机构对保险业系统性风险的关注，关注的焦点主要在于：什么是保险业系统性风险，保险业是否存在系统性风险，保险业系统性风险的来源，保险业系统性风险的识别方法，保险业系统性风险的监管方法，等等。

系统性风险的爆发必然伴随着机构破产倒闭，机构破产倒闭却不一定是发生了系统性风险。保险机构因为经营失败而破产倒闭的例子，在多个国家保险发展史上并不少见：1969～2002 年，美国共有 871 家财产保险公司和意外保险公司破产；20 世纪 90 年代末，日本的日产生命保险公司、东邦生命保险公司、第百生命保险公司、大正生命保险公司、千代田生命保险公司等相继倒闭①；1998～2002 年，韩国第一生命保险公司等 15 家保险公司相继破产；1991 年，美国执行寿险公司（Executive Life）和相互利益人寿保险公司（Mutual Benefit Life）的破产引发了保险市场的"退保潮"；2002 年，澳大利亚的 HIH 保险集团破产倒闭；2002 年，英国的独立（Independent）保险公司破产；等等。可见，保险公司的破产与银行业的破产倒闭一样，也是一种正常的退出

---

① 郭金龙等：《现代商业保险规范发展与金融稳定关系的综合研究》，经济管理出版社，2014。

机制，并不都是由于爆发了系统性风险。

由于多个国家都建立了保险保障基金制度，单个非系统重要性保险机构的破产倒闭对保单持有人的利益损害较为有限。允许经营管理不善的保险公司退出市场，也是一种优化资源配置、防止损失范围进一步扩大的有效机制。但是，保险业系统性风险对保险行业甚至整个金融行业造成的影响是较为深远的。与单个保险机构破产对市场的影响不同，系统性风险造成的损失可能超越保险保障基金制度的底线，影响保单持有人未来利益的承兑问题，从而引起市场恐慌，造成大规模的保险退保行为。商业保险是民生保障工程的重要组成部分，关系到保单持有人未来的基本生活问题。在多数经济较为发达的国家和地区，商业保险在民生保障体系中都占据重要地位。因此，保险业爆发系统性风险可能造成剧烈的社会动荡。

以往的文献研究认为，保险业的规模、关联性、可替代性等各方面的指标值与银行业相比小得多，而且保险业经营的原理是风险共担和风险分散机制，集中退保或者集中赔付的概率较低，所以保险业发生系统性风险的可能性较小。当今的部分文献仍然认为，系统性风险在银行业集中爆发的可能性和破坏性更大，保险业务中引发系统性危机的业务主要是非核心保险业务，传统的保险业务不会引发系统性风险，因而保险业不存在系统性风险。然而，AIG 的破产危机证明，随着现代金融业的发展，金融业务边界逐渐弱化，不同金融业务之间的融合性更强。现代保险业务由传统保险业务向非传统非核心保险业务扩展，保险业中出现了较多的类银行金融业务等，这类业务与传统保险业务的经营模式有较大的不同。在一定风险范围之内，这类业务可以为保险机构带来利润收入，增加保单持有人和股东的收益，有利于促进保险业务的发展。但是，这类业务也具有极高的风险杠杆系数，如果超过一定风险范围，可能导致保险机构破产倒闭，并使得风险向多个机构广泛传播和扩散。虽然 CDS 业务等非核心保险业务与传统的保险业务差异较大（经营传统保险业务的保险公司不被允许经营非核心保险业务），但其本质仍然是一种保险金融业务，国外部分国家保险集团的子公司或控股公司等可以经营非核心保险业务。AIG 的破产倒闭，主要是由于其子公司——AIG 集团的金融服务部（AIG FP）大规模经营 CDS 业务引发的危机。

目前，国内外关于保险业系统性风险的研究几乎还处于空白。但是，一个明确的认识是，经济危机只是系统性风险的外在表现形式和必然结果，系统性风险才是造成金融市场不稳定的最主要因素。近年来，国际保险经济学研究会（简称"日内瓦协会"，Geneva Association）、金融稳定委员会（Financial Stability Board）、国际保险监督官协会（International Association of Insurance Supervisors）、国际清算中心（International Settlement Center）、国际货币基金组织（International Monetary Fund）等机构的相关研究认为，保险业存在系统性风险。可见，国内外的主要保险机构已经基本认同保险业系统性风险的存在，并就保险业系统性风险的概念、来源、与银行业系统性风险的区别和联系，保险业系统性风险的识别、监管措施和监管方法等诸多问题展开了分析。

现代金融业的发展在包括保险行业在内的多个领域引发了较为深刻的变化，加快了保险业发展的步伐，也使得保险行业的风险不断演化和升级。保险业系统性风险爆发的概率虽然较低，但是它一旦爆发将给社会和经济造成不容忽视的影响。部分国家和地区可能难以承受这种风险损失，甚至多年难以摆脱这种损失造成的经济萧条。2008 年的全球金融危机，已经让全球看到了保险业系统性风险的潜在威力。因而，重视和关注保险业系统性风险问题，提前建设好系统性风险的防范和预警机制，具有重大的理论意义和现实意义。

本书在总结国内外相关文献研究的基础上，围绕保险业系统性风险的概念、保险业系统性风险的来源、保险业系统性风险与银行业系统性风险的区别和关联性、保险业系统性风险的识别、保险业系统性风险的监管等内容展开论述，对相关文献的观点和贡献进行提炼，以期为读者提供保险业系统性风险及其管理的理论分析框架和基本认识。

中国保险监督管理委员会副主席周延礼先生，中国社会科学院学部委员、金融研究所所长王国刚教授，在百忙之中为本书作序，特此致谢！

本书的编辑出版过程中，社会科学文献出版社的许秀江博士、刘宇轩编辑对本书文字的修改和编辑做了大量工作，在此一并致谢！

郭金龙

二零一五年五月

# 第一章

# 保险业系统性风险的概念及特征

　　世界经济的全球化发展趋势，既加强了各国经济的关联性，也增强了不同行业之间的关联性。任何一个领域内的某个随机事件，都有可能危及整个行业的发展，甚至会在其他行业造成扩散效应，并在国际各经济体之间蔓延，进而引发大面积的经济危机。比如，2007 年次贷危机爆发后，危机事件的不断演进进一步引发了 2008 年全球金融危机，最终演变为全球经济危机。迄今为止，一些国家的经济尚未完全恢复，多国经济局势依然存在诸多不确定性因素。

　　相关统计资料表明①，1980 ~ 2009 年，全球经历过严重金融问题的国家多达 178 个，在国际货币基金组织成员国中的比重达到 80%。其中，38 个国家发生过严重的系统性金融风险，既包括发达经济体，也包括发展中国家和新兴经济体。为化解金融危机，这些国家耗费的资金高达 3 万亿美元。世界各国的多次经济危机，激发了人们对危机的分析和思考。目前，尽管关于经济危机的研究文献浩如烟海，国内外大量文献也研究了系统性风险问题，然而关于保险业系统性风险的研究仍然比较薄弱。现实生活中，我们观测到的经济危机只是系统性风险的一种结果和表现形式，隐藏于经济危机背后的系统性风险才是经济危机的推手和根本原因。系统性风险这一术语的提出时间比较早，但是迄今为止，业界尚未总结出一个大家普遍认可的保险业系统性风险的定义。本章通过对以往研究文献的追踪和整理，希望进一步总结保险业系统性风险的概念及特征。

---

　　① 杜长江：《系统性风险的来源、预警机制与监管策略》，《南开大学金融学》2010 年第 5 期。

# 第一节 保险业系统性风险的概念

## 一 系统性风险的定义

### 1. 系统风险的提出

Markowitz（1952）第一次从数理统计的角度给出了风险和收益的定义，开创了在不确定条件下进行投资组合选择的"均值－方差"理论，奠定了现代金融投资理论的基础。Sharpe（1963，1964）在 Markowitz 分析方法的基础上，构造了资本资产定价模型，并明确对 Markowitz 的资本风险类型进行了区别和比较，第一次提出了系统风险（Systematic Risk）[①] 和非系统风险（Unsystematic Risk）的概念。他将风险对证券市场的影响范围作为区分系统风险和非系统风险的重要依据，认为非系统风险仅影响某种或某类股票的价格，对市场整体风险的影响较小。非系统风险主要来源于公司自身，如某个企业自身的经营或者财务问题造成的风险，包括财务风险、违约风险、流通风险、偶然风险等。非系统风险是相互独立的，可以通过分散化的组合投资方式加以规避。系统风险是和整个市场和经济体相关的风险，所有的股票价格都受这种因素的影响。系统风险主要来源于经济、社会、政治等宏观环境，无法通过分散投资或者资本市场自身的努力消除。股票价格 50% 的变动是由系统风险引起的。

Sharpe 描述了系统风险的特征和来源，侧重于描述系统风险的微观定义。系统风险是指一项投资的总风险中不能通过系统自身分散的风险，即使将这项投资采用多样化证券组合，和其他投资结合在一起，也不能避免的风险。系统风险的特征之一是与整个市场和经济体相关，描述了其作用范围；特征之二是这种风险

---

[①] 沈晖和缪因知（2010）将其翻译为"体系性风险"，中文文献多翻译为"系统风险"，故而本书沿用"系统风险"。

无法通过分散投资或者资本市场自身的努力消除，体现了风险管理原理对这种风险的管理效果。Sharpe 描述了系统风险主要来源于经济、社会、政治的宏观环境，但并没有描述系统风险来源的具体表现形式，也没有揭示系统风险的根源。

### 2. 系统风险与系统性风险（Systemic Risk）

国内部分文献研究将 systematic risk 翻译为系统性风险。多数学者并没有区分 systematic risk 与 systemic risk 两种风险，认为这两者都是表示系统性风险，因而大部分文献关注系统性风险问题的研究。但是，国内外部分学者认为，系统风险与系统性风险不同，Sharpe（1964）研究中的 systematic risk 是指系统风险，主要描述一项投资所面临的总风险中不能通过分散投资方式分散的风险，属于微观层面的定义，而经济学中所称的"系统性风险"是宏观层面的概念。而且，在西方金融理论中，系统性风险和系统风险的词根虽然相同，但两者表示的含义差异较大。系统风险强调对某个投资主体而言不能通过投资组合分散的风险，是市场固有的、对每一投资项目都同样存在的风险。

Kaufman 和 Scott（2003）认为，系统性风险的研究涵盖银行体系、支付结算体系、金融市场等所有金融相关领域。这一结论表明系统性风险的研究包含系统风险。施瓦茨（2008）认为，系统性风险与正常的市场波动存在差异，有时候正常的市场波动引起的下跌与系统性风险同时发生，但这种波动是 systematic risk，不能通过多元化组合的方式分散，对大部分市场参与者有影响。施瓦茨的研究也表明系统风险与系统性风险不同，但施瓦茨既没有指出如何区分系统性风险和系统风险，也没有辨析两者之间的关系。

近年来，国内部分文献关注了系统风险和系统性风险的区别。赵桂芹和吴洪（2012）除了指出系统风险和系统性风险不同之外，还指出系统性风险是金融风险溢出（Spillover）现象，是金融行业独有的、可能对金融行业造成影响进而扩散到经济全局的一种风险。陈忠阳、刘志洋和宋玉颖（2012）认为，系统风险是由共同的或者普遍的因素引起的资产波动性，"系统性"则是指某个时间使其他不相关的机构和市场参与者遭受了损失并有可能影响实体经济，所以系统性风险的研究涵盖系统风险，系统性事件是系统性风险的基本要素。

## 二 国内外文献研究关于系统性风险的定义

国外关于系统性风险的研究较早。系统性风险的概念最早出现在证券、银行等金融行业问题的研究中，描述由某个突发事件导致的、可能使整个金融行业面临崩溃从而影响实体经济健康运行的风险。2008 年全球金融危机爆发后，保险业系统性风险才引起人们的关注。相关的监管机构或者学者从系统性风险产生的原因、传播、影响程度等角度给出了系统性风险的定义，但相关的文献研究尚未就系统性风险的定义达成一致的观点，近期的相关研究具有一定的共识。

### 1. 早期国外文献关于系统性风险的定义

Mishkin（1995）认为，系统性风险是指可以扰乱国家金融市场信息传输过程，使得金融市场不能有效率地为有最佳投资机会的部门提供融资服务的一类突发性事件，而且这种干扰不存在宏观冲击到个体单位的固定传输模式。Kaufman（1996）认为，系统性风险是某种事件在一系列机构和市场构成的体系内引发了连续性损失，其表现是整个体系出现了"多米诺骨牌效应"。Rampini（1999）认为系统性风险是指违约相关系数。Bandt 和 Hartmann（2000）认为，狭义的系统性风险的核心是传染性，即从一个机构传输到另一个市场，再传输到某个系统，进而影响其他系统的一种外部冲击效应；广义的系统性事件是指能对诸多金融机构造成不良影响，产生严重的、普遍的系统性冲击（Systematic Shocks）的事件，除了狭义基础上的外部冲击之外，还包括同时逆向发生的、能影响众多金融机构或市场的外部冲击效应。十国集团（2001）认为，系统性风险是损害金融系统重要部分的经济价值或信心，对经济造成的负面影响随不确定性事件上升的一类风险。Summer（2003）认为，系统性风险的定义包含两层含义。一是传染性（Contagion）。主要原因是金融系统具有高度关联性，单个风险较容易通过信贷链条向整个银行系统扩散，再通过溢出效应扩散到整个实体经济。二是金融系统的脆弱性（Fragility）。由于银行采用高杠杆经营，通过短借长贷实现期限错配，所以银行处在高风险运营状态，信贷合同存在较大的不确定性。同时，质押、担保等保障机制使违约可引发一系列连续性后果。银行机构破产后，高风险再向其他金融机构扩散，使整个金融系统都处于高风险运营状态中。金融系统特别是银行具有内生脆弱性，再加上信息不对称、恐慌心理等引发提前挤兑行为，加剧了银行的流动性风险危机，进而扩散到整个金融体系，最终造成系统性风险，并危及实体经济。Kaufman（2003）认为，系统性风险是一个事件在一连串机构和市场中造成的一系列连续性损失。

### 2. 近期国外相关文献关于系统性风险的定义

施瓦茨（2008）认为，系统性风险的定义可以用两种特征描述：一是指一种经济冲击，如市场恐慌或其他原因造成市场失灵或机构倒闭，进而引发了一系列的市场失灵、机构倒闭和金融机构重大损失；二是指资本成本增加或者可用度减少，通常表现为重大金融市场的价格波动。国际清算银行（2009）认为，系统性风险是指金融系统中一个参与者不能履约，造成其他一系列参与者违约，再通过连环反应扩大为大规模的金融系统崩溃的风险。FSB、IMF 和 BIS（2009）把系统性风险定义为由整体或者部分金融系统减值引发的金融业崩溃的风险，该风险可能对实体经济产生严重的负面后果。FSB 和 IMF（2010）认为，系统性风险是一种导致金融服务中断的风险，包括两个要素：一是全部或者部分金融系统损坏，二是具有对实体经济造成严重负面影响的潜力。基于这个定义，系统性风险的定义也与负的外部性或者市场失灵有关——一个金融机构的失败或失能可能破坏金融系统和实体经济的运营。Hart 和 Zingales（2009）认为，系统性风险是指由一家机构倒闭引起系统内其他诸多机构倒闭并对实体经济造成重要影响的风险。Landau（2009）认为，系统性风险是指由金融体系内部固有机制造成的损失。该损失会损害金融系统，不一定会对实体经济造成损失。Bijlsma 等（2010）认为系统性风险是一种系统性危机。这种危机有三个主要特点：一是存在初始冲击；二是具有放大机制；三是损害金融体系。FSB、IMF 和 BIS（2011）认为，系统性风险是指部分或者全部金融体系受到损害，进而导致大范围的金融服务中断，并严重影响实体经济的一种风险。FSB、IMF、IAIS 等提出，保险业系统性风险的判断准则是其应具备四个基本要素：规模（Size）、关联性（Interconnectedness）、可替代性（Substitutability）和时效性（Timing）。Geneva Association 完全肯定了这一准则，认为这一准则对保险行业系统性风险的识别尤其重要，同时具备这四个特征的保险机构具有潜在的系统性风险。Cummins 和 Weiss（2014）指出，以往文献关于系统性风险的广义定义是指一个金融机构（寿险、财险、证券、银行）的破产对整个经济产生的一些溢出效应，关于系统性风险的狭义定义是指对所有的金融部门（或者金融系统）以及整个经济产生的破坏。Weiss 根据后一种定义认为，系统性风险是某种损失风险在整个金融系统中弥漫并对整个经济产生重大危害的风险。

### 3. 国内文献关于系统性风险的定义

朱文杰（2007）认为，保险业系统性风险是对保险市场产生普遍不良影响，足以引起多个保险公司产生连锁反应而陷入经营困境，并使投保人利益受到损害的风险。杜长江（2010）认为，系统性风险是指单个事件在许多互相关联的金融机构和市场中造成一连串损失的风险。与其他风险相比，系统性风险发生的速度非常快，既传染问题严重的部门，也传染健康的部门。马勇（2011）认为，系统性金融风险是指金融体系由于遭受了普遍的大规模冲击而无法持续有效运转的可能性。这种冲击常常表现为相当数量的金融机构倒闭和支付困难，金融市场崩溃和价格信号失灵，以及货币贬值和资本外逃，等等。陈忠阳、刘志洋和宋玉颖（2012）认为，系统性风险是由共同或普遍因素引起的资产波动性。系统性风险的"系统性"，一方面表现为一个事件影响整个金融体系，另一方面表现为这个事件使其他不相关的机构和市场参与者遭受损失，并有可能对实体经济产生负面影响。赵桂芹和吴洪（2012）认为，经济学中的系统性风险是指金融风险溢出现象，是金融行业独有的、可能影响金融行业的、最终能扩散到经济全局的风险，是宏观层面的系统风险。朱元倩和苗雨峰（2012）认为，系统性风险是某种触发因素引发，可以导致整个金融体系的不稳定性，甚至可能对实体经济造成严重危害，且具有发生概率上的不确定性、时间上的连续性和空间上的广泛性的风险。蔡利、何雨和王瑜（2013）认为，系统性风险的含义强调"系统性"，包含两方面的意义：一是某个事件对整个金融体系的功能造成了影响；二是某个事件对看似不相关的第三方也造成了一定损失。文国柱（2013）认为，系统性风险指经济周期、宏观经济政策、外表金融冲击等风险因素引发的金融体系激烈动荡的风险。这类风险具有较强的隐蔽性、累积性和传染性，可以对国际金融体系，甚至全球经济造成巨大的外部性效应，且不能通过普通的风险管理方式分散或减弱，只能采取措施防止积累或爆发，但无法根除。白雪梅和石大龙（2014）指出，以往的文献研究并没有形成统一的系统性风险定义。他们总结了以往文献研究对系统性风险定义的共同点：一是系统性风险不是只关注单个金融机构的风险，而是关注金融系统中全部或者重要组成部分的风险；二是系统性风险具有外部性，单个金融机构或者市场遭受损失时，可以在其他金融机构或整个市场中引起连锁反应；三是系统性风险具有溢出效应和传染效应，会导致金融系统中的风险传染到实体经济，给实体经济造成巨大损失。

### 4. 对文献研究中系统性风险定义的评价

已有文献研究关于系统性风险的定义表明，不论学者从什么角度去阐述系统性风险，其定义都有一定的局限性：Mishkin（1995）侧重于描述系统性风险的传播性特征；Kaufman（1996，2003），BIS（2009），Hart 等（2009），杜长江（2010），FSB、IMF 和 BIS（2011）以及文国柱（2013）侧重于描述系统性风险的表现形式；RamPini（1999）简单地将系统性风险界定为违约系数；Bandt 等（2000）侧重于描述系统性风险的传染性特征；十国集团（2001）、蔡利等（2013）侧重于描述系统性风险的影响程度；Summer（2003）、Landau（2009）和陈忠阳等（2012）侧重于描述系统性风险产生的原因；施瓦茨（2008），FSB、IMF 和 BIS（2009）从冲击的特征及危害程度的角度描述了系统性风险；Bijlsma 等（2010）、朱元倩等（2012）侧重于描述系统性风险的整个过程；赵桂芹等（2012）侧重于描述系统性风险的外部性；朱文杰（2007）

强调了对投保人利益造成损失的风险。这些文献仅从某一个方面描述了系统性风险的特征。例如，从原因去定义系统性风险的学者并没有清楚地解释系统性风险产生的原因是什么，用"不确定性"去描述风险也太过空泛。

从研究内容上来看，国内外对保险业系统性风险的存在性问题持两种观点。一种观点认为存在保险业系统性风险。因为保险机构运营业务具有高负债的特征，保险资金具有长期性特点，更适合将资产匹配于长期负债业务，所以保险机构较为脆弱，容易受到外部冲击的影响而破产倒闭，而且极容易被传染。另一种观点认为保险业不存在系统性风险。因为保险业在全球金融市场中的占比远不及银行业，所以保险业发生危机对金融系统的影响比较微弱，尤其是在发展中国家，保险系统出现问题对经济系统的影响几乎可以忽略不计。即使是在 2008 年金融危机中，美国国际保险集团（AIG）的危机主要发生在非传统保险业务中的投资领域，传统保险承保业务并没有爆发危机。可见，保险业风险不具有普遍性，因而保险业不存在系统性风险（Swiss Re，2003）。

## 三 保险业系统性风险的定义

一方面，2008 年金融危机中 AIG 虽然遭受了巨大的损失，但是，AIG 并没有真正破产倒闭，美国政府提供了大量援助以维持 AIG 的正常运营。因此，无法推测 AIG 倒闭可能对美国保险业甚至世界保险业造成多大程度的损失以及将造成什么样的影响，无法判断 AIG 破产倒闭是否会引发保险业系统性风险。然而，在 2008 年金融危机中，多数银行破产倒闭，损失迅速向其他行业和实体经济蔓延，并最终引发了全球性经济危机。另一方面，AIG 的损失主要发生在非传统保险业务中的投资领域，传统保险承保业务并没有爆发危机。因而，国内外多数文献倾向于认为 2008 年金融危机主要是银行业系统性风险，并没有爆发保险业系统性风险。多数研究文献中给出的系统性风险概念实际上是指银行业系统性风险，或者泛指金融系统性风险，是指银行、保险和证券等机构触发的系统性风险，并没有区分金融系统性风险是银行业系统性风险还是保险业系统性风险。

国内大量文献研究了银行业系统性风险问题。翟金林（2011）认为，银行系统性事件是指与一家银行遭遇困难（甚至是银行失败或崩溃）或一个金融市场崩溃相关的坏消息引起的一连串银行机构或金融市场严重的逆效应，如一连串银行倒闭或崩溃。银行系统性危机是指一个系统性事件影响相当数量的金融机构，因此严重削弱了银行体系乃至金融体系的基本健康机能，而这种基本机能是金融体系保持稳定和高回报的有效性和效率的基础。在此基础之上，翟金林（2001）将银行业系统性风险定义为由银行系统性事件的大规模冲击导致的大量银行机构或市场的逆效应诱发银行系统性危机的可能性。翟金林（2001）的定义侧重于反映银行业系统性风险不同于金融系统性风险以及其他金融行业系统性风险的特征，强调这种风险对整个银行系统造成了巨大的损失，并导致整个经济受到损失。

国外部分文献在承认保险业存在系统性风险时只强调了保险业系统性风险对金融系统和整个经济造成损失，并没有分析保险业系统性风险对保险系统的影响，如 Geneva Association（2010，2011）和 IAIS（2009）。Geneva Association（2010，2011）在分析保险业是否存在系统性风险的文献中多使用"systemic risk in insurance"，施瓦茨（2008），BIS（2009），FSB 和 IMF（2010），以及 FSB、IMF 和 BIS（2009，2011）在分析银行业是否存在系统性风险的文献中多使用"systemic risk in bank"。国内部分学者研究了系统性风险事件在银行业（翟金林，2011，等等）和保险业（朱文杰，2007）中的表现。根据这一差异，国内多数文献研究将银行系统中发生的系统性风险称为"银行业系统性风险"，与此相对应的发生在保险系统中的系统性风险（即"systemic risk in insurance"）称为"保险业系统性风险"。Geneva Association、FSB、IAIS 等并没有明确指出 2008 年金融危机是否为保险业系统性风险或银行业系统性风险。

总的来说，国内外相关文献对保险业系统性风险的定义可以概括为：保险业系统性风险是发生在保险市场中的系统性风险，是指保险体系由于遭受了普遍大规模冲击而无法有效运转的可能性，这种冲击通常表现为相当数量的保险机构的支付困难、倒闭等，从而引起金融市场其他机构无效运转和金融整体市场的崩溃，最终导致实体经济的价格失灵、货币贬值以及资本外逃等。

## 第二节　保险业系统性风险的特征

2010 年，在日内瓦协会上，FSB 和 IMF（2010）认为系统性风险是一种导致金融服务中断的风险。这种风险包括两个要素：一是全部或者部分金融系统损坏，二是具有对实体经济造成严重负面影响的潜力。基于这个定义，FSB 提出了识别保险业系统性风险的三个标准，即规模（Size）、关联性（Interconnectedness）和可替代性（Substitutability）。由于保险业某种事件演化为系统性风险受到传播速度（或时间）的影响，所以时间因素对保险行业尤其重要，相关文献对系统性风险的定义也显示了这一点。国际保险监督官协会认为保险业系统性风险还具有第四个标准——时效性（Timing）。国内外相关文献一致认为这四个特征可以作为评估保险业系统性风险的基本要素。如果某个机构同时具有这四个方面的特征，则认为该机构具有潜在的系统性风险。

## 一　规模

### 1. 规模对评估保险业系统性风险的重要性

规模是指金融系统中单个机构提供金融服务的数量，是对风险的一个粗略度量标准，是评估保险业系统性风险的首要因素。如果不考虑经济资本（Economic Capital），就无法估量资产和市值的风险。人们对风险程度有一种共识，即"规模越大，风险越大"。保险业系统性风险取决于保险机构业务的构成情况，而这些业务构成情况又反映了保险业的规模以及规模和其他系统性风险要素的内在关系。因此，必须考察保险业在国民经济中的地位和在金融体系中的重要性。

### 2. 规模效应的衡量标准

规模效应除了可以用资产的总量指标和相对指标衡量之外，还可以用资产的分散性指标来衡量。规模总量对于系统性风险的评估当然是重要指标，但规模是不同机构各种行为的组合，与其他机构相互作用，并非单纯的资产总量指标。况且，只有未分散化的资产才具有发生危机的可能性。因此，评价规模效应还应当包括资产的分散性这一要素。如果资产的各项业务之间具有良好的分散性和互补性，即使资产总量庞大，但是仍然可以较好地控制整体风险，避免系统性风险发生。

例如，大型金融机构可以通过跨行业、跨地区运营来分散系统性风险。尽管这样会使得该机构有范围更广的风险敞口，但是这些风险往往是独立不相关的，因此对于该机构来说总体风险比单个风险要小很多。分散化经营策略也解释了金融危机期间大型保险公司为何更富有弹性。尽管并非所有大型银行的多元化程度都不如大型保险公司，但一家典型的大型保险公司往往比一家典型的大型银行更加多元化。所以，我们可以看到有些保险公司会在危机后短时间内反弹。因而，必须区分多元化带来的风险集中性和风险分散化的差异。系统性风险中规模的重要性主要取决于机构的业务构成、各业务的规模，以及与其他系统性风险因子（如关联性）的相互影响等。并不是说规模较大就意味着有风险，而是指未分散的大规模具有较大的潜在风险。这是单一化经营的教训。

### 3. 保险业的规模情况

金融危机爆发以前，2007 年全球保险业名义保费收入约为 4.1 万亿美元，占 GDP 的比重约为 7.5%。保险业的业务规模虽然绝对量较大，但是在 GDP 中的比重相对较小。美国保费收入占 GDP 的比重为 8.9%；英国和中国台湾保费收入占 GDP 的比重最高，约为 15.7%；中国大陆保费收入占 GDP 的比重仅为 2.9%，保险业的发展水平相对较低。

2008 年金融危机爆发后，当年全球名义保费收入约为 4.3 万亿美元，占 GDP 的比重约为 7.1%，较 2007 年略微下降。中国台湾保费收入占 GDP 的比重最高，约为 16.2%，但是中国台湾保险业并没有爆发系统性风险，保险业受金融危机的冲击相对较小。

2012 年，在全球经济回暖和普遍恢复的形势下，全球名义保费收入约为 4.6 万亿美元。规模保费收入的绝对量上升，但是，全球保险业保费收入在 GDP 中的比重约为 6.6%，在全球经济中的贡献度下降。台湾保险业保费收入占 GDP 的比重达到 17.0%，保险深度在全球保险业中最高。2008 年金融危机爆发后，台湾保险业保费收入在 GDP 中的比重反而持续上升。而在美国等部分受金融危机影响较大的国家，保费收入占 GDP 的比重均出现了小幅下滑。

总体上看，保险业保费收入在各国和地区 GDP 中的比重相对较小，保险业对金融业的影响比银行业对金融业的影响小得多。经济合作与发展组织（OECD）的统计资料显示，美国和德国保险业资产规模占银行业资产规模的比重约为 33%，日本保险业资产规模占银行业资产规模的比重约为 47%，中国保险业资产规模占银行业资产规模的比重约为 5.3%。2009 年，美国寿险公司的信贷总额仅占信贷市场总额的 5.9%，财险公司的信贷总额仅占信贷市场总额的 1.7%，寿险和财险公司都不是美国信贷市场的主要供给主体。

再看资产风险的分散性情况。如图 1-1 所示，2006 年，欧洲商业银行和

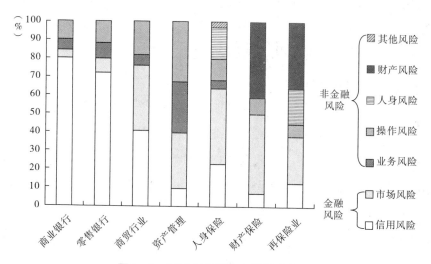

**图 1-1 2006 年经济资本的风险来源**

资料来源：2010 年日内瓦协会报告；Oliver Wyman 根据公司年报整理。

零售银行的信用风险在70%以上，风险来源较为集中；人身保险的风险主要集中在信用风险、市场风险、人身风险三类风险上；财产保险的风险主要集中在市场风险和财产风险上；再保险业资产的风险分散程度最高。可见，保险业比银行业具有更好的风险分散能力。

规模比较的综合结果表明，与银行业相比，保险业对系统性风险的贡献小得多。

## 二　关联性

### 1. 关联性对评估保险业系统性风险的重要性

关联性是指某个金融元素和金融体系中其他元素之间的联系。只有当一个机构的风险能传播到其他机构，这样的风险才能被称为系统性风险。关联性是评估保险业系统性风险的重要因素之一。随着现代金融业的发展，各个金融行业的经营边界逐渐被打破，金融行业内部各金融行业之间的渗透性加强，形成了多种来源的金融系统关联性，如交叉所有权、支付体系关联性、显性风险转移（如再保险和衍生品）操作等。银行、保险、证券等各金融行业普遍存在交叉持股和集团化经营现象，增强了金融系统风险的关联性。再保险和CDS业务的产生原本是为了实现风险转移，但这类风险分散机制在转移风险的同时也将风险向多家机构转移，加强了系统之间风险的关联性。银行、保险、证券行业通过兼并、收购、交叉持股等多种方式相互渗透，以及银行、保险通过证券业务进行融资和投资等资本性活动，加强了风险在行业之间的传导，增强了金融系统风险的关联性。

### 2. 关联性造成的潜在系统性风险

不同保险业务的关联性对潜在系统性风险造成的影响不一样。例如，我们考虑保险业中两类风险转移业务的关联性对潜在系统性风险的影响程度：再保险业务和信用违约掉期业务。这两种业务都涉及多个利益相关主体，与多个机构或者个人利益具有较强的关联性。

再保险业务可以通过在不同主体之间分担现有风险和实现风险多元化的方式转移风险，有效地将风险规模限制在潜在的保险利益范围之内，为保险公司提供了在金融危机冲击下制止风险传播的防线，实际上降低了保险业的潜在系统性风险。原保险业务中的部分道德风险，也通过再保险的方式转移掉一部分。这加强了保险公司与再保险公司的关联性。在自然灾害保险中，保险行业提供了两个层面的保障功能。再保险提供"极端风险"（Peak Risk）保障，是极端事件（巨灾）的第一道防线，为原保险公司的巨额损失或者破产风险提供第一道防火墙。从理论上看，某些发生概率极低的巨灾风险赔偿是可能超过全保险行业规模的，可能给全国乃至全球造成不可想象的巨灾损失，如卡特里娜巨灾风险。但是，这种损失是由风险事故本身造成的损失，并不是保险公司再保险业务的关联性造成的损失。

保险机构经营的类银行业务中的 CDS 投资业务则加剧了保险业潜在的系统性风险。2008 年金融危机之前，CDS 业务在银行平衡表中的比重较大。某银行基于扩张信贷业务的需要，向信贷评级"次优"者发放住房抵押贷款。为了保障贷款资金安全，转移房贷者违约风险，该银行向某保险公司购买 CDS。由于获得了 CDS 的资金担保，该银行这类抵押贷款业务违约风险降低。某第三方投资银行或证券公司向保险公司购买债券保险，将这类抵押贷款以及其他"优质"抵押贷款打包分拆，设计成具有担保的住房抵押债券（CDO），将这类债券出售给不同的风险投资者，并将发行债券筹集到的资金用于该银行发放贷款或者其他投资活动，进而使得更多的人参与到市场活动中来。贷款者违约后，风险传导给银行，必须由保险公司偿还贷款人对银行的欠债。这引起保险公司流动性紧张，信用评级下降，造成第三方投资银行或者证券公司CDO 的信用评级随之下降，从而引发投资者恐慌并提前兑现债券。随后，第三方投资银行或债券公司遭遇流动性风险，提前撤回投资或者无法兑现承诺投资，风险再传导给银行和实体经济，整个经济都受到影响。

雷曼兄弟公司在 2008 年 9 月破产前，拥有 1550 亿美元未偿还债务的债权。基于这种债权，雷曼兄弟向保险公司购买了近 4000 亿美元的 CDS。保险公司将这种债务设计为有担保的债券后出售给众多投资者，使得更多人参与到市场活动中来，信贷违约风险就可以影响更多的市场参与者。

可见，两种活动都牵涉不同的经济主体。再保险合约分散了风险，其机理与保险一样，即在大量买家中分散存在的风险。信用违约掉期则集聚了风险，将银行业的风险注入保险业，在一定程度上可以说是加强了系统性风险。总之，保险系统的强关联性可能会使危机蔓延到整个市场。

## 三　可替代性

### 1. 替代性的含义

替代性是指，在某个机构经营失败的情况下系统中其他机构提供相同服务的程度。金融机构的替代性可以通过两个方面来考察：一是该项金融服务或机构是否有不可替代的独特技术或服务，一旦它停止运行，无法在短期内找到替代品；二是该项金融服务或机构的市场份额是否足够大、足够重要，一旦它停止运行，没有相应的金融服务或机构填补它的市场空白。如果不满足这两个条件，保险业务就是可替代的，在这个标准上就不具有系统性风险。

### 2. 保险功能作用的可替代性

商业保险在经济中具有重要作用，但是商业保险比银行的可替代程度高。保险的核心功能是风险管理和保障，商业保险机制转移风险的空白可以由社会保障机制填补。国内外大量文献研究表明，社会保障对商业保险具有负向影响，具有较强的可替代性。比如，德国、瑞士、挪威等高福利国家提供了高保障水平的社会保障服务，人寿保险市场发展较为有限，国家福利体系承接了绝大部分风险转移服务。很多国家对财产保险的依赖较为有限，通过政府救助、救济、捐赠和自我保障等多种途径弥补巨灾损失。各国都建立了慈善组织或者援助基金会，对突发性事件导致的个人或团体的重大损失提供赔偿。另外，在突发性重大损失风险事件发生后，受损失的个人或团体也可以通过向社会公开募捐的方式获得援助。这类活动的开展在一定程度上替代了保险的风险保障功能。保险的另一个重要功能是储蓄和投资理财功能，但这种功能只是其他金融业务优势在保险中的延伸，证券、银行、基金、信托、社保养老金等都可以实现这种功能。因而，保险的储蓄理财功能也具有较高的可替代性。

### 3. 保险经营的可替代性

目前，任何一家保险公司都不具有绝对的市场垄断地位，在市场中的作用也不像银行的清算中心或者证券交易所那样具有市场中心地位。另外，保险公司承保能力的可替代性也较强。资本补充和再保险可以解决承保能力扩张的问题。再保险是承保能力的最终来源之一，可以通过自身机制调节实现充分供给资本。在一场巨大冲击过后，再保险的规模会减少，促使再保险费率升高。高利率会使得注资再保险有利可图，从而吸引新的资金流入再保险行业，直到再保险恢复到充分的承保能力。

## 四 时效性

### 1. 时效性对潜在保险业系统性风险的影响

时效性是评估保险业系统性风险的重要标准之一。国际保险监督官协会认为，某一风险事件是否演化为系统性风险受传播速度（或时间）的影响，时效性要素对评估保险行业系统性风险较为重要。

传统保险业务的风险并不是立即产生冲击效应的，而是需要经历较长的时间跨度。这一特点决定了传统保险业务爆发系统性风险的可能性较低。储蓄提取、担保赎回等银行业务的速度比保险赔付速度快得多，能较快地演变为挤兑风险，并迅速在市场中广泛扩散。证券、基金、金融衍生品等交易发生的速度也非常快，利好或者负面市场信息能立即在证券等金融交易市场产生效应，造成股票等抢购或者抛售行为，进而影响整个市场。保险的赔付则需要经过风险事件的发生、理赔勘察、核定损失、确定赔付等一系列程序，赔付的速度相对较慢，风险传播的速度也就较其他金融行业慢。例如，"9·11"事件发生两年后，世贸中心保险赔付案件的结案率尚不足50%；2013年9月4日江苏无锡新区的海力士－意法半导体（中国）有限公司的火灾事件发生后，2014年年初该保险合同续传和陆续结案中才确定此次风险理赔的赔付金额为9亿美元。①

非传统保险业务中的投资或融资业务造成的损失在短期内能立即产生冲击效应，加剧保险机构的流动性风险。例如，通过商业票据或者证券借贷进行的短期投融资业务管理不善，能在短期内迅速集聚大量风险，导致保险机构的流动性资金迅速趋紧，造成偿付困难。再如，在保险机构经营的CDS业务中，当市场出现大规模的贷款者拒绝支付还款时，保险机构短期内就会集聚大额偿付款项。而且，经营这类业务的保险机构由于未提取或留存准备金，能立即造成保险机构偿付困难，产生较强的冲击效应，导致保险机构面临破产倒闭风险。20世纪末，因为保险投资损失，日本和韩国多家保险机构在短期内破产倒闭。

**2. 时效性对保险业系统性风险与银行业系统性风险作用的差异**

时效性引发传统保险业系统性风险的可能性比引发银行业系统性风险的可能性小得多。从理赔案件的比较来看，保险理赔案件的处理比银行业复杂得多，往往涉及复杂的政治政策、法律审判和个人因素等，给了保险业充分的流动性缓冲时间。例如，在2013年海力士－意法半导体（中国）有限公司火灾风险案件中，核定理赔损失的过程极为复杂，原因有三点：一是该项保单涉及五家共保公司和多家再保险公司，众多的利益方使得理赔处理决策过程复杂而漫长，因而组建了"5＋9"模式的理赔委员会以提供技术支持；二是海力士的产量影响全球手机和电脑市场，火灾造成的生产中断对全球市场影响较大；三是国内保险市场专业机构较为匮乏，海力士案件理赔处理过程中，被保险人聘请的理赔顾问以及保险人聘请的众多专业机构都是海外机构。

从破产时间区间的比较来看，银行破产和紧随其后的银行间资本市场崩溃，可以在短时间内引发银行间的"多米诺骨牌"效应。保险公司破产倒闭的过程较为漫长，在这个漫长的过程中保险公司可以为市场提供"替代"承

---

① http://finance.china.com.cn/money/insurance/bxyw/20140219/2196289.shtml.

保能力以赢得时间缓冲区间，降低保险公司破产对整个市场的影响。然而，现代金融的发展加强了保险业与其他金融行业的联系，非传统保险业务的开展加快了保险业破产风险进度。AIG 的经历表明，风险传播速度可能在短期内造成保险业破产风险发生，影响传统保险业以及整个市场的利益。

## 五 关于保险业系统性风险特征的评价

Geneva Association（2010）认同 FSB 和 IAIS 提出的判断系统性风险的四个基本标准。从监管的角度来考虑，这四个标准指出了系统性风险是如何产生的，并且不是将公司作为整体来判断保险行业是否存在系统性风险，而是按照保险业务进行分类，根据这四个标准判断保险业是否存在系统性风险。

规模这个系统性风险指标反映了一个机构在某个领域内风险暴露的集中程度。然而，如果一个规模较大的机构同时具有较好的分散性，就可以减少系统性风险发生的可能性。关联性是评价系统性风险相关性的一个关键指标。然而，关联性不同的业务传播速度和影响力也不同，对系统性风险的含义也就不同。保险行业中的可替代性取决于某个"危机事件"的金融冲击速度。银行业中的某个危机随着时间加速，并没有给市场充分的时间缓冲，进而进行资本的重新配置。相反，保险业中的某个危机事件造成的金融冲击随着时间减弱，给了保险市场充分的时间缓冲，使得保险业更容易从危机事件中恢复。

# 第三节 保险业系统性风险的外在表现形式

## 一 保险业系统性风险首先发生在保险系统内

从保险业系统性风险的定义来看，保险业系统性风险强调风险损失首先发生在保险系统内，是指保险系统遭受了普遍大规模的冲击而无法有效运转，但并未说明系统性风险是否源自保险系统之内。保险业系统性风险可能是保险系统内部因素造成的，也可能由外部传导给保险行业，对保险系统造成了损失。本书第二章第二节关于保险业系统性风险来源的分析表明，核心保险业务虽然也可能对保险系统造成较大损失，但是引发系统性风险的概率较低。金融担保、CDS 业务和利用商业票据或债券保险等进行短期投融资业务等非核心保险业务则具有引发系统性风险的潜在可能性。

这三类非核心保险业务并非完全局限在保险系统之内。金融担保业务也是一种非核心保险业务。这种业务通过其他金融服务的方式，加强了保险与其他金融机构特别是银行机构的关联性。银行机构是从事高杠杆资本业务的金融机构，引发系统性风险的可能性较大，极容易通过风险传导机制将信贷风险转移到保险系统。CDS 业务是由专业保险公司、投资银行或者某些具有特殊目的的投资机构经营的非传统保险业务，在没有发生违约风险时收取保费，当发生违约事件时，偿还贷款。没有提前收取保费和提取准备金，风险发生时会迅速传导给经营这类业务的机构。AIG 的 CDS 业务是由其分支机构——金融产品公司（FP）经营的，AIG 的母公司或者其他分支机构并没有涉足 CDS 业务，正是 FP 的 CDS 经营风险蔓延到整个机构引发了 AIG 的破产风险。利用商业票据或者债券保险进行短期投融资等业务，也不只是局限于保险系统之内的一种流动性管理业务，而是与多个金融机构或者实体经济具有较强的关联性。这种业务管理不善可能是由于保险系统自身的问题，也可能是由其他机构的风险传导而来的。由于提供保险服务，保险机构充当了这类业务的"最后贷款人"角色，损失最终都归集到保险系统，因而系统性风险造成的损失首先集中在保险系统内显现。

## 二　保险业系统性风险表现为多数保险机构出现流动性短缺

与银行业系统性风险相似，保险业系统性风险也是多数保险机构出现流动性短缺，造成支付困难甚至破产。保险也是进行资本管理的一种金融业务，保持良好的流动性管理，是保障企业正常运营的基础。偿付能力监管是各国保险监管的主要内容之一。这种监管的目标实际上是督促保险机构保持较好的流动性，维护保单持有者利益。人身保险业务多为长期保障业务，保险资金具有较长的使用周期；财产保险业务多为短期保障业务，保险资金的使用周期相对较短，但部分保险责任的周期较长，如长尾业务等。可见，保险业流动性管理是一项极其复杂的资本管理业务。如果保险资金流动性管理不善，导致流动性短缺，保险机构就可能因无法完成支付责任、资不抵债而被迫破产清算。

### 1. 存单和保单对银行业和保险业流动性短缺的影响差异

在银行业系统性风险中，存款人资金既是银行放贷业务的基础，也可能是加剧银行业流动性短缺的源泉。在银行出现流动性趋紧风险时，特别是当市场对银行维持经营失去信心时，往往会发生存款人大规模挤兑，进一步加剧银行业流动性风险短缺。保险费是保险业资金的主要来源之一，但是保单与银行存款不同：虽然部分保单具有现金价值，中途退保可以获得保单的现金价值，但由于保单的贴现因子较高，未到期退保的损失相对较大。所以，多数国家的保险行业建立了保险保障基金制度和准备金制度，在一定程度上保障了保单持有人未来的赔付。即使保险机构破产，保单持有人在期满后获得的收益往往高于中途退保的损失。这样一来，即使在保险机构出现流动性风险短缺的情况下，保单持有人也不会大规模退保。同时，期交保单的保险费也可以补充保险资金来源，一定程度上缓解了保险资金的短缺困难。2008 年金融危机期间，即使 AIG 在破产清算的边缘，也未出现保单持有人大规模退保的现象。可见，保险行业的流动性风险主要发生在投资、融资等资本性业务运用和管理过程中，受到损失的往往是保险机构和其他投资者。保单持有人对保险业流动性风险的影响相对较小，甚至可能对流动性短缺产生正向效应。

### 2. 支付困难和破产清算的保险公司数量对保险业系统性风险的影响

在市场竞争机制下，企业的破产清算是正常的经济现象，有利于实现资源的优化配置和重新组合。保险公司作为营利性企业，也受到市场机制规律的制约。单个或少数保险企业破产清算是正常的市场现象，并非都会造成系统性风险。保险业系统性风险定义中的"发生流动性短缺损失的保险机构数量较多",并未规定多少数量的保险机构受到损失才算是系统性风险,仅强调这种破产清算对行业造成的影响。各国保险市场中,虽然保险公司的数量较多,但是对市场具有关键作用或者重要影响的保险公司只有少数几家,保险公司的规模及市场地位差异较大。

市场规模较大、在保险行业中影响较大的单个保险机构(如系统重要性保险机构)的破产倒闭,极有可能引发系统性风险:不仅会让国内整个保险行业受到重创,而且可能在多国市场造成重大损失。以 AIG 为例,AIG 是美国市场上最大的保险公司,也是全球最大的保险公司,2007 年 AIG 在财富美国500 强排行榜排第 10 位,在财富全球 500 强排行榜中排第 23 位。2007 年年底,AIG 拥有总资产 1.06 万亿美元,股东权益 958 亿美元。2008 年 2 月 AIG的 2007 年年报显示,2007 年 AIG 赢利 62 亿美元,合计每股 2.39 美元。但是,仅仅 7 个月之后,美国政府就以 850 亿美元紧急贷款持有 AIG 近 80% 的股权,正式接管 AIG。因为美国政府预见到,一旦 AIG 破产倒闭,不仅会对美国保险行业造成重大损失,而且会对多国保险市场、金融机构和实体经济造成重大影响。

市场规模较小、对保险行业影响较小的多个保险机构破产倒闭,可能不会引发系统性风险。在保险市场较为发达的国家,每年都有为数较多的保险公司进入保险市场,也有众多小型保险公司通过破产、兼并、重组等方式退出市场。由于这类退出方式并未对保险市场造成系统性损失,因此即使小型保险公司破产倒闭的数量较多,也不能称为系统性风险。

## 三　保险业系统性风险对保险系统以外的其他机构造成了损失

保险业系统性风险首先在保险系统内造成损失,然后向其他机构蔓延。风险并不局限在保险系统之内,传染性和蔓延性是保险业系统性风险的另外一种表现形式。如果损失仅仅发生在保险系统内部而不向其他机构蔓延,这种风险可能只是源于保险经营管理自身的问题，而不能称为系统性风险。保险业系统性风险是指这种风险除了使保险系统内多数机构受到损失之外，也使得系统之外的多数关联机构受到损失。

现代金融的发展，加强了保险行业与其他金融行业的联系，不同金融业务之间存在错综复杂的关联性，以充分利用资本市场的套利空间，提升资金的利用效率。在风险杠杆系数较低时，这种关联性的加强使得各金融主体充分利用了资本的获利能力，给各金融主体带来了较大的利益。当风险杠杆系数越来越高，以致超出资本的承受空间时，就容易造成资不抵债、期限错配等风险。风险首先在某个金融主体内积累，再逐渐向其他金融机构蔓延和传递。

20 世纪 80 年代至 90 年代末，日本寿险公司销售了大量高预定利率寿险保单，主要依赖资本市场投资报酬支付保单收益。1988 年以后，日本经济低迷，利率下降，证券市场泡沫破灭，对日本寿险市场造成了极大的冲击。从 1997 年起，日产生命、东邦生命等七家保险公司相继破产。但是，这种风险损失主要集中在日本保险行业内部，并没有向其他金融机构蔓延，所以这类风险不是系统性风险。2008 年金融危机中，AIG 公司濒临破产时，多家银行由于购买 AIG 的 CDS 产品而可能承受较大的损失。一旦 AIG 破产清算，损失将进一步蔓延到这些银行，加剧银行的流动性风险缺口。

## 四  系统性风险的发生伴随着实体经济价格失灵、货币贬值、资本外逃等现象

2008 年金融危机中，对保险业造成巨大损失的是非核心保险业务的大规模发展。这主要是金融衍生品等高杠杆风险的投资业务损失严重，引发了一系列的连锁反应，造成公司负债严重超出资本的承受范围。这些表外保险衍生品等投资业务是按市值定价的，对市场价值的变化较为敏感：在市场行情高涨时期，可能虚增投资收益，引发大规模的资金进入衍生品市场，容易造成风险在

该领域内大量累积；当市场行情走低时，容易形成连锁效应，造成实体经济价格下跌，利润空间萎缩，进而导致具有较高投资收益预期的衍生品价格进一步降低，造成市场对投资的恐慌心理，影响表外保险衍生品业务寻找新的投资和利润空间，无法释放和缓解流动性短缺的压力，进而导致货币贬值，资本大量逃离投资市场，形成恶性循环。

市场变化是实体经济发展情况的晴雨表，其定价机制主要依赖于实体经济自身的价值。货币价值是实体经济价值的反映，短期内实体经济的价格变化受货币价值影响。所以，系统性风险的另一直接表现为，实体经济定价机制失灵，短期内价格非理性剧烈波动，容易造成市场疲软幻觉，引起货币贬值，引起资本大规模逃离实体经济。

# 第二章

# 保险业系统性风险因素及其产生原因

# 第一节　保险业风险的来源

## 一　风险的定义

目前，学术界还没有关于风险概念的统一定义，不同的学者对风险有不同的解释。有代表性的观点可以归纳为七类：一是认为风险是事件未来可能结果发生的不确定性，Williams（1985）等倾向于这种观点；二是认为风险是损失发生的不确定性，Rosenb（1972）等的相关研究表现为这类观点；三是认为风险是可能发生损失的损害程度的大小，周刚（1999）等持这种观点；四是认为风险是损失的大小或者发生的可能性，朱淑珍（2002）等阐述了这样的观点；五是认为风险是由构成风险的要素相互作用的结果，叶青、易丹辉（2000）等表达了这类观点；六是通过标准统计测算波动的方法来定义风险，如30国集团（1993）等；七是利用不确定性的随机性特征来定义风险，如胡宣达、沈厚才（2001）等。

对风险定义的相关研究表明：风险是指某一特定危险情况发生的可能性，这种危险的发生将造成某种损失。这种定义涵盖了两个方面的内容：一是风险表现为某种不确定性；二是风险表现为损失的不确定性。风险表现为不确定性包括危险是否发生的不确定性、发生何种危险的不确定性等，是未来发生情况的不确定性。风险表现为损失的不确定性是风险发生结果或后果的度量问题，只能是某种损失，不能是获利，损失的程度可能与风险表现的不确定性有关。

## 二 风险的构成要素

风险是由风险因素、风险事故、损失三个要素构成的统一体。风险因素是促成某个特定风险事故发生，或者增大其发生的可能性，或者扩大其损失的原因或条件。风险因素是风险事故发生的内在或潜在原因，造成了风险损失。风险事故又称风险事件，是造成人身伤害或者财产损失的偶发事件，是导致风险损失的外在或者直接原因。风险只能通过风险事故造成损失，相当于风险事故充当了损失的媒介。损失在风险管理中是指非故意、非计划、非预期的经济价值的减少。损失一般分为直接损失和间接损失两种形态，风险管理中一般将损失分为实质损失、额外损失、收入损失和责任损失四种形态。

风险因素、风险事故、损失三个要素构成了风险损失：风险因素引起或者增加风险事故发生的可能性，风险事故的发生造成风险损失。风险三个构成要素之间的关系表明，风险因素和风险事故造成了风险损失，风险因素通过风险事故导致损失的发生，风险因素是风险发生的根本原因，是风险发生的主要来源。

## 三 保险业风险的来源

保险并没有消除风险，而是通过对具有相同风险的某类事故的投保人收取一定的费用建立风险基金池，通过风险分担机制对该基金池中发生这类风险事故的被保险人提供一定的经济补偿的一种方式，实际上是一种风险管理活动。《中华人民共和国保险法》① 第二条将保险定义为："保险是指投保人根据合同约定，向保险人支付保险费，保险人对于合同约定的可能发生的事故因其发生

---

① 《中华人民共和国保险法》于 2009 年 2 月 28 日第十一届全国人民代表大会常务委员会第七次会议修订。

所造成的财产损失承担赔偿保险金责任，或者当被保险人死亡、伤残、疾病或者达到合同约定的年龄、期限时承担给付保险金责任的商业保险行为。"可见，保险具有两个基本特征：一是把风险从个人转移到一个集合体中，二是在某种公平的基础上，由该集合体的全部成员分担损失。保险并不是避免风险发生的机制（风险依然可能发生），而是一种通过分散风险的方式实现风险分担和风险转移的机制。

因而，保险业的风险主要来源于四个方面：一是来自保险所管理的风险自身的风险；二是管理风险的过程中所产生的风险，即保险经营的风险；三是其他行业外来风险传导到保险业风险管理过程中的风险，即外来传导风险；四是来自市场的风险。

### 1. 风险自身的风险

风险的发生导致某种损失，这种损失可能是某种可以度量的损失，也可能是某种不可估量的损失。风险类型不同，风险损失的程度也不同。由于风险是否发生具有不确定性，所以人们无法预测风险是否发生，只能预测风险事故发生的概率。人们也无法预测将发生什么类型的风险，以及这类风险将造成多大程度的损失，因为风险损失程度也不确定。风险的不确定性导致管理风险的不确定性，风险自身的特点是保险业风险的主要来源之一。

例如：巨灾风险这类自然灾害风险的发生，可能给人类生活造成巨大的损失。但是，这类风险事故是否发生、何时发生、发生可能造成多大程度的损失等具有很大的不确定性，人类无法通过自身的活动避免或者阻止这类风险事故的发生。通过保险机制管理这类风险，只能将这种风险分散转移到风险基金池，依赖保险基金池积累的基本金进行赔偿。在承保巨灾风险之前，保险人无法确定巨灾风险损失的程度，只能根据巨灾风险的概率预估风险损失。所以，巨灾风险自身的风险是巨灾保险风险的主要来源。在美国保险业曾经承保的责任保险中的某些长尾保险业务中，这类风险事故的发生曾经给美国保险业造成巨大损失。比如，自20世纪90年代中后期开始，美国财产保险与责任保险公司因承保雇主责任保险，对石棉肺（Asbestosis）这项职业病的赔偿支付达到高峰期。2001～2002 年，美国保险公司共支付了 120 亿美元的赔款。截至 2009 年，这项风险事故的赔偿总额超过 700 亿美元，远超过 1992 年美国历史上最大的巨灾风险安德鲁飓风（200 亿美元）和 2001 年的 "9·11" 世贸大厦恐怖袭击事故（350 亿美元）的赔款之和。风险自身的风险对保险业风险有较大的影响，是保险业风险的主要来源之一。

### 2. 保险经营过程中的风险

保险通过收取保费的方式向风险者提供承保服务，而保险费的设置依赖对未知风险事故概率的估计。保险依据大数法则的原理制定保险费率，但实际上风险事故发生的概率并没有完全的规律可以遵循，而是具有较大的随机性特点：过去的风险事故发生的规律与未来实际发生的风险并不完全一致。我国 1990～1993 年与 2000～2003 年的中国人寿保险业生命表差异较大，表明随着人类社会的发展和科学技术的进步，人的死亡率风险是逐渐降低的，因而每隔若干年生命表中的死亡率概率略有变化。保险费率是根据以往的风险事故发生的概率制定的，因而保险费率的设置与实际风险发生的概率存在一定的偏差。保险费率设置得过高，可能导致投保人承担的成本过高，降低了投保人的投保积极性；保险费率设置得过低，又可能导致保险基金池内的总保险费无法弥补风险损失，造成承保损失。1999 年之前，我国寿险产品的预定利率大多数与银行基准利率挂钩，寿险产品的预定利率曾经高达 8.8%，地方性条款的预定利率甚至更高。1996 年 5 月至 2002 年 2 月，央行连续八次下调银行基准利率，一年期银行定期存款利率由 10.98% 降至 1.98%。之前的老业务及其续期业务产生了巨大的利差损，部分保险公司至今也未能完全消化这部分亏损，中国人寿和平安人寿是拥有这种保单最多的保险公司。

现代保险业注重对资产的管理和利用，不再单纯依赖保险基金池的资本金赔偿风险损失。保险业利用资金期限错配的特点，开展投资、融资等资金管理业务，获取资本收益，扩大了保险基金池的资本金规模。然而，保险资金期限错配管理不善可能造成流动性风险损失，影响保险赔偿的顺利进行。投资、融资等资本性活动本身具有较大的风险，保险公司不可能总是获得资本收益。投资亏损或者贷款本金无法收回等违约风险都将减少保险基金池中资本金的规模。部分保险公司可能承诺给予投资型保险产品较高的保底收益，一旦投资失利，不但保险资金的本金无法全部收回，保险公司可能还要承担保底收益支付的责任。日本千代田生命保险公司在货币利率居高不下的情况下，设计和销售了大量高预定利率的储蓄性较强的养老保险和个人年金。在日本泡沫经济破灭、银行一再下调利率甚至实行零利率的情况下，千代田生命保险公司每年产生 400 多亿日元的利差损。同时，房地产市场和证券市场的低落造成投资收益连续大幅下滑，难以弥补利差损和其他损失。结果，千代田生命保险公司于 2000 年 10 月破产倒闭。

保险实际上是一种风险管理活动，未来是否发生风险、发生什么风险、造成多大的损失具有较大的不确定性，对保险公司的经营水平和管理能力有较高的要求。保险公司经营管理不善，有可能造成承保损失，最终危及保单持有人的利益。因此，经营过程也是保险业风险的来源之一。

### 3. 外来传导风险

现代金融的发展，加强了银行、保险、证券等金融机构之间的联系。金融各行业之间相互渗透，经营边界逐渐被弱化，涌现出很多跨行业的新型金融衍生产品，其中部分创新产品的风险杠杆系数较高。由于这类业务的边界较为模糊，各国金融行业又多采取分业监管模式，所以对这类业务缺乏有效的风险监管机制，在某些触发机制下容易导致风险积累和蔓延。比如，近年来市场兴起的 CDS 业务实际上是一种衍生信用保险业务，在债务人违约的情况下，由承保人支付贷款本金。这类产品与传统信用保险产品有较大的差异。

此外，集团化经营、跨行兼并和收购、投资控股、出资组建子公司等行为，加剧了金融业务发展的多元化趋势，增强了行业之间的关联性，也导致不同金融行业的风险在各金融部门之间传递和延伸。保险业务的主要原理是风险分散机制和风险共担机制，往往被认为是相对安全的金融服务，风险的杠杆系数相对较低。银行业务的主要原理是乘数原理，通过杠杆效应的作用放大资本贷款和融资规模，是一项风险杠杆系数极高的金融服务。证券等业务是一种融资和投资业务，手续费收入是其主要收入来源之一，风险主要由投资者承担，机构自身的风险相对较小。不同金融机构都存在不同程度的风险隐患，只要出现某种触发因素，就可能导致风险显露，并在金融机构关联性增强的情况下向其他金融部门传导。2008 年的全球金融危机就是由次贷违约引发银行流动性风险，随即银行的风险向保险机构和证券市场蔓延和扩散，最终导致全球性金融危机。因而，由于金融行业关联性加强，保险行业之外的其他机构发生的风险传导到保险行业，也是保险业风险的主要来源之一。

### 4. 市场风险

保险也是一种为市场某类需求提供服务的行为，市场变化对行业发展具有重要影响。政治形势、宏观经济环境、政策策略、市场信心、消费者心理等可归结为市场因素。这类风险因素不同于其他三种保险业风险来源，是集合、团体或者宏观等层面累积的某种风险因素，也可以通过风险事故触发，造成某种损失。本书将这类风险归结为市场风险。

国家政治局势稳定可以为保险经营提供较为稳定和安全的经营环境，是行业发展的重要基础。宏观经济环境发展对保险行业也有重要影响。2000 年以后我国经济快速发展的同时，我国保险业经历了十年黄金增长阶段。近年来，我国经济增速减缓，经济发展下行压力较大。与此同时，2011 年我国保险业增速开始减缓，到 2013 年年底，保险业发展增速仍未能恢复到 2010 年之前的水平。

国家政策策略对保险业的影响也很重要。为缓解环境污染和解决交通拥堵等问题，2011 年我国多个城市出台了汽车限购政策，导致我国汽车保险业务增速减缓。2012 年保险资金投资新政陆续出台，拓宽了保险资金投资渠道，2013 年保险业投资收益大幅增长，带动寿险行业增速小幅上涨。

市场信心对保险业发展也具有重要意义。如果市场信心过于乐观，可能导致整个市场过于低估风险发生的概率，造成投保数量过少，风险基金池的规模过小，难以起到分散风险的目的。我国定期寿险市场份额约为 10%，生命表中死亡率相对较低，且呈逐年递减趋势。多数消费者认为死亡这种小概率事件发生的可能性过低，对死亡风险过度乐观，是寿险市场份额较低的一个重要因素。此外，历史上某些银行倒闭的案例与市场信心过低有密切关系。

道德风险和逆向选择等消费者心理因素也是保险业风险的主要来源之一。道德风险是一种骗保行为，可以通过保险机制的设计等方式避免。逆向选择是保险经营中不可避免的消费行为。风险较高者的投保积极性更高，风险较低者的投保积极性较低，容易造成"劣币驱逐良币"现象，增加保险承保风险。

## 第二节　保险业系统性风险的来源

本章第一节从四个方面阐述了保险业风险的来源。这些风险因素一旦触发，将给保险业发展造成损失，可能仅造成保险业局部或者个体机构的风险损失，也可能引发保险业系统性风险。本节在对保险业风险来源整合的基础上，按保险业务分类分析保险业系统性风险的来源。

## 一　保险业务分类

日内瓦协会（2010）将国际上各保险机构经营的各类保险业务分为五大类：一是投资管理业务（Investment Management Activities），主要包括资产负债管理、战略资产配置、表外衍生品业务等；二是传统保险业务，即提供纯粹保障责任的业务（Liability Origination Activities），主要是指寿险业务和非寿险业务等，其中包括巨灾风险、长尾业务、具有可赎回权利的保险业务、具有保障的寿险业务等具有较大风险的业务；三是风险转移业务（Risk-Transfer Activities），主要包括风险对冲性质的衍生品业务、再保险业务、保险连接证券（Insurance Linked Security，简称ILS）、衍生品市场的保险业务等；四是与资本融资和流动性管理有关的业务（Capital Funding and Liquidity Management），主要包括长期资本融资和短期资本融资等融资业务；五是出售信用担保业务

(Selling Credit Activities)，主要是指信用保险、金融担保和 CDS 业务等。

这五类业务基本上涵盖了国际上保险机构经营中的所有业务。通常一家保险公司并非同时涉足这五类保险业务，仅经营其中的某几种业务。Geneva Association、FSB、IAIS 等国际机构将这五类保险业务划分为核心业务和非核心业务两大类。核心业务（Core Activities）主要是指保险机构经营的各类传统保险业务，主要包括投资管理业务、传统保险业务、资本融资业务、风险转移业务等。非核心业务（Non-Core Activities）也称表外保险业务，或者非传统保险业务。这类业务与传统意义上的保险业务有很大的不同，是一种金融创新业务，业务边界相对模糊，监管较为薄弱，主要包括出售信用担保业务等。

## 二 各类保险业务的潜在系统性风险

### 1. 投资管理业务

保险机构持有大量资产，它们的资产管理是基于负债驱动准则的管理活动，第三方资产管理方进行资产管理则是基于市场准则的管理活动。因而，保险的投资函数与第三方资产管理机构有较大的差异。

（1）资产负债管理和战略资产配置业务

资产负债管理（Asset Liability Management，简称 ALM）和战略资产配置是保险公司投资管理业务的两种基础业务，是保险核心业务最基础的部分。资产负债管理的核心在于通过资产或证券投资，重置保险负债和匹配预期负债；战略资产配置的核心目标是为保险公司的股东和保单持有者获取较高的投资收益。保险机构收取了大量的保费而只支出少量的赔付，使其成为资本市场上规模较大的投资机构。2008 年年底，全球保险投资资产达到 16 万亿美元①，占全球资本市场的 14%。但是，银行投资资产规模是保险业的 5 倍，远高于保险资金投资资产。此外，由于保险资金期限的长期性特点，保险资产更适合于

---

① 全球交易所组织 BIS 的数据，Oliver Wyman 报告。

长期投资业务，银行资产则更适合于短期投资业务。长期投资业务一般不容易在短期内迅速扩散风险。只有在出现大规模的资产处置（如具有现金价值的保单持有人大规模的退保行为）造成金融动荡的情况下，传统保险业务才有可能引发保险业系统性风险。实际上，退保或者贴现等资产处置业务造成的损失比持有保单大得多，而发生大规模退保或贴现风险的概率非常低。因而，投资管理业务中的资产负债管理和战略资产配置业务不会引发保险业系统性风险。

在投资管理业务中，存在四种潜在可激发风险的业务：金融机构投资（Investment in Other Financial Institutions）、权益投资（Investment in Equities）、可赎回债券（Investment in Callable Bonds）、程式交易（Programme Trading）。

①金融机构投资

保险机构是所有金融机构股票和债券的最大投资者，因而在这种分散机制下很容易受到金融机构萧条的严重影响。但是，由于保险机构是按照股票和债券行业权重指标高度分散风险和实现金融机构资产配置的，没有将这种风险转移到金融系统的其他部分或者扩大这种风险，所以保险机构可以通过正现金流和流动债券保持良好的流动性，实际上是减轻了系统性风险。

②权益投资

欧洲的保险机构是全球持有权益资产最多的机构，权益资产的持股比例为14.8%，约合520亿欧元。股票价格的下跌对欧洲保险资金的影响较大，对其他投资者的影响也一样。2000年以后股票的价格已经大幅下跌了，因而保险机构权益投资对市场的影响较小，即使保险资金大规模地从权益市场撤资也不会引发市场萧条。

③可赎回债券

很多保险机构购买结构性资产。这种资产大多数包括可赎回期权，对利率的变化较为敏感。由于可赎回债券具有正凸性（如贷款抵押债券），负债具有负凸性，因而保险机构在可赎回债券上的投资实际上是化解其凸性不匹配的问题。保险机构的凸性不匹配不足以引起系统性风险。2007年，欧洲主要保险机构持有 2350 亿欧元的 ABS（Asset Backed Securities）结构性债券。这说明欧洲保险机构至少持有 11% 左右的固定收益组合债券。欧洲结构性债券资产仅占全球性结构性债券资产的 3%，即使在强性售卖或者价格下跌的情况下也不会引起市场萧条。2007 年以后，欧洲保险机构已经以最大的负凸性从结构性债券（如住房贷款抵押证券）市场撤资。

④程式交易

保险机构或者养老基金采用价格触发机制或者止损等限制方法自动进行程式交易。这种交易有时会对市场价格造成急剧影响，特别是在市场量较低的情况下。但是，这种价格效应只能对市场造成短期影响，也不会造成系统性风险。

（2）保险表外的衍生品业务

保险表内的衍生品业务被各国保险监管机构严格限制在几个主要的管辖范围之内，只能用于减少保险机构的风险暴露情形，或者用于寻求有效的组合管理（衍生品市场比同等规模的现金资产具有更好的流动性）。监管机构禁止保险机构通过持有没有保障的衍生品获取高收益。因此，保险表内的衍生品业务不会引发保险业系统性风险。

但是，保险公司也可以经营一些不受监管或者与表内衍生品交易监管不同的非风险对冲性质的表外衍生品交易。这类业务也属于投资管理业务，但是属于非核心保险业务的投资管理业务，与核心保险业务的投资管理业务有较大的差异。例如：AIG 位于伦敦的分支机构 FS 的 CDS 业务不受英国金融服务管理局（FSA）的监管，仅受美国 OTC 的间接监管，存在"监管套利"空间。"监管套利"是指投资机构利用某些领域内缺乏有效的监管准则这个优势，差异化地配置资产，最大化地运用资本投资获取收益。而且，国际会计监管准则（IFRS）只要求披露这些表外衍生品交易的市值，而不要求披露这些表外业务的风险敞口。AIG 经营这类未受监管的投资业务以后，风险传播的范围更广。一旦这类衍生品交易的规模达到一定程度，有可能迅速将大规模的损失转移到相关权益主体以及更多的金融部门。因此，这类业务具有潜在的系统性风险。

## 2. 传统保险业务

无论是为财产还是人身风险提供金融保障，传统保险业务对保单持有者提供的保障具有重要意义。在承保业务中，保险公司可能面临的巨大风险有四种。一是巨灾损失。这种风险发生的概率极低，一旦发生将对生命和财产造成巨大损失。二是长尾业务中被低估的风险赔偿，如石棉肺、医疗责任保险业务等。三是不可预期的高保单流失率风险，被称为保险业的"挤兑风险"。四是在保单中置入了选择权或者担保，但是没有有效的对冲机制转移风险损失。因而，传统保险业务中能引发系统性风险的业务为巨灾保险业务、长尾业务、具有赎回选择权的寿险业务、具有保障收益的寿险业务等。

（1）巨灾保险业务

巨灾风险包括自然巨灾风险、人为巨灾风险（主要是非寿险风险）和流行病巨灾风险（主要是寿险风险）等。巨灾风险发生的概率极低，但一旦发生，造成的损失往往非常大。巨灾损失引发系统性风险必须具备两个条件：一是巨灾损失的规模足够大，超过保险业承保的资本基础；二是巨灾赔付超过保险机构的流动性资本上限，造成流动性危机。实际上，各国承保巨灾保险业务的保险公司数量不多，一般只有几家保险公司承保巨灾风险。这些承保巨灾风险业务的保险公司被要求进行再保险，以进一步分散风险。

目前，历史上曾经多次发生大的自然灾害和人为事故。目前造成损失最大的自然灾害为 2005 年的卡特里娜飓风（Hurricane Katrina），损失总额达到 730 亿美元，但这个数字仅为原保险人和再保险人的资产总额的 6%。2008 年雷曼兄弟（Lehman Brothers）倒闭时债务总额为 1550 亿美元，是卡特里娜飓风损失的两倍以上。

近年来，人为自然巨灾损失发生的频率更高，损失更为严重。以 2008 年美元价格计算的人为巨灾风险损失中，禽流感（Bird Flu）造成的损失为 990 亿美元，1957～1968 年亚洲流感（H2N2）造成的损失为 770 亿美元，1918 年西班牙流感（H1N1）造成的损失为 3320 亿美元。

从支付赔偿的时间来看，巨灾风险损失的赔偿对象是成千上万个个体，每一份赔偿都需要单独核损和支付，所以不会立即发生大规模支付赔偿的风险，很多业务需要十几年甚至几十年的时间进行赔偿。巨灾保险业务的这个特点减轻了巨灾赔偿的流动性风险损失，有利于原保险和再保险公司重新安排投资组合，为巨灾损失赔偿提取足够的准备金，进一步降低了巨灾风险引发保险业系统性风险的可能性。

（2）长尾业务

长尾业务的风险来自两个方面：一是保险公司在提供长尾保险业务时提前很多年预计未来的赔偿，提取准备金可能会系统性低估某些风险的准备金；二是法律环境变化导致巨额赔偿。具体案例包括石棉肺、医疗护理险中的生命预期延长等。这种业务造成的损失影响巨大，而且往往在很多年后才能显现出来。例如，医疗技术的不断突破延长了寿命周期，使得年金保险的保险期间延长50%，可导致保险公司的准备金被低估33%。英国因为医疗技术改进，生命预期延长，导致年金保险的赔偿金额达到整个寿险市场资本金额的140%。但是，长尾业务的赔偿额度增加不是突然爆发的，而是经过多年的积累逐渐增加的；赔偿的过程也很漫长，保险公司有足够的时间通过融资、风险管理等技术手段消化和吸收。因而，虽然传统保险业务中的长尾业务潜在风险较大，但是不会引发保险业系统性风险。

（3）具有赎回选择权的寿险业务

如果持有储蓄型寿险保单的持有者大规模退保或者赎回保单，可能导致保险公司的流动资金枯竭，资产价格下跌，甚至扩大损失程度。这种风险的影响和银行"挤兑"造成的影响较为相似：如果退保率过高，保险公司无法支付，就有可能加剧这种风险的发生，造成保险公司破产。然而，这种灾难性的系统性风险不大可能发生。一方面，由于寿险保单具有长期性特点，而且保单赎回时按保费的现金价值折算赔偿额，退保损失比持有保单的损失更大，所以，寿险行业保单赎回或退保的概率非常低。另一方面，多数发达国家的保险行业都建立了保险保障基金制度，即使保险公司破产，保单持有人的利益仍然有一定程度的保障，期满收益往往高于早期退保的收益。因此，即使在对保险公司的安全性有较多负面报道的情况下，保单退保的情况也未大规模发生。例如：英国相互保险公司公平人寿保险公司即使在资不抵债的情况下，也未出现大规模的退保现象；1993～2008年，德国寿险退保率稳定在5%左右，未出现大规模的"退保潮"。

（4）保证收益的寿险业务

某些寿险公司提供一些具有保证收益或者具有选择权的保险产品，这些产品并非都具有套期保值效果（如长期选择权）。在套期保值投资失败的情况下，这类产品也无法实现套期保值目的。由于采用动态对冲方式在产品中置入套期保值保障，可变年金可能具有引发系统性风险的潜在可能性。可变年金保证在基本保险金额①的基础上增加保险金额，因而保险公司有可能采取较为激进的风险投资策略。这类寿险产品的担保特点将多重风险转移给保险公司，保险公司必须同时面对证券市场风险、利率风险、基差风险、保单持有人的行为风险等多重风险。动态对冲依赖于衍生性金融商品的有效性，在市场低迷时无法起到套期保值的效果，但可变年金在任何时候都可以通过期货市场实现套期保值。

在无法实现套期保值时，具有选择权或者保证收益的保单在逆市场行为中将会影响保险公司的偿付能力。根据现值或市场一致性观点，保险公司可能面临资不抵债的困境。但是即使在这种情况下，保险公司仍然不会立即面临现金短缺的风险，可保证持续经营。资不抵债的保险公司也可以在资本市场出售这些未能实现套期保值效果的有选择权或者保证收益的风险资产。这种交易量在整个交易市场中的占比非常低，不会造成系统性风险。

保险人通过提供保证收益的寿险产品，实际上是吸收了经济冲击。当这种冲击过大时，单个保险公司可能会面临重组或者破产清算。但即使出现这种危机，如前文所述，保险市场也不会出现系统性风险。

---

① 保单上明确标注的保险金额。

利差损是具有保障收益的寿险保单的最大风险。但是，目前世界各国尤其是发达国家的保险市场已经很少出售具有固定收益的长期产品。具有保障收益的寿险保单的规模较小，总的来说，利差损对保险市场的影响也较小。

### 3. 风险转移业务

为了管理自身的风险，保险公司也开展风险转移业务，如风险对冲性质的衍生品业务、再保险业务、保险连接证券、衍生品市场的保险业务等。

（1）风险对冲性质的衍生品

保险公司也希望对它们所承担的风险进行对冲，常用的对冲工具包括外汇交易（Foreign Exchange）、利率、股票衍生品等。这种衍生品与 CDS 不同。其一，衍生品市场的风险分散性较好，不如 CDS 业务集中。其二，衍生品主要通过交易所交易，交易透明，风险较为可控；CDS 业务不通过柜台交易，交易透明度较差，风险具有很强的不可控性。保险监管制度对保险的同业业务等的监管较为严格，担保、各种形式的同业业务、衍生品的范围及其运用等都需要详细报告，要求保险平衡表上的衍生品只能用于对冲风险或者实行有效的多元化管理，因而保险平衡表上的衍生品风险被限制在保险平衡表允许的限度之内。另外，相对于流动性金融资产，同业业务失败的规模相对较小。所以，保险机构开展的风险对冲性质的风险衍生品业务也不会引发系统性风险。

（2）再保险业务

保险公司将再保险业务作为平衡表管理工具，以减少过于集中的风险损失。再保险业务通过多重分保和共保合同加强了不同保险机构的关联性，因而具有极强的风险传染性，风险造成的损失可能在多个保险机构之间传播和扩散。因此，再保险业务很有可能因为巨灾损失或者中间链条断裂而出现系统性风险。历史上，人们也见识过"再保险螺旋"（Reinsurance Spiral）① 的威力，

---

① "再保险螺旋"是指再保险人的业务来自原保险人。当再保险人接受原保险人分入的保险业务后，考虑到自身的风险承受能力，可能将分入的再保险业务再予以分出。同样，再保险人也可以接受其他分入的再保险业务。由于大量进行分保和转保，难免会出现审核疏忽，再保险人分入的再保险业务中可能混杂了自己已经承保的原保险业务。这样，再保险机制反而加强了对同一原保险的风险承担。

关联性使得保险机构的某个部分遭受严重损失。当承保人通过共保协议分担大量的损失合同时，在接连不断的再保险和分保交易中有可能出现"再保险螺旋"现象。在毫无察觉的情况下，再保险人的关联性加强，风险再度集中化。当巨灾损失发生时，"再保险螺旋"就可能造成大面积的保险危机。但是迄今为止，"再保险螺旋"基本上没有再发生。这里提及这种风险，主要是介绍有可能出现的最糟糕的情况。

根据30人小组（Group of Thirty）对2006年再保险和资本市场的报告，即使再保险业务发生最严重的损失，原保险人受到的损失也相对较小。即使再保险业务占总保险业务的20%，当再保险风险发生时，原保险行业承担的风险损失总量也只有280亿美元，不到全球非寿险业务原保费收入的2%。和前述其他保险业务相似，再保险业务的规模较小，其赔偿往往发生在原保险的赔偿之后，也不会引发系统性风险。

（3）保险连接证券和保险衍生品

过去20年间，保险连接证券（ILS）、保险衍生品（如天气衍生品，Weather Derivatives）和行业损失担保（Industry Loss Warranties，简称ILW）是保险机构进行有效风险管理和资本管理的工具。ILS和ILW等非寿险业务将保险人分担的风险（如"侧挂车"，Side – Cars[①]）和巨灾风险（如巨灾债券，Cat – Bonds）转移给股东之外的投资人。资本市场的资金量远大于保险市场，其巨大的储备可以为巨灾风险的转移和分散提供充足的资金支持（谢世清，2009）。此外，ILS可以为一些极端情况下的生命风险（如死亡风险）提供风险管理工具，也可以作为一种储蓄（如可赎回债券）工具。

实际上，ILS既没有对保险业造成实质性风险，也没有造成更为广泛的系统性金融风险。1999年以来，尽管ILS的市场规模增长了6倍，但是保险业对ILS的风险暴露反而在减少。1999年，保险行业持有54%的ILS。在2009年之

---

① "侧挂车"（Side – Cars）是最近保险市场兴起的一种新兴的创新性巨灾风险管理工具，是一种由资本市场投资者注资成立的，通过部分担保的比例再保险合同为原发起公司提供额外承保能力的特殊目的的再保险公司（谢世清，2009）。

前，保险业持有的 ILS 份额已经下降到 8%。如果保险持有的 ILS 全部亏损，最多只能导致保险的股权价值减少 0.09%。ILS 也不会造成流动性风险，因为持有 ILS 并不是用作金融资产，而是作为一种为潜在损失进行担保的工具，或者通过金融债券为长期负债建立一种储蓄机制。ILS 交易的基础性风险对保险发起人的影响非常小，特别是当基础风险在转移的风险损失中占很少比例时，这种影响更小。ILS 最大限度的系统性风险损失是其承保事件的损失，在系统内部并没有扩大其潜在损失。相反，ILS 通过将承保损失的成本扩散的方式减少了系统性风险。

保险衍生品交易中规模最大的一次交易是 2005 年的天气衍生品交易，交易额为 450 亿美元，比 2007 年 58 万亿美元的 CDS 规模小得多。2005 年天气衍生品交易中的投资者都是依靠天气牟利的公司，绝大部分交易都发生在芝加哥商品交易所，而且这些衍生品都具有担保。

由于保险持有的 ILS 及保险衍生品的量非常少，而且这种业务的最大损失都限定在承保的保障损失范围之内，保险机构在 ILS 及衍生品市场的业务不会引发系统性风险。

### 4. 资本融资及流动性管理

从流动性和资本的角度来看，起源于责任的保险业务、投资管理、风险转移业务等都需要协调，因而保险经营活动的一个重要部分就是资本融资和流动性管理业务。

（1）商业票据或者证券借贷等短期投融资管理

保险机构往往利用自身的高信用评级和借贷能力，通过商业票据进行短期融资，再投资高风险资产，利用利息差价获利。它们还从事将大型投资组合中的证券借贷给买空型投资者或者对抵押品进行再投资等业务。如果流动性风险控制得比较好，这两类业务的剩余风险较小，保险机构可以为保单持有者及股东提供高收益。在长期流动性既定的情况下，保险业的商业票据或证券借贷等短期融资管理业务是合理的并且可以实现价值增值。与银行的投融资等资本性业务不同，保险业的这两类业务不产生杠杆效应。商业票据或者证券进行短期融资以及投资业务都是合理性资本业务，保险机构可以利用这类业务提高股东或保单持有人的回报率。如果监管得好，这两类业务可以提供较好的流动性，为股东和保单持有人带来高收益，因而不应该被取缔。但是，如果管理不善，这两类业务都能导致相同的灾难性后果。实际上，保险机构从事的这两类业务是利用保险资金非常有限的偿还期间进行融资，再投资于一些流动性较差的资产。一旦这种业务不加控制地大规模发展，当杠杆超过最大化水平时，特别是同时出现担保管理不匹配的情况时，就容易导致保险机构的流动性资源枯竭。保险机构将被迫出售资产获得流动性，导致资产价格进一步下跌，进一步加剧损失程度。

AIG 的例子就生动地说明了这一风险的危害。金融危机爆发以前，AIG 将证券借贷担保获得的资本的 60% 投资到住房抵押贷款证券化资产（MBS）中，但当这种证券借贷业务终止时，AIG 无法变现 MBS 证券以偿还证券借贷担保的资本。如果这种担保采用分步偿还交易对手的方式，而不是投资于具有杠杆效应的投资性业务，AIG 遭受的流动性冲击就可以避免。另外，如果 AIG 在其他领域留有充分的流动性资源可以对冲这种风险，AIG 的流动性枯竭问题也是可控的。但是，在短期资本市场，这种风险的传染机制非常迅速。几大主要银行机构都通过 AIG 的证券借贷业务暴露了大规模的风险敞口（见图 2 - 1）。一旦 AIG 不能承兑这种担保责任，将对这些银行造成更大规模的损失。

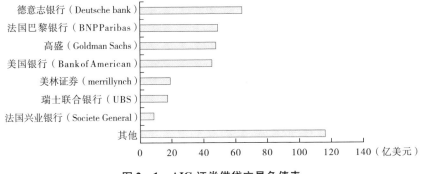

**图 2 - 1 AIG 证券借贷交易负债表**

资料来源：David Cummins：《基于系统性风险视角》，保险监督协会（NAIC）国际会议，2009 年 3 月。

金融危机被描述为银行系统的流动性短缺风险。从这个意义上来说，保险业不会遭受系统性的流动性冲击。因为，保险机构可以获得稳定可预期的保费收入以补充资金流动性，而且保险机构对流动性管理业务极为谨慎。保险具有正向的现金流，有强大的资金流适配保险的流动性管理需求，因而保险机构流动性风险管理不善的风险规模不足以引发系统性风险。但是，在一些极端的情况下，如商品票据或者证券借贷业务等短期融资业务达到一定规模并且管理不善时，可能造成系统关联性，对参与这类业务的合作机构造成风险，最终引发系统性金融风险。

（2）借债或权益资本

增加资本的能力是一个机构自身的问题，而不是一个行业的问题。如果整个保险市场不再是一个可变商业模式，那么个别或者整个保险行业很难以较低的成本增加资本只是个别行业的问题，不是系统性风险的问题。保险在社会生活中的作用是建立风险基金池，以及进行投资活动，以保持保险行业的持久性。

### 5. 信用担保业务

保险公司的信用担保业务主要包括信用保险、金融担保、信贷违约掉期（CDS）业务等。虽然涉及信贷风险，信用保险仍然是传统保险业务。较多的保险公司承保信用保险业务，只有少数保险公司涉足金融担保业务和 CDS 业务，后两类业务都不属于核心保险业务。尽管非核心保险业务与核心保险业务具有同等的经济地位（在欧盟偿付能力标准 II 下以相同的方式被评估），但是非核心保险业务具有完全不同的特征。例如，信用保险只有在信贷违约的情况下才发生；而在 CDS 业务中，信贷违约事件的增加可导致现金外溢。

（1）信用保险/保证保险

历史上曾经发生保险公司涉足银行的金融贸易业务的保险业务，但当一家保险公司难以赔偿承保损失时，金融不稳定性转移到金融同业的案例。但是，贸易和保险不具有系统性风险标准中的规模性、可替代性和关联性。信用和保证保险的市场规模较小，不到全球非寿险市场的 1% 。信用保险通过中小企业

（SMES）和出口贸易承保业务与实体经济及国内贸易产生关联。虽然全球保险业务中这类投保人的数量较多，但保险与金融的关联性非常有限。由于关联性和规模都很小，信用保险/保证保险不会引发系统性风险。

（2）金融担保

虽然金融担保保费收入只占全球非寿险市场的0.4%，但是金融担保涉及的金融资产达2.3万亿美元，而且金融担保具有非常强的关联性，缺乏可替代性，因而金融担保与实体经济和几大主要银行都具有高度的业务关联性，对专业保险公司（Monoliners）有较大的风险敞口（见图2-2）。

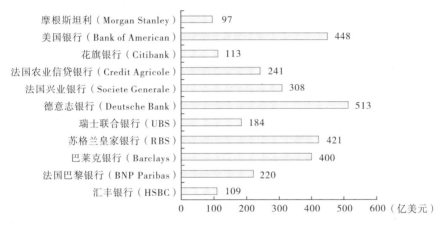

**图2-2　主要银行对专业保险公司的风险敞口**

资料来源：2006年2月瑞士再保险Sigma《信贷保险和担保保险，固定担保》；2007年5月瑞士再保险Sigma《2006年世界保险、MBIA和AMBAC年度报告》；2009年8月Oliver Wyman对信贷违约掉期和同业风险的分析。

专业保险公司的商业模式与一般的保险公司不同。它们经营高度集中化的（或未分散的）证券投资组合业务，具有极高的杠杆率，对信贷率极端敏感。这些特点意味着，专业保险公司一旦被降级将可能造成系统性风险，强迫投资者减少风险敞口，持有低杠杆率的资产以增强资产流动性。这类债券以市值计价，意味着一旦这类债券产生损失，风险将迅速在市场中传播。因而，专业保险公司的商业模式具有高度关联性、敏感性、集中度、损失传播的快速性等特点，一个具有相当规模的专业保险公司可能造成潜在的系统性风险。而且，传统保险业务的监管和约束机制并不针对金融担保业务。金融担保业务经营和与银行机构类似的高杠杆风险业务，对整个保险市场具有较大的风险。

（3）CDS 业务

由于可以增加信贷市场的流动性，CDS 业务可以使信贷市场及信贷指数的投资更为有效。只要仓位在资本以下，购买 CDS 比购买企业债券的风险低得多。但是 CDS 业务蕴含的风险因素较多。

第一，由于巴塞尔协议允许甚至鼓励银行通过 CDS 业务转移信用风险，CDS 与传统意义上的保险业务差异较大，专业保险公司可以经营 CDS 业务，传统的保险公司不经营这类业务，所以 CDS 业务不受保险业监管部门的监管。

第二，CDS 业务的投资期限较长，对 CDS 盯市制度下的短期波动极为不敏感。

第三，CDS 业务的损失转移机制极为简单，一旦发行者无法弥补亏损，交易对手也将立即遭受损失，风险迅速在金融市场传播。2008 年，AIG FP 的 CDS 业务占 AIG 资产总额的 1/3，是其股东权益的 5 倍。虽然 AIG FP 的 CDS 业务规模并非最大，但是其 CDS 头寸超过证券托管结算公司（Depository Trust and Clearing Corporation，简称 DTCC）交易总额的两倍多。因而，AIG 通过 CDS 交易与世界主要的金融机构具有紧密的关联性，增强了风险在金融机构之间的传染性。2008 年，AIG 通过为其他机构提供 CDS 服务，CDS 业务损失高达 496 亿美元。AIG 为各金融机构提供 CDS 的规模如图 2－3 所示。

第四，CDS 业务是为潜在的违约风险提供保障的信用保险业务，与传统的信用保险业务不同。传统的信用保险业务提供承保服务后，投保人必须预先支付保险费，保险公司按照保险监管规定对承保业务提取准备金，对保险资金的配置和使用也有严格的监管规定。CDS 是在没有发生违约事件的情况下，由投保人向承保人支付保险费，因而承保人不需要事先提取准备金，承保方没有建立风险相抵的保险管理机制。

第五，由于 CDS 业务所有的交易都在柜台外交易，各类经营 CDS 业务的机构并不披露 CDS 总损失和净损失情况，CDS 业务的经营风险极不透明，以

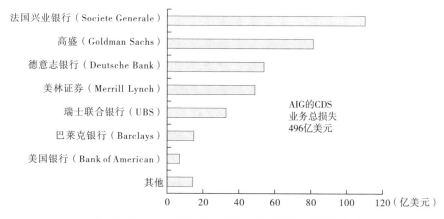

**图 2-3　2008 年 AIG 为银行提供 CDS 服务的承保金额**

至于在金融危机之前，CDS 业务几乎变成了一种"对赌"行为。

总而言之，CDS 业务的规模、贬值的传播速度、在金融系统内错综复杂的关联性等决定了 CDS 业务具有造成潜在系统性风险的条件。

对各类保险业务引发系统性风险的潜在可能性进行分析的结果表明，核心保险业务不会引发系统性风险，两类非核心保险业务具有造成系统性风险的潜在可能性：一是表外衍生品交易，如金融担保、CDS 业务等非核心保险业务；二是通过商业票据或证券借贷进行短期投融资管理不善可能造成流动性风险。目前，国内外关于保险业系统性风险来源问题的分析基本认同这一结论。保险行业中的部分核心保险业务也能造成巨大损失，但是这类风险由于缺乏系统性风险要素的一个或多个条件，演变为系统性风险的可能性较小。而且，各国核心保险业务有较为严格的保险监管机制，保险监管制度也在不断调整，适配保险业务发展需要。因此，核心保险业务不会引发系统性风险。

# 三　国内外文献关于保险业系统性风险来源的分析

## 1. 国外文献对保险业系统性风险来源的分析

国外文献对保险业系统性风险来源的分析有两种观点。

一种观点认为保险业不存在系统性风险。持这种观点的文献研究认为传统的保险业务并不会引发系统性风险，是非核心保险业务或者保险机构从事的类银行业务等引发了系统性风险。由于这些业务并非传统意义上的保险业务，而是银行等其他金融业活动引发的系统性风险，因而可以认为保险业不存在系统性风险。

另一种观点认为保险业存在系统性风险，并探讨了保险业系统性风险的来源。瑞士再保险公司（Swiss Re，2008）认为，保险业可以通过自身的商业模式顺利度过危机：寿险业务由于专注于长期投资，其收益的主要来源——投资收益受到市场短期波动的影响较小，因此受损较小；非寿险业务受损可能较大，但是非寿险业务的资产负债率较高，可以用资产完全覆盖负债以抵御风险。Harrington（2009）梳理了以往文献中关于系统性风险来源的研究，认为系统性风险的来源主要有四个方面。一是资产价格传染（Asset Price Contagion）风险。这种冲击导致金融机构不得不以极低的价格抛售大量资产，进而导致类似资产价格和市值进一步缩水。二是同业传染（Counterparty Contagion）风险。一些金融机构不能对其他同行履行承诺，导致更多的同业违约，进而引发整个金融系统萧条。三是不确定性和信息不透明引起的传染风险。某些有问题的金融机构的改革对同业以及其他机构造成的影响不确定，因而，在信息明确之前，机构之间不愿意进行交易。四是非理性传染（Irrational Contagion）风险，即投资者或者客户根据机构陷入危机决定是否撤资。FSB、IMF、IAIS（2009，2012）等认为，规模、关联性、替代性、时效性是系统性风险的四个关键要素，当某一个保险机构同时满足这四个方面的特征时，可以认为这个行业具有引发系统性风险的潜在可能性。Geneva Association（2010）从规模、关联性、替代性、时效性四个方面分析了保险业与银行业的风险差异，认为保险业在这四个方面的各项统计指标均比银行业低得多，保险业引发系统性风险的可能性较低，而银行业同时具有这四个方面的特征，具有引发系统性风险的潜在可能性。如果保险业存在系统性风险，那么非传统保险业务具有引发保险业系统性风险的潜在可能性。Liedtke（2010）认为保险公司受到的直接损失是相对有限的，其主要损失来自类银行的金融服务。IAIS（2011，2012）认为传统的保险业务以及再保险业务对于金融系统具有稳定性作用，只有非传统非保险业务才有可能造成系统性风险。Weib 和 Mühlnickel（2011）认为美国保险公司的核心活动不构成系统性风险，非核心业务有可能导致系统性风险。Weib 和 Mühlnickel（2013）认为，保险业系统性风险产生的最主要原因就是非保险业务的拓展，对保险业系统性风险贡献最大的是保险公司的规模。Ellul 等（2013）认为现存的公允价值会计准则对保险业系统性风险产生了重要影响。

### 2. 国内文献关于系统性风险来源的研究

国内关于保险业系统性风险来源的研究主要借鉴国外已有文献研究的成果，尚没有理论方面的突出贡献。2008 年国际保险巨头 AIG 破产案后，保险业系统性风险才逐渐引起学者和监管部门的注意。

部分研究文献中将保险业系统性风险定义为风险的某种表现形式或者风险的来源。钱小安（2005）和朱文杰（2007）分别从诚信（即道德风险）和资产负债风险高度集中化（即会计学）的角度分析了保险业系统性风险的原因，但这种分析仅限于系统性风险的表面原因，并未触及保险业系统性风险的本质特征。钱小安（2005）认为诚信是造成保险业系统性风险的重要原因。因为，保险行业的金融性质、保障特点及其承担的特有社会责任决定了保险业应该比其他行业具有更高的诚信。诚信是维持保险业持续健康发展的前提条件，是提高保险业竞争力的有效手段，是充分发挥保险业功能的基本要求。失信带来的系统性风险是指由保险机构、从业人员失信导致投保人或保险资金大规模撤离保险市场而引发的风险。这种风险的主要表现为：如果一种保险产品、一个保险市场、一家保险机构出现不诚信行为，可能会由于蔓延效应和惯性作用而产生放大效应，进而使失信的负作用有所放大。如果保户对保险机构或从业人员缺乏充分信任或信心，他们就不会购买保险产品，越来越多的投保人就会失去对保险产品的兴趣，流向保险业的资金链条就会中断。这样，保险业就可能面临系统性风险。朱文杰（2007）认为，保险业系统性风险的产生主要是由于保险系统内部在资产和负债等方面积聚了大量无法处理的风险因素。

部分文献混淆了系统风险和系统性风险的区别，将保险业系统性风险的来源归因于系统风险因素。例如，周梅和李梦斐（2009）认为，保险业系统性风险的主要来源是政治、经济及社会环境等宏观因素，寿险市场更依赖于利率市场，产险发生系统性风险的可能性比寿险小。杨琳（2008）认为，经济危机、再保险、监管真空是导致保险公司偿付能力出现问题，继而引发保险业系统性风险的原因。

部分文献认为，保险业系统性风险来源于外部风险传导，特别是银行系统性风险的传播（杨文生、汪洋，2009）。部分文献从保险系统内部经营特征方面分析了系统性风险的来源。方意等（2012）认为，资产规模越大、杠杆率越高、边际期望损失越大的金融机构，系统性风险也越大。林鸿灿、刘通、张培园（2012）认为，保险行业中的大型保险机构发生最大可能损失性事件可能导致整个行业系统的脆弱性。鲁玉祥（2012）指出，我国保险业发展呈现集团化趋势，保险集团的快速发展推动了保险机构间或保险机构与其他类型金融机构间的组织融合和业务交叉，对风险的传播起到很大的促进作用，同时也对集团风险管理和保险监管制度带来较大冲击。

部分文献按照保险业务分类分析了保险业系统性风险的来源。阎建军、关凌（2011）从保险公司业务入手，一一探讨保险业系统性风险的来源，最终得出的结论为，传统保险业与 2008 年金融危机无关。他们的理由是，虽然 AIG 发生危机，但 AIG 危机的原因主要是 AIG FP 出售的 CDS 业务规模庞大，而且 AIG FP 不是保险机构。赵桂芹、吴洪（2012）指出，当前保险业引发系统性风险的可能性不大，但随着保险公司业务创新的进一步推进，保险业引发系统性风险的可能性在逐渐增加，其中保险公司的短期融资和表外衍生品交易业务是系统性风险可能性较大的业务。

部分文献探讨了保险业系统性风险的内在根源。陈华（2008）分析了中国保险业面临的系统性风险，将保险行业的风险分为内部因素引致的行业风险和外部因素引致的行业风险。其中，内部因素包括产业结构因素、体制变动因素和历史因素；外部因素包括市场因素、监管因素和其他因素等。张楠楠

（2009）认为，系统性风险是无法通过构建多样化的资产负债组合和业务组合而实现分散的。更多的时候，它需要通过资产负债久期匹配、交易衍生性金融工具来化解和转移。高洪忠（2011）认为，保险公司有发行次级债的动力是造成保险业系统性风险的根源。

总之，国外研究文献均认为传统保险业务引发系统性风险的可能性不大，不是保险业系统性风险的来源，非核心保险业务或者保险机构从事的类银行金融业务才是保险业系统性风险的来源。部分文献从风险的传染机制的角度研究了系统性风险的来源，认为资产价格、不确定性、信息不对称、同业业务、非理性行为是系统性风险的来源。国内文献对保险业系统性风险的研究尚处于集体探索阶段，没有突出的理论贡献，对保险业系统性风险来源的研究主要侧重于系统性风险的综述，主要参考国外理论研究的成果。

## 第三节 保险业系统性风险来源的外生机制

### 一 国际上对保险业务中系统性风险因素的综合评价

在 FSB 对系统性风险的定义下，日内瓦协会认为，判定保险业系统性风险来源的主要落脚点在于保险机构某项具体业务带来的风险是否具有系统相关性。Geneva Association（2010）首先将保险公司的业务分为五大类，即投资管理业务、传统保险业务、风险转移业务、资本融资及流动性管理业务、信用担保业务，然后分别讨论每类业务下的具体操作，最终得出结论，认为非保险的衍生品交易行为以及短期融资的管理不善所带来的风险具有系统相关性。Geneva Association（2010）随后的相关研究报告指出，保险公司传统的投资管理业务通过多样化来分散风险，进而降低风险的集中程度，因而不会引发系统性风险或者累积风险。保险公司的流动性管理业务方面，由于核心保险业务自身运营模式的特殊性，核心保险业务的流动性管理业务不会引发系统性风险；非核心保险业务的流动性管理业务的合理利用对提高股东及保单持有人收益、增强资本市场的流动性可以产生双赢的效果，只有当债券借贷、商业票据借贷等表外短期融资管理不善且这类业务达到一定规模时，才有可能引发系统性风险。IAIS（2012）在国际保险监管会议上的分析报告认为，保险机构的传统业务不会带来系统性风险，只有非传统非保险业务才有可能带来系统性风险。IAIS 和 Geneva Association 从世界各国保险机构几种主要保险业务的角度研究了保险业系统性风险的来源，关注保险机构内部的活动。综合二者的观点可以得出相同的结论：传统保险业务不是系统性风险的来源，只有缺少监督和管理的表外业务才有可能造成系统性风险。

## 二　保险业系统性风险的外来冲击

IAIS 和 Geneva Association 对于保险业系统性风险来源的评价主要来自对保险机构自身活动的研究。但事实上，除了保险业自身的活动，保险业系统性风险还可能由其他金融机构传播引发。杨文生（2009）以 AIG 为例，揭示了银行业风险以抵押债券方式通过资本市场传递给保险业的机制：由于保险公司是次级债券的投资者，又为次级债务提供担保，当环境恶化的时候保险公司就承担了巨大的违约风险。李若瑾（2009）除了提出次级债券可以作为银行风险向保险业传播的途径之外，还提出了金融控股公司的风险传递路径：由于混业经营的发展，金融集团之间的大量相互持股、关联交易导致风险的相互传递。Liedtke（2009）指出，由于个别金融机构（如银行）出现问题，政府出于某种目的会考虑出手援助，而援助的结果通常是延长了整个危机带来的不良影响；保险业除了会受到其他金融机构风险传递的影响外，还会受到政策措施带给整个市场的消极影响。Geneva Association（2010）认为，政府干预很可能是增加保险业的系统性风险而不是消除风险，政府所采取的间接干预措施（如对保险公司准备金的最低限制和设置交易屏障等）在很大程度上会影响保险机构的承保能力。

### 三　保险业系统性风险的来源是外生机制作用的结果

保险业系统性风险可能是由自身经营活动失误造成的。这类风险均发生在保险机构的表外业务中。保险机构表内的保险业务虽然也可能给保险行业造成巨大损失，但是由于其经营模式的特殊性，这类业务不具备引发保险业系统性风险的条件。保险业系统性风险也可能由吸收其他金融机构业务造成的风险引发。这是由保险业务模式创新，引入大量高杠杆保险衍生产品，使得风险在保险系统内部集聚造成的。这两种观点都认为，从保险业系统性风险的来源看，保险业系统性风险都是由外生机制作用导致的。

## 第四节　保险业系统性风险的内在来源

系统性风险之所以重要，是由于其强大的扩散能力。它可以将风险迅速地从一家机构蔓延到其他机构，导致整个系统受到损失，并难以在短期内迅速恢复。其中，市场中的非理性行为和消费者心理行为等因素对系统性风险起到了推波助澜的作用，这种作用在银行业系统性风险中的表现尤为突出。

### 一　羊群效应对保险业系统性风险的影响

羊群效应、花车效应等"从众效应"在消费市场中的具体表现，是指消费者在信息不充分的情况下，通过观察周围人群或者投资者的行为，选择跟随市场中多数群体行为的一种消费心理。Kindleberger（2008）提出，金融危机蔓延的根源在于投资者对金融市场的恐慌，一旦投资者对市场的风向预期集体发生改变，就很可能出现羊群效应。而实际上，市场可能并没有投资者想象的那样糟糕，投资者的集体行为反倒加深了危机的影响。Schanz（2009）指出投资者的跟风行为是 2008 年金融危机加剧的主要原因。由于银行系统的储蓄存款是可以即时存储和给付的，当银行出现流动性趋紧信号时，一些反应较为敏感的储户可能会提前兑取存款，造成多数储户的跟风行为，进而加剧银行的流动性紧张困境，导致银行业破产清算。

羊群效应在银行业系统性风险中的表现比保险业更为明显。保险的经营方式比较特殊，保险合同生效之后，保单持有人退保获得的现金价值往往低于保险合同期满时能获得的保险金。而且，多数国家的保险业都建立了存款保险制度，即使在保险公司破产清算的情况下，也一般不会出现大规模的退保行为。2008 年，即使 AIG 濒临破产边缘，也未出现大规模的退保行为。这对缓解保险业运营中的流动性风险起到了一定的稳定器作用。此外，保险退保的惩罚机制也导致保单持有人提前退保的成本较高，提前赎回保单的损失比提前提取银行存款的损失大得多。因此，消费者的跟风心理对保险业系统性风险的影响较小。

## 二 市场信心对保险业系统性风险的影响

2008 年金融危机最先在美国爆发，迅速向世界多个国家蔓延。2008 年 9 月，美国最大的国际保险集团 AIG 被美国政府接管；2008 年 10 月 10 日，日本大和生命保险公司向东京地方法院申请破产保护；荷兰全球人寿保险集团（AEGON）、荷兰国际集团（ING）、英国英杰华（Aviva）等世界知名保险公司也遭受了不同程度的损失。这些事实令保险市场的形象和声誉受到很大破坏，消费者开始怀疑保险的可保性。公众对保险业的市场信心下降，进而影响到承保人对保险产品的购买意愿和支付能力。在这种大环境下，2008 年全球实际总保费收入出现了 1980 年以来的首次下跌。2009 年情况虽略有好转，但下跌趋势依然不变。

这几家公司在金融危机之前大规模经营非核心保险业务，特别是 CDS 业务。当市场的信贷违约率提高时，市场中大量的 CDS 资产价格下跌，市场投资信心不断下挫，最终导致大量经营这类业务的保险机构负债高企，遭受了巨大损失。可见，保持投资者的信心是阻止风险传播的最好方式。Schanz（2009）认为，投资者的信心对保险公司非常重要。信心不仅体现在消费者最初对保险产品的购买以及投资者对保险公司股票的购买，而且体现在危机发生后对系统性风险的控制。维护公众信心的最好方式就是通过信息公开努力做到信息对称。Liedtke（2010）也建议，保险公司应该通过公开、透明、诚实的交流方式来保证信息畅通，从而提振投资者对保险公司的信心。此外，保险公司还可以通过设计更有弹性的产品来吸引危机中的投资者。FSB（2010）认为，在金融风险的传播中，系统重要性金融机构带来的声誉风险具有重要影响。由于系统重要性金融机构自身的复杂性，一旦其发生风险就可能向市场发出金融机构利空的信号，引起市场恐慌。因而，在保险业系统性风险的传播过程中，最主要的就是保持市场信心，避免消费者和投资者的从众心理行为对市场造成不利影响。

## 三 系统性风险的内生性根源

马勇（2011）分析了系统性风险与系统性危机的关系，认为金融危机只是系统性金融风险的一种结果和表现形式，连续不间断的系统性金融风险是金融危机爆发的根源，这种风险只有在行业发展的动态进程中才能累积和凸显。系统性金融风险的来源如下。

第一，主流经济学模型的一系列完美的理论假设，抽象掉了金融系统在市场中的作用，自然也就将系统性风险排除在一般均衡理论框架之外。同样，建立在有效市场和分散化原理基础上的现代金融风险理论，由于方法论上的机械性，忽略了风险的动态累积机制，也无法考虑关键参数在时间和空间上的动态变化对风险造成的影响，并假设风险在不同投资者之间完全匹配。因而，风险被排除在金融体系之外，忽略了系统性金融风险的内生性机制，无法建立实体经济与系统性风险的动态交互作用机制，无法识别系统性风险。

第二，金融体系特有的功能和高杠杆化的经营特征决定了金融系统不仅会沿袭实体经济的风险，而且会放大这种风险效应。金融系统的高度同周期性就是这种作用机制的外在表现形式。金融系统的这一特征是系统性金融风险的内在困境制度之一。

第三，金融服务主要通过金融合约开展业务，合约的匿名特征和标的的非实物性特征使得金融系统对供求的变化极为敏感，负面冲击对金融系统的影响效应更大，金融服务逐渐脱离实体经济演化和发展。同时，金融创新使得结构化的金融合约的信息不对称现象加剧，金融机构越来越难以把握风险的分布变化特征。金融系统的这一特征也是系统性风险的内在困境制度之一。

第四，现代金融模式下的金融安全网使得市场对风险防范和金融市场保护机制过度自信，加剧了道德风险的普遍化，导致金融系统的潜在风险在较长时期中不断累积和膨胀。金融安全网在提供安全保护机制的同时，也将系统性风险以隐含的方式集中推迟到未来某个时刻，在触发机制下大规模爆发和显现。金融系统的这一特征也是系统性风险的内在困境制度之一。

第五，由于时间、不确定性、经济周期等对金融系统的影响较大，系统性金融风险是一个长期的累积过程。时间和空间两个维度上同时匹配错位问题的集中表现（比如经济的泡沫化现象），导致金融系统和经济周期存在内生性的彼此强化关系。

第六，财富创造和分配的实际过程表明金融资本和产业资本具有互动关系，这种关系是系统性金融风险形成的关键要素。如果产业资本的机会成本由金融交易决定，那么金融交易就脱离了实体经济，也就是出现了所谓"投机逻辑压倒了生产逻辑"。金融资本在推动产业资本自我扩张和自我实现的同时，也促使系统性风险不断累积和集中。

第七，在蛛网理论的扩散型波动模式下，个人和群体之间的持续性反馈和交互影响作用是造成危机传染和扩散的主要原因。系统性风险的爆发是个人非理性发展到集体非理性的最终结果和表现。

第八，信贷周期引发系统性金融风险的核心问题是信用创造过程，货币供给本身并不会引发系统性风险。利率是周期性生产和信用扩张相关联的核心变量，可以根据实际利率和自然利率的对比关系及其变化解释系统性金融风险。Cassel（1903）认为高利率是触发经济衰退的关键因素。

　　第九，主流经济学的方法论没有将不稳定性作为系统的特殊性进行解释，对内生的不稳定性难以给出满意的理论解释。凯恩斯理论和货币主义理论都无法解释金融和经济的不稳定性。由于经济研究的方法论具有高度同质性和机械化的特点，难以突破方法论的局限有新的发现，所以明斯基（1986）认为只有当金融因素被纳入理论结构之后，经济理论才有可能对经济现实具有指导意义。马勇（2011）建议从金融系统的特殊性以及与实体经济的互动关系出发建立内生性的风险理论，将整个金融系统作为一个整体，分析金融系统在时间、空间维度上的互动关系，从个人和群体的持续性和交互影响作用等角度理解系统性金融风险产生的内在根源。

# 第三章

# 保险业系统性风险与银行业系统性风险的区别与联系

以往对金融系统性风险的研究认为，银行业由于具有较高的杠杆系数特征，系统性风险更容易在银行业爆发。保险业由于其特殊的风险管理机制，在金融系统中起到稳定性保障的作用，发生系统性风险的可能性较低。2008年金融危机中，国际保险巨头 AIG 破产倒闭，使得保险业在金融市场中的传统地位，即市场稳定者的作用遭到质疑，引发了国外学者对保险业系统性风险的关注和思考，开始研究保险业在金融危机中的表现和在金融稳定中的作用。

# 第一节　银行业系统性风险的概念和特征

## 一　银行业系统性风险的定义

金融系统对银行业系统性风险的研究较早，银行业系统性风险的定义也较多。Brenda（1996）将银行业系统性风险定义为使得不相干的经济体受到损失的某种外部性，在金融活动中以传染性和风险溢出性的形式表现出来。Crockett（1997）认为银行业系统性风险是由银行资产的价格发生剧烈的异常波动，或者多数经济体、金融机构遭受巨大的债务损失，资产负债结构严重恶化，导致银行机构应对经济冲击的能力极为脆弱，并对国民经济健康运行造成重大损失的现象。翟金林（2001）在界定银行系统性事件和银行系统性危机的基础上，认为银行业系统性风险是指银行机构受到大规模系统性事件的冲击，造成大量银行机构或市场产生逆效应，最终引发银行系统性危机的风险。

2008 年金融危机爆发后，监管机构、研究者对银行业系统性风险的定义融入了新的内容。研究金融系统性风险成果较多的 Kaufman（2008）认为，银行业系统性风险是指一个事件在一连串机构和市场中造成一系列连续性损失，是由银行系统中的一个银行机构不能履约引发其他银行机构不能履约，从而造成多家金融机构不能有效经营的风险。BIS（2009）对银行业系统性风险的定义是：由金融系统中的某个机构不能兑现履约，引发其他金融机构一连串负面影响，并导致整个金融系统陷入危机的风险。麦强胜（2011）认为，银行业系统性风险是经济周期、经济政策、外部冲击等风险因素造成的金融系统剧烈动荡，这种风险具有隐蔽性、累积性、传染性的特征，可以对国际金融体系及全球实体经济产生巨大的负外部性，且无法通过一般的风险管理手段消除或减弱。刘春航和朱元倩（2011）认为，系统性风险是由某个触发因素引起的，导致不稳定性在整个金融体系内蔓延，甚至对实体经济造成严重危害的不确定性。这种风险与单个金融机构面临的风险不同，具有宏观性、更大的负外部性和广泛的传导性等特征。

总体而言，以往的研究文献认为，银行业系统性风险是由银行系统受到某些风险因素的剧烈冲击，导致一家或多家银行机构遭受巨大的债务损失而无法有效运转，出现支付困难、破产倒闭等现象，并向整个金融市场蔓延，造成金融市场中的其他机构无法有效运转、破产倒闭，并最终使得实体经济遭受普遍大规模损失的风险。

## 二 银行业系统性风险的特征

### 1. 广泛性和普遍性

银行业系统性风险造成的损失范围具有广泛性和普遍性特点，既可能造成银行系统内多数机构的损失，也可能造成银行系统以外的金融机构及其他经济实体的严重损失。这主要是因为现代金融业的发展使得诸多个人、机构或经济实体通过银行这种金融媒介建立了广泛、普遍的联系，银行业中某个机构的破产倒闭等退出行为可以在不同利益链上产生广泛影响，造成多种经济利益体受到损失。

### 2. 较强的传染性

银行业系统性风险可以通过传染效应向其他个人或机构传递，而且传递范围并不局限于银行业系统内部。具体来看，银行业系统性风险的传染效应主要通过乘数效应、溢出效应和资产缩水效应等形式表现出来。

乘数效应是银行业经营的基本原理。在 2008 年金融危机中，各国银行业信贷冲击的乘数效应产生的传染性极为明显。由于企业的财务危机与银行业的风险传染关系密切，在流动性趋紧的约束下，银行将减少企业的贷款量，企业将随之减少机构扩张的规模，缩小与上下游其他企业的现金流，导致企业之间的信用收缩，形成市场需求紧缩的信号。随着企业经营陷入困境，理性的商业银行出于控制风险的考虑将进一步控制信贷规模，在信贷冲击乘数效应的作用机制下，加剧了金融危机对企业的冲击力度。

溢出效应是经济领域中的普遍现象，主要是指经济要素之间的传递效应。银行短期资金借贷业务主要通过银行间拆借方式实现。当某地区的某个大型银行出现流动性趋紧现象时，该区域的中小银行首先遭遇冲击。同时，该大型银行的监管银行出于风险控制的考虑将增加银行流动性储备，其他大型银行也将采取类似行为，整个银行间拆借市场流动性就出现趋紧信号。在溢出效应的作用下，银行业的风险与损失通过银行间的直接联系、非流动性和资产价格等不同渠道不断传染。

资产缩水效应是由资本市场过度扩张导致资产"泡沫"现象，随后在危机冲击下"泡沫"破灭产生的货币贬值效应。银行业系统性风险通过不同渠道向世界金融和经济市场蔓延，使得资本市场"泡沫"破灭，资本价值大幅缩水，造成实体经济价格失灵，进而对整个经济系统造成冲击。

### 3. 强大的外部性

银行业系统性风险具有较强的外部性，这种外部性使得即使与已经爆发危机的银行没有直接业务关系的个人或机构甚至是经济体也遭受了巨大损失。

2008 年金融危机中，银行业系统性风险首先在美国银行业系统造成巨大损失，不仅与这些银行有关联业务的金融机构、实体经济遭受了巨大损失，而且其他与这些已经发生危机的银行没有直接业务往来的个人或机构也遭受了巨大损失，从而在美国金融市场引发了金融危机，并迅速波及其他国家的金融市场及实体经济，最终演变为全球性经济危机。在这场全球性经济危机中，多数个人或机构甚至经济体并未直接受到银行业破产倒闭的影响，而是由于银行业系统性风险产生的强大负外部性的冲击而遭受损失。

**4. 较强的累积效应和隐蔽性**

银行信用业务和虚拟经济的特点可以在一定程度上掩盖银行业不确定性损失。银行的信用损失可能被银行系统经营中的信用循环方式掩盖，银行即期风险可能通过通货膨胀、借本还息的期限错配等方式掩盖实质上已经发生的损失。银行业是一种具有较高杠杆效应的金融业务，可以通过杠杆放大效应造成虚拟经济不断膨胀，但可能并未反映实体经济的真实情况，结果造成资本市场和房地产市场虚假繁荣的假象，掩盖了银行业系统性风险。在这种隐蔽性的作用机制下，风险不断累积和扩大。虽然这种风险累积在短期内为银行赢得了缓冲和弥补的机会，但是隐含着较高的系统性风险的可能性。

# 三 银行业系统性风险的表现形式

银行业系统性风险表现为一家银行或多家银行流动性状态恶化或被破产清算，引起存款者对银行突然和大规模的"挤兑"行为，并在银行系统内引发"多米诺骨牌"效应，造成市场对银行经营风险的恐慌心理。在银行业系统性风险中，整个市场的流动性在短时间内迅速趋紧，表现为多家机构负债高企、支付困难。这种风险难以通过短期内的市场干预和调控消除，整个市场充满着萧条和不确定性。刘春航和朱元倩（2011）认为，在美国爆发的次贷危机中，银行业系统性风险主要表现为金融体系中市场流动性瞬间消失，投资者信心的缺失和资产价格的大幅缩水在对金融体系内部造成链式冲击的同时，加速了对实体经济和金融体系的螺旋式影响，从而引发了全球范围内的经济萧条。

# 第二节　保险业系统性风险与银行业系统性风险的区别

## 一　保险业与银行业在金融系统中的地位

各国保险业和银行业在金融系统中的地位差异较大（见图3－1）。总体来看，绝大多数国家银行业资产在金融系统中的占比更大，部分国家保险业资产在金融系统中的占比高于银行业。2006年，美国保险和养老保险公司的资产约占金融资产的40%，是金融业中资产最高的行业，但并没有超出银行资产和基金管理公司资产的占比，其大致相当。英国、瑞士、日本、法国银行业在金融资产中的比重相对较高，约为60%；保险和养老保险在金融资产中的比重第二高，约为金融资产的30%。韩国、中国台湾、德国、意大利等国家或地区的银行在金融资产中的比重更高，约略高于70%；保险和养老保险在金融资产中的比重略高于基金管理公司的资产比重或与其大致相当。2008年以前，中国银行资产在金融资产中的比重超过90%，保险和养老保险在金融资产中的占比约为3%（郭金龙，2014）。随着保险市场的日益发展，中国银行业资产在金融资产中的比重有所下降，保险业在金融资产中的占比持续上升。2013年，中国保险业总资产在金融业总资产中的比重达到5.13%[①]，较2008年之前明显上升。

从资产在金融行业中的占比来看，大多数主要国家或地区保险业资产在金融资产中的占比相对较小，银行业资产在金融行业中的占比较高，保险业的损失对金融行业的影响相对较小。

---

[①]　该数据不包含养老资产。其资料来源于《中国金融统计年鉴2014》。

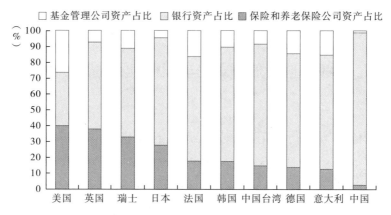

**图 3 - 1　主要国家或地区的金融业务结构**

资料来源：胡忠兵、安琳：《麦肯锡关于中国寿险业的最新研究报告》，《保险研究》2006 年第 1 期。

## 二　保险业系统性风险的可能性

### 1. 保险业自身业务模式降低了系统性风险的可能性

由于保险业自身业务模式的特殊性，保险业可以通过自身的商业模式顺利度过金融危机（Swiss Re，2008）。从寿险业务模式来看，由于多数寿险产品的保险期间较长，交费期间相对较长，可以获得较为稳定的资金流来源，因而寿险业务主要专注于长期投资业务。这类投资业务的收益受资本市场短期波动的影响较小，相对稳健。从非寿险业务模式来看，非寿险产品的保险期间一般较短，保险资金投资更多地配置于短期投资项目，受市场波动的影响较大，更有可能遭受较大的损失。但是，由于非寿险业务的资产负债率较高，可以用资产完全覆盖负债来抵御风险。因此，保险业具有较强的稳定性。

### 2. 保险业存在爆发系统性风险的可能性

尽管存在上述两个方面的理由，但保险业还是在 2008 年金融危机中遭受了重创。保险业务由传统型保险业务向非传统型保险业务的延伸，扩大了风险对保险业的影响，改变了保险业在金融系统中的作用和地位。类银行金融服务造成的损失使得 AIG 难以维持正常经营秩序，影响了 AIG 传统保险业务的开展。IAIS 发布的保险与金融稳定报告（2011）及再保险与金融稳定报告（2012）认为，传统的保险业务和再保险业务对金融系统具有稳定作用，只有非传统非保险业务才有可能造成系统性风险。2008 年金融危机敲响了警钟：非传统保险业务已逐渐深入保险市场，尽管目前非传统保险业务在整个保险业中的占比很低，但也要引起足够的重视。2008 年金融危机中，最大的赔偿案并不是发生在银行业，而是发生在保险业，美国政府对 AIG 的援助远高于银行业。随着现代保险业务的发展，金融系统中是存在保险业系统性风险的。

### 3. 关于保险业和银行业在风险中遭受的损失的文献综述

从风险造成的影响来看，保险业受到的损失相对较小。保险公司的损失主要体现在四个方面（Liedtke，2010）：第一类是直接损失，是与投资相关的资产减值损失；第二类是其他金融服务业务的损失；第三类是实现或者为实现投资造成的损失；第四类是整个经济市场下滑导致的损失。从这几个方面的损失情况来看，保险公司受到的直接损失较小。2008 年金融危机中，保险公司受到的损失主要来自类银行金融服务，保险业务自身的金融服务受损失较小。从这个角度来看，保险业发生系统性风险的可能性较低。日内瓦协会系统性风险工作小组①（Geneva Association Systemic Risk Working Group）在其关于保险业系统性风险的报告中分别描述了保险机构的不同业务可能造成系统性风险的可能性，认为应该按照保险业务的分类分析保险业系统性风险的潜在可能性，而不是将保险公司作为整体分析保险业系统性风险的潜在可能性。该小组将全球保险业务分为五大类（详细内容见第二章第二节）：核心业务主要包括投资管理业务、传统保险业务、资本融资业务、风险转移业务等；非核心保险业务主要包括出售信用担保品业务等。保险公司并不一定同时经营所有五类保险业务。最终的结论是保险业造成系统性风险的可能性是相对较低的。

---

① 该小组是日内瓦协会在 2008 年金融危机后为研究保险业系统性风险特意建立的研究机构。该机构致力于发现与解决保险业系统性风险的相关问题。

## 三 保险业系统性风险与银行业系统性风险的差异

从经营模式来看，保险业与银行业虽然都属于金融行业，但是两种行业存在本质上的差异，不可互相替代。银行业务以吸收存款和发放贷款为主要内容，业务模式的基础是"乘数原理"，具有较高的杠杆系数；保险业务则是为风险提供保障服务，业务模式的基础是"风险分散"和"风险共担"机制，风险的杠杆系数较低。经营模式的差异决定了保险业与银行业系统性风险的差异。

CRO（2009）认为保险业与银行业的风险承担者不同：保险业中的部分产品的投资损失由保单持有人和保险公司共同承担，如投资型寿险产品、年金保险等；银行业的投资风险则主要由银行独自承担。Swiss Re（2008）在《2008年全球保险业回顾和2009年展望》中指出，保险业的风险杠杆系数相对较小，银行业的风险杠杆系数较大，因而保险业可以通过自有资产覆盖负债损失，能够在危机中迅速恢复，进而能够平稳度过金融危机。IAIS（2009）认为，保险业在经营过程中即时收取保费，在未来某种特定的情况下支付保险金，因而保险产品是反周期产品。这种特点使得保险公司能够保证资金来源稳定，反倒是银行存款有被瞬时提取的风险。FSB和IMF（2010）从规模、替代性、关联性、时效性等方面比较了银行业系统性风险和保险业系统性风险的差异，认为银行业发生系统性风险的可能性更大，保险业发生系统性风险的可能性较小。Swiss Re（2010）认为银行与保险的一个关键性差异在于流动性风险敞口不同（见表3-1）。银行业的流动性风险主要来自其根本性的久期错配：虽然资金的来源是短期的，但是资产（尤其是贷款）是长期的，这就使得银行很容易遭受挤兑压力。保险公司的负债主要包括用于理赔的准备金，但保险的准备金不会遭受保单持有人的挤兑压力，只有当预设的风险事件发生时才会使用理赔准备金，因而保险公司的资产具有较好的流动性。另外，保险资金多投资于政府和公司债券以及流动性较低的房地产，且这类投资在保险资金中的比例较低。保险公司经营的目的是实现资产和负债的久期匹配，因而保险公司的流动性风险比银行低得多。Geneva Association（2011）总结了保险业与银行业风险的不同之处。一是银行业与保险业的经营理念不同。保险公司主要通过保单为投保人提供风险保障，其风险是风险是否可保；而银行主要是提供中介平台，成为联系资金供给方和资金需求方的交易平台，其风险是流动性风险。二是银行业与保险业的经营方式不同。保险业采取先收后付制，因而资金的短期流动性风险对保险的影响较小；银行业采用即时收付的方式，更容易面临"挤兑"风险，进而加剧银行业流动性风险。三是银行业与保险业的资金运用方式不同。保险资金特别是长期保险业务的保险资金（如保障功能较高的寿险和健康险），更适合配置于长期投资业务，具有较好的风险匹配能力，可以获得较为稳定的长期投资收益；而银行"借短放长"的业务模式存在较大的利率和流动性风险敞口。

### 表3-1 银行与保险公司的流动性风险差异

| 问 题 | 保险公司 | 银 行 |
|---|---|---|
| 流动性风险 | 大部分资产的流动性较强，负债流动性较弱；保险负债须由保险事件触发；具有储蓄功能的寿险产品可赎回，但由于罚金较高，因而赎回成本较高；保险公司很少有短期融资，以资产和负债的久期匹配为目标 | 大部分负债（如存款、储蓄账户和商业票据）都是短期的，具有即时提取特点；大部分资产（如贷款）是长期的、非流动性的。这种久期错配特点使得银行很容易遭受挤兑风险 |
| 缓冲资本 | 各公司和市场的资产权益比差异较大，通常情况下，寿险公司约为10，非寿险公司约为3 | 资产权益比随时间、市场和商业模式的不同存在较大的差异，且高于保险公司 |
| 蔓延风险 | 保险公司之间不互相借贷，因而不容易受到蔓延风险的影响 | 银行同业市场规模庞大，很容易受到蔓延风险的影响 |
| 清算过程 | 由于负债的期限较长，债务可以在监管机构允许的负债存续期间内有序偿还 | 由于容易遭受挤兑风险，监管机构需要及时采取行动接管银行，避免对银行体系和经济系统造成更大的损失 |

资料来源：Sigma《保险监管问题》，2010年3月。

## 四 保险业系统性风险监管的特殊性

2008 年金融危机爆发后，各国金融监管当局为减少危机对经济的破坏冲击，一致要求吸取金融危机的教训，改革金融体系的监管框架和层次，使金融体系能安全稳健地运行并为经济增长做出贡献。日内瓦协会（2010）在其报告《保险业中的金融稳定性问题》中指出，IAIS 应该借鉴已有的监管制度，建立符合保险业自身发展的监管模式。这主要基于两个方面的考虑：第一，保险业也是金融系统中一个重要的组成部分，因而其监管模式要参照其他机构的监管方式，做到相互配合，避免监管套利；第二，保险业与其他几类金融行业差异较大（如银行、证券），因而保险业的经营模式与其他金融行业差异也较大，不能直接套用其他金融行业（如银行）的监管模式，需要建立符合自身经营规律的监管体系。可见，保险业系统性风险的监管模式与银行业监管模式既有区别也有联系。一方面，保险业与银行业经营模式的差异决定了保险业系统性风险与银行业系统性风险的本质差异，也由此决定了保险业与银行业监管模式的差异。另一方面，保险业、银行业都是金融系统的组成部分，保险业与银行业具有较强的关联性，决定了银行业与保险业风险的关联性，因而保险业与银行业监管也具有较强的关联性。

Swiss Re（2010）认为，保险监管与银行监管有较大的差异：保险监管的重点是单个保险公司的偿付能力，以微观审慎监管（Micro – Prudential）原则为主；银行监管的重点是防止经济系统或者金融体系遭受沉重损失，以致难以正常进行借贷业务，甚至整个行业出现系统性失灵风险，以宏观审慎监管（Macro – Prudential）原则为主。保险监管的最终目的是保障保单持有者的利益，也就是说确保保险公司能够赔付保单持有人的索赔，这就涉及保险公司的偿付能力问题。保险监管应当将保险公司偿付能力不足的数量减少到可接受的最低水平，并将对保单持有人的负面冲击减少到最低程度。

## 五　结论

保险与银行经营模式的差异决定了保险业与银行业系统性风险的差异：银行业系统性风险主要是资产负债不匹配造成的流动性风险；保险业系统性风险的结果是资产负债不匹配造成了巨大的流动性损失，原因是保险表外平衡表中某些业务的保险资金运用管理不善，或者商业票据和债券借贷等短期资本业务管理不善，是由保险公司经营了大量类银行业务造成的。

从系统性风险损失的程度来看，截至目前，银行业系统性风险造成的总损失远大于保险业系统性风险。但是，这并不意味着保险业系统性风险造成的损失会一直比银行业系统性风险造成的损失小。2008 年金融危机中，获得政府援助资金最高的单个金融机构是 AIG，且 AIG 的损失远超过单个银行机构。随着未来保险业务模式的不断扩展，保险机构大量涉足广泛的类银行金融业务和表外非传统保险业务，在某些条件下，保险机构系统性风险造成的损失可能超过银行等金融机构系统性风险造成的损失。

## 第三节　保险业系统性风险与银行业系统性风险的关联性

### 一　银行业与保险业经营模式的关联性

银行、保险、证券等金融行业都有各自的经营边界范围，但是各金融行业并不是彼此分割、毫无关联的。随着混业经营模式的发展，保险业与银行业的经营范围不断扩大，行业经营边界被弱化，银行业与保险业的业务重叠范围也越来越广，因而在微观层面上，保险业系统性风险可以与银行业系统性风险相互作用。

### 1. 关于保险业与银行业关联性的传统观点

传统的观点认为，银行业与保险业除了同属金融系统之外，没有其他任何相似性，因此不能相互扩张。银行业主要是吸收中短期储蓄，保险公司则吸收长期储蓄，提供对人身和财产的保障。并且，这两个行业都有其专业性：保险业的主要目的是控制和管理风险，对保险金的运营只是一种副产品；银行的主要目的是对资金进行运营管理，其中产生的风险控制只是客观需求。然而，现代学者对于传统观点提出了质疑，认为银行业和保险业是可以相互扩张的。

### 2. 保险业与银行业经营模式的关联性

现代金融业务的发展加强了银行业与保险业的关联性。部分保险产品（如终身寿险、两全寿险、年金寿险等长期寿险产品）具有储蓄功能和现金价值，相当于提前为某类风险进行"储蓄"，在相应的风险事故发生的条件下，保单持有人"取出"保险金；部分长期保单可以提供贷款业务，保险业也可以利用商业票据或者债券进行短期投融资等，具有银行的业务功能特点。而从另一个角度来看，在银行进行储蓄，实际上也是防范未来风险的一种方式。

如今，保险经营业务正由传统业务向非传统业务延伸和扩展，各保险公司纷纷开展保险表外类银行金融业务，如 CDS 业务等。这类业务不同于传统的信用保险业务：当贷款者没有违约时由银行等债权人向保险人支付保险费，无须提取保险准备金，而传统保险业务都必须按照比例提取保险准备金，以应对未来可能发生的保险赔偿；贷款者违约后，由保险人向银行等债权人支付贷款本金。这类业务加强了银行业与保险业的关联性，在保险业或银行业发生系统性风险时，风险可以迅速传导至关联行业并引起连锁反应。

此外，银行和保险业通过交叉持股、置换股份、集团化经营（如平安集团）、开展债券业务等方式追求更高的投资收益，也加剧了风险在各金融行业之间的传递，使得不同金融行业的风险具有某些相似性，增强了银行业与保险业系统性风险的关联性。

### 3. 保险业和银行业系统性风险的表现形式相同

保险业系统性风险和银行业系统性风险首先表现为相当数量的保险公司或

银行陷入资不抵债的困境，偿付能力严重超出正常运营时的标准范围，保险公司或银行的流动性出现高度吃紧现象，难以有效运转，并且在短期内难以迅速恢复正常运营，被迫破产倒闭或清算重组。然后，风险向其他金融行业蔓延，并向实体经济传导。引发其他金融行业机构大量破产倒闭，实体经济价格机制失灵，经营困难，造成实体经济萧条，整个宏观经济难以形成有效的循环发展模式。

## 二　保险业与银行业的共性分析

### 1. 基于风险转移和大数法则的分析

在大数法则原理下，保险业中每个个体或机构分担的保险费比保险金额低得多：对于未发生风险的个人或机构而言，只是损失了较小的一笔保险费；对于发生风险的个人或机构而言，发生风险时获得保险金的补偿，在一定程度上弥补了风险损失，因而购买保险相当于建立了一种风险保障。但是，保险业务并没有消除风险，而是通过建立风险基金池的方式将风险分散给大量具有同类风险的个人或机构共同承担，因而保险业经营过程实际上是一种风险转移过程。Arrow（1971）也提出，保险的实质是一种风险转移行为。

从这种意义上来说，银行业务也是一种保障方式。在银行业务中，储户由于预期未来可能面临一些未知风险，为此提前从收入中预留一部分资金进行储蓄，不定期向储蓄账户注入资金。这种储蓄相当于保险业中的风险基金池，是个人为自身风险进行的一种风险转移。同时，银行或者吸收存款的机构按照大数法则进行经营，通过存贷利率差和手续费等收入支付储蓄利息，实现储蓄资本的价值增值，扩大保障额度。Lewis（1990）认为，银行的基本业务可以看作是对储户未来的保障，而且这种保障也是建立在大数法则基础上的，也可以认为是一种风险转移行为，因此银行业务也是一种保险业务。

### 2. 基于资本管理功能的分析

保险业也是一种资本管理业务。二者不同的是，保险业通过收取保险费的方式积累资金，而银行业通过吸纳存款的方式积累资金。保险在提取保险准备金之后，利用剩余的保险资金进行投资业务，这也是一种资本管理过程。部分保险产品保险期限的长期性特点，决定了保险资金运用周期的长期性，这就涉及更为复杂的资金期限匹配和管理等问题。所以，保险业与银行业只是经营方式存在某些差异，保险业经营的所有流程都是对资本进行管理的过程。银行业务作为资本管理业务，通过吸收存款的方式积累资金，也需要按照一定的法则提取法定准备金，在保障流动性的基础上将部分资金用于贷款业务。银行的放贷业务也是为了获取收益，相当于对"贷款者"的投资，与保险业的资本管理业务具有较强的相似性。Lang（1990）认为，从这种比较来看，保险业务类似于银行业务。

### 3. 基于金融一体化的分析

保险业与银行业同属于金融业务。在金融一体化趋势下，保险与银行业务的经营边界日益淡化，两类金融业务存在较强的相互渗透性。Skipper（2000）认为银行保险是金融一体化的形式之一。Estrella 和 Arturo（2001）认为，在对银行和保险进行混业经营的多样化收益中，财险为银行带来的多样化收益高于其为寿险公司带来的收益。Boros 与 Joan（2002）指出，银行业与保险业的融合取决于一种概念：相互独立的银行和保险公司进行合作，建立保险和银行业务融合的多元化的金融超市，保险和资本市场产品形成统一的组合，或者不同的市场执行相同的职能，也可以称为保险业务金融化或金融业务保险化。Irene（2002）认为，美国银行业与保险业合作不成功的主要原因是金融管制和技术因素。银行与保险业的共性特征决定了两类金融业务具有融合的潜在可能性。保险业和银行业都是为实体经济提供服务的业务，其发展水平依赖于实体经济，都受到实体经济发展的影响。

# 第四节 保险业和银行业系统性风险在 2008 年 金融危机中的表现

2008 年金融危机爆发后，银行业和保险业最先受到冲击，一系列金融机构或破产清算或被兼并收购，其中既包括历史悠久、规模较大的雷曼兄弟投资公司，也包括国际著名的保险公司 AIG 等。这场由金融部门引发的危机迅速向实体经济蔓延，最终引发了全球性经济危机。迄今为止，世界多数国家仍未能恢复到金融危机之前的经济发展水平。此次金融危机造成的损失较为严重，影响极为深远。本节将以美国部分金融机构为案例，分析保险业和银行业系统性风险在 2008 年金融危机中的表现。

## 一 雷曼兄弟破产案例

在 2008 年金融危机中，导致金融危机全面爆发的事件是雷曼兄弟投资公司的倒台。雷曼兄弟被认为是美国第四大投行，创设于 1850 年，已有上百年的历史。2000 年以后，雷曼兄弟除了做传统的投行业务之外，开始大量涉足金融衍生品交易。当时，雷曼兄弟堪称全国最大的证券交易商和承销商。受房地产抵押证券的影响，雷曼兄弟在 2008 年第二季度发生了 1994 年上市以来的首次亏损。与此同时，雷曼兄弟第二季度的杠杆率达到 24.3，远高于规定的12.5。在第三季度，雷曼兄弟的财报显示公司亏损达 39 亿美元。雷曼兄弟的连续大量亏损加深了市场的恐惧，造成交易对手在资本市场上大量做空雷曼兄弟的股票，导致股票价格连续下跌。在巴克莱银行和美国银行放弃接管雷曼兄弟的谈判时，此时雷曼兄弟的市值已经下跌 94%。美国政府没有拯救雷曼兄弟，打破了"大而不能倒"的神话，标志着次贷危机的全面爆发。雷曼兄弟破产清算使得公众对市场的信心受到沉重打击，美国金融危机迅速演变为全球性金融危机。

## 二 贝尔斯登收购案例

贝尔斯登是美国第五大投行和最主要的证券交易商之一，成立于 1923 年，至 2008 年已有 80 多年的历史，但终于在 2008 年次贷危机中因濒临破产被收购。贝尔斯登在 20 世纪 90 年代开始从事抵押担保债券（CMO）业务，2003 年占据了 CMO 的主要市场。2007 年 6 月，贝尔斯登下属两只管理超过 200 亿美元资金的对冲基金因投资次贷产品发生大额亏损，贝尔斯登立刻下令拍卖这类亏损的对冲基金，但仍无法挽回它们破产的危机。2008 年 3 月初，贝尔斯登陷入流动性危机，其股价从 3 月 12 日的收市价 61.58 美元/股急跌至 3 月 17 日的收市价 4.81 美元/股，这与 2007 年高峰期 159 美元/股的股价有天壤之别。美联储为支持摩根大通收购贝尔斯登，在 3 月 16 日紧急出手，同意以保底 300 亿美元的贷款购买贝尔斯登流动性较差的资产，贝尔斯登成为美联储首次开放窗口救助的非存款类金融机构。

## 三 AIG 收购案例

AIG 是一家在美国和全球开展保险业务和保险相关业务的国际保险服务公司。金融危机之前的 2007 年，AIG 在财富世界 500 强排行榜中居第 23 位。截至 2007 年 12 月 31 日，AIG 的总资产高达 1.06 万亿美元，业务遍及 130 多个国家和地区，涉足保险、贷款、投资服务等多个领域。

危机发生前，AIG 的金融服务部（AIG FP）大量投资于次贷市场，利用 AAA 级的信用评级作为支撑，为房地产市场的担保贷款凭证（CLO）和债务抵押债券（CDO）提供了信用违约掉期（CDS），成为全球最大的 CDS 供应商之一。2007 年第三季度，AIG FP 开始对账上资产减记 3.25 亿美元。次贷危机爆发以后，美国房地产市场大幅缩水，以抵押信贷为依托的证券投资组合市场价值暴跌，违约风险急剧上升，AIG FP 担保的 CDS 资产不断掉价。为了履行担保责任，AIG FP 需要向交易对手缴付抵押，损失越积越大。此时，AIG FP 无力偿还的损失需由 AIG 母公司承担。到 2008 年 6 月底，AIG 在 CDS 业务上的累积亏损高达 250 亿美元。到 9 月 15 日，AIG 的股票价格下跌了 61%，穆迪、标准普尔等信用评级机构也下调了 AIG 的信用评级，AIG 陷入困境。

鉴于 AIG 有数百万投保人和庞大的资产规模，美联储在 2008 年 9 月 16 日再次为其提供了 850 亿美元抵押贷款。至此，加上之前为 AIG 提供的约 1000 亿美元救助，美国政府对 AIG 提供的援助已累计高达 1823 亿美元；美国政府获得 AIG 79.9% 的股权，AIG 被收为国有。此外，美国政府还成立了两家公司以购买 AIG 分支机构的资产。

## 四　保险业和银行业在金融危机中的损失

根据杨霞（2010）的分析，2007 年 4 月至 2008 年 12 月，全球银行体系市值损失所致的减值总额高达 7200 亿美元。其中，美国和加拿大的大型综合银行集团减值 2592 亿美元，其他银行减值 1657 亿美元，约占全球总额的 59%；欧元区的大型综合银行集团减值 1019 亿美元，其他银行减值 294 亿美元，约占全球总额的 18%；英国和瑞士的银行减值 1351 亿美元，其他欧洲银行减值 23 亿美元；亚洲地区的银行减值 269 亿元人民币。截至 2008 年年末，中国银行业金融机构的总资产约为 62.39 万亿元人民币，保险业总资产约为 3.34 万亿元人民币，不及前者的 6%。而在发达国家和新兴市场，银行、保险、养老金公司和基金管理公司在整个金融体系中的相对比重较为合理，银行、保险和证券三大支柱的支撑使得整个体系非常稳固。

2008 年金融危机中，银行业遭受的损失是保险行业的近 6 倍（Liedtke, 2010）。日内瓦协会（2010）等多项研究认为，保险业遭受的损失主要归结为 CDS 业务。这类业务是类银行金融业务，并非传统意义上的保险业务，传统业务在金融危机中受到的冲击很小。从整体上看，银行业遭受的损失更为严重，保险业整体受到的冲击较小。金融危机爆发后，世界各国整体经济增速下滑，由于保险业对短期金融市场的依赖性较小，保险行业的恢复情况比银行业好得多。然而，在2008年金融危机中，规模最大的一起金融机构破产保护案不是发生在银行，而是发生在保险公司——AIG身上。据英国《金融时报》的报道，2009年11月英国政府计划再为苏格兰皇家银行（RBS）注入255亿英镑（约合420亿美元）的救助金，加上2008年10月英国政府首次提供的200亿英镑紧急救助金，苏格兰皇家银行总共获得455亿英镑①的救助资金，成为2008年金融危机以来全球救助成本最高的银行。美国花旗银行在2008年金融危机期间从美国政府共获得450亿美元的救助资金，是全球救助成本第二高的银行。2008年金融危机中，美国政府共向AIG提供1823亿美元的救助资金，远远超过RBS和花旗银行所获救助金的总和，成为全球获得政府救助资金最高的金融机构。AIG在濒临破产前的4个月内，账户上未变现亏损达20亿美元。2008年9月美国政府持有AIG 79.9%的股权并正式接管AIG时，AIG资产负债表上的负债高达1万亿美元。之后，AIG的股价一度跌至1美元以下。

## 五 美国政府对金融危机的救助

次贷危机爆发引发的"多米诺骨牌"效应引起了美国当局的重视。为了扼制危机的蔓延，美联储提出了7000亿美元的救市计划，财政部也拟定了7000亿美元的金融救助计划。另外，美国政府通过了延长减税计划的议案，并将银行存款保险上限由10万美元提高到25万美元。2008年10月8日，美联储宣布降息至1.5%，并于12月16日继续将美元基准利率下调至0~0.25%。

美国政府对银行业和保险业的救助措施并不相同。对存款性银行如花旗银行，美联储直接注资200亿美元，财政部和联邦储蓄保险公司将为花旗集团提

---

① 帕特里克·詹金斯：《保险公司或引发下一轮危机》，英国金融时报中文网站，2014年1月2日。

供包括住房抵押贷款、商业房地产贷款在内的总计 3060 亿美元债务的担保。根据损失分担原则，如果发生亏损，在政府担保的 3060 亿美元总债务中，290 亿美元以内的损失将由花旗集团全部自行承担，超过 290 亿美元的损失由美国政府承担 90%，花旗集团负担其余的 10%。对保险业如 AIG，美国政府通过问题资产救助计划（TARP）累计向 AIG 注资 1823 亿美元，注资的形式包括现金注资、提供贷款、联邦政府担保等，作为金融危机中规模最大的一项金融机构救助计划，救助 AIG 曾经被认为是最具争议的政府救助计划。

# 第四章

# 保险业系统性风险的识别和评估

# 第一节 系统性风险的识别方法

## 一 系统性风险分析方法的提出

2007 年美国次贷危机爆发以后，风险进一步升级和演化，迅速推动了 2008 年金融危机的爆发，并最终引发了全球性经济危机。各国金融监管者意识到，对市场风险的监管应该打破"微观机构层面的有效监管能够自然地引致系统整体稳定"的思维模式，关注金融系统内的相互关联性，重视金融系统整体风险及动态风险等系统性风险。

应该看到，现代金融业的发展改变了传统金融业分散经营的发展模式，出现了各种形式的混业经营现象，各行业风险转移增加，国际化经营趋势加强，金融市场的横向或者纵向的合并或整合将原本分散的银行、证券、保险、基金等金融机构集合成为一个庞大的全球性金融系统，增强了系统内不同金融机构的关联性。原本分散独立的微观个体的金融风险，可能通过交互反应、传染效应和反馈机制等综合作用，在金融系统内迅速放大和快速传递，演变为系统性金融风险。因而，在传统金融发展模式下建立起来的仅关注金融机构个体风险（包括微观个体的资本充足性、静态指标等）的监管模式，已经无法适应现代金融发展的新形势。例如，由于传统分散监管模式的漏洞，处于保险业和银行业经营边界的 CDS 业务的规模几乎在毫无监管的情况下迅速膨胀，从而累积了大量风险。因此，必须加强对金融系统性风险的监管，减少风险的负外部性对金融系统的冲击，提高金融系统的稳定性。

## 二 识别系统性风险的主要方法

国际货币基金组织（IMF）、国际清算银行（BIS）等国际组织和欧美的央行机构的专家学者和监管者，在总结以往风险识别方法的基础上提出了系统性风险的一些识别方法。IMF 将其分为三大类：指标预警法、前瞻性市场指标法、状态转换法。这些方法反映了人们对系统性风险认识的逐步深化，也反映了系统性风险分析方法从简单、静态、当前指标分析向更为复杂的多因素、关联化、动态化分析方法转变，更加注重对未来风险的预测（龚明华、宋彤，2010）。

### 1. 指标预警法

自 20 世纪 90 年代起，根据金融机构会计报表（Accounting Balance Sheet）分析金融系统内的不稳定性和脆弱性的研究引发了监管机构和研究者的关注。IMF 多年以来一直致力于推动金融稳健性指标（Financial Soundness Indicators，简称 FSIs）的建立和使用，并在 120 个国家和地区开展金融稳定项目评估，其中金融系统整体性风险和脆弱性评估是重要内容。因而，这一方法可用于评估金融系统的稳定性，作为研究系统性风险评估方法的起点。

为检验基于会计报表的金融系统稳健性指标的有效性，IMF 从世界各国选取了 36 家主要商业银行和投资银行作为样本，分析了在 1998 年第 1 季度～2008 年第 1 季度和 2005 年第 1 季度～2007 年第 2 季度两个时间段内，这些样本中没有被救助的商业银行或投资银行、被救助的商业银行或投资银行的行为，目的是检验这些指标能否分辨在出现危机苗头时，哪些银行是脆弱性银行，哪些脆弱性银行需要政府干预和救助，哪些银行不需要政府干预和救助。研究结果表明，IMF 的金融稳健性指标均可从金融机构获得，而且部分指标已经被监管机构用于监测银行机构的脆弱性。

评估系统性风险的常用指标如表 4-1 所示。单个指标可以衡量机构的风险状态，但难以全面分析系统性风险的可能性，因而在评估系统性风险中通常结合多个指标变量进行分析。其中，杠杆率和资产回报率是较为可靠的评估指标，资本资产比率和不良贷款比率指标缺乏预测性。这种评估方法的缺点在于：一是指标报送的频率较低，基本上是静态指标，只能用于对历史情况的分析，不具有预测性；二是这类指标重点关注单个机构的风险，无法考察其他机构的溢出效应对机构脆弱性的影响。因此，需要结合其他评估方法，综合考虑系统性风险评估。

表4-1　指标预警法中评估系统性风险的主要指标

| 变量 | 频率 | 衡量内容 | 含义 |
|---|---|---|---|
| 资产回报率 | 季度或年度 | 银行盈利能力 | 该指标值越高，表明银行资产利用效果越好，银行在增加收入和节约资金方面取得良好的效果。局限性是不能反映资金运用的成本 |
| 信贷增长率 | 月度 | 银行的风险状态 | 该指标如果增长得过快，表明可能存在两个方面的可能性：一是信贷标准降低；二是系统性风险较高 |
| 银行杠杆率 | 季度或年度 | 银行的风险状态 | 该指标值过高，意味着爆发系统性风险的可能性较大 |
| 不良贷款比率 | 季度或年度 | 银行的风险状态 | 该指标值过高，意味着爆发系统性风险的可能性较大 |
| 资本充足率 | 季度或年度 | 机构吸收未预期到的损失的能力 | 该指标值过低，意味着机构的偿付能力较弱，可能存在较大的潜在违约风险；可以用于预警机构的危机状态 |
| 流动比率 | 季度或年度 | 机构的资本流动性状态 | 该指标值过低，意味着机构可用流动资金相对较少，可能有无法偿付的风险 |
| 信用评级 | 无 | 稳健性状态 | 该指标值越高，意味着机构的稳健性越高，发生危机的可能性越低。多个金融机构评级和系统重要性金融机构的评级可以用于评估金融系统的风险 |
| 集中度 | 季度或年度 | 机构的风险集中程度 | 该指标值越高，意味着机构的风险集中程度越高，冲击造成的传染效应越严重；可以用于评估系统性风险的可能性 |
| 资本资产比率 | 季度或年度 | 银行自有资本占总资本的比重和银行承担风险的能力 | 是衡量银行资本金需要量的指标，该指标值越高，银行抵御风险的能力越强，存款人的利益越有保障，国际上认为理想比例在5%~8%（9%）。缺陷是没有考虑银行资产结构和银行风险大小的关系 |

资料来源:刘吕科2012年11月根据国内外文献资料整理。

## 2. 前瞻性市场指标法

（1）前瞻性市场分析Ⅰ：单变量法

市场指标能够更为敏感地监测金融机构未来表现和机构之间的关联性。在市场化条件下，资产的市场价格一定程度上实时反映了其他金融机构对资产的估值，因而资产价格反映了资产的公允价值情况，监管机构可以用这类指标检测机构的脆弱性。不同金融机构的战略发展目标和管理质量也可以通过公司的股票价格或者 CDS 利差的变化反映出来。因此，可以通过金融机构对市场化资产价格的敏感程度和反应判断金融机构的脆弱性。相关检验结果表明，以市场为基础的相关技术方法是有效监测未来系统性风险的方法。

目前，国内外利用单个或多个机构的分析检验系统性风险的技术方法主要有五大类：未定权益分析法（Contingent Claims Analysis，简称 CCA 方法）、期权－隐含波动率法（Option－Implied Probability of Distress，简称 Option－IPoD 方法）、由股权修订法得到的股权高阶矩和隐含资产分布指标检验法、金融机构联合压力概率方法（Joint Probability of Distress，简称：JPoD 方法）、条件关系矩阵和聚类分析（Conditional Correlations Matrices and Cluster Analysis）。

①未定权益分析法

未定权益分析法最早由 Lehar（2003）提出，后经 Gray 和 Jobst（2009）进一步完善，也是一种基于会计报表的风险评估方法。这种方法明确解释了平衡表中不确定性的内在不确定性，以及综合分析资产、负债权益的关联性。与指标预警法不同的是，未定权益分析法是基于风险调整后的会计报表进行分析的，主要分析金融机构在某个时点的负债风险、权益风险、风险资产价值等。这种分析方法主要基于默顿（Merton）期权模型。一般情况下，该模型以权益价格的波动性为始点，并衍生出其他风险度量方法。由于这种方法可以估计资产负债波动，评估基于权益市场价值的违约风险，因而被广泛应用于信贷风险评估。资产的波动性和不确定性是风险分析的重要因素，是衡量信贷风险以及系统性风险的重要标准，因为未来资产的变化影响承诺的负债支付义务，由此造成的风险极有可能产生违约风险和信贷风险。

②期权－隐含波动率法

期权－隐含波动率法是一种利用权益期权（Equity Option）价格推断单个金融机构金融稳健性指标的方法，可以根据市场条件下债务价值波动一致的模型判断该金融机构什么时候达到违约状态（违约临界值）。这种模型与其他模型相比的主要优势在于它假设违约临界值固定不变。该模型可用于预测资产的市场价格，是一种具有较强前瞻性的风险评估方法。在金融危机爆发之前，部分金融机构的期权－隐含波动率成倍增长。虽然这并不意味着这些金融机构都面临破产风险，但是，利用期权－隐含波动率法计算的破产金融机构的杠杆率估计值在金融危机前后明显不同。因此，根据期权－隐含波动率法计算的杠杆率比其他会计指标更适合于度量金融机构的风险。另外，该方法可以用于检测股票的高阶矩对违约风险的非线性变化，是一种能够有效预警金融机构违约何时可能转化为系统性风险的工具。

③由股权修订法得到的股权高阶矩和隐含资产分布指标检验法

系统性风险往往起源于某些小概率事件。由于这类小概率事件发生的概率极低，往往容易被市场忽视和低估。因此，在系统性风险评估中需要加强对尾部风险的监测。首先对权益或者隐含资产分布的高阶矩进行标准化得到股票期权信息，再根据股票期权信息计算单个金融机构或金融机构之间的尾部风险指标（包括偏度、峰度、压力等指标）。与利用简单相关关系计算金融机构内在依存度指标的方法不同，这种方法利用尾部依存度计算金融机构的稳定性指标，可以得到更为准确的金融机构稳定性指标。

④金融机构联合压力概率方法

金融市场中的系统性风险因素一旦触发，可以迅速从一个金融机构扩散到其他机构。因此，金融机构之间的关联性是分析系统性风险扩散的重要指标，经常与其他评估金融稳定性指标一起用于检测系统性风险。这种评估方法利用CDS离差而非权益波动或权益期权作为计算单个机构违约概率的输入值，但在涉及多类金融业务时使用权益价格作为输入值。一旦估计出联合压力概率，通常可以输出三类指标：银行稳定性指数（Banking Stability Index，简称BSI），压力依存度矩阵（Matrix of Distress Dependencies），以及当某个特别机构发生危机时导致其他一个或多个机构发生危机的概率。其中，第三个输出值的不足之处在于，很难推断政府对金融机构的担保行为的扩散效应对当期违约概率值计算的影响，因为政府担保行为相当于将风险转移给债权主体，让其他债权主体分担金融机构的信贷风险。例如，政府担保行为改变了金融机构对 CDS 数据的解释。

⑤条件关系矩阵和聚类分析

评估金融机构之间潜在系统相关性的一个较为简单的方法是条件关系矩阵和聚类分析。通过观察这两个指标值的变化可以判断某些机构的破产对其他机构的影响。IMF 利用 45 个金融机构在 2005 年 1 月以来的不同时点上的股权收益数据，分析了这些金融机构的条件相关性和聚类情况。条件相关性矩阵以剩余权益收益（Residual Equity Returns）数据为基础，剩余权益收益不受全球或者局部市场波动效应的影响。条件关系矩阵中的树形图可用于分析哪些机构的收益具有相似性，以及这种相似性如何随时间而变化（IMF，2009）。聚类分析按照观测值之间的相似性或距离进行分组，特别是金融机构群体之间的剩余权益收益的相似性。条件关系矩阵和聚类分析的缺点在于，即使控制了全国或局部市场的波动效应，这种方法仍然不能用于分析数据的非线性依存度。尽管存在这种缺陷，利用条件关系矩阵和聚类分析仍然能够较容易地识别金融机构在压力期间比正常期间拥有更高的共同行为度，在不同压力期间更为明显。

条件关系矩阵和聚类分析的结果表明，2008 年 9 月 15 日到 2008 年 10 月 2 日，金融机构之间拥有最高的相关性（见表 4 - 2）。贝尔斯登获得援助以及雷曼兄弟倒闭期间，金融机构之间的相关性第二高。金融机构的聚类或分组指标中的平均方差由正常期间（上证指数校准之前）的 0.99 上升为压力期间（雷曼兄弟破产之后）的 2.7，在压力期间的组内分组方差比在正常时期高 173%（见表 4 - 3）。

表 4 – 2 不同压力期间 45 个金融机构之间的条件关系矩阵

| 相关系数值 | 该组内的协同因素值 | |
|---|---|---|
| | 0.5 ~ 0.6 | 0.6 以上 |
| 2008 年 3 月到 2008 年 12 月 31 日，问题资产救助计划通过后 | 23 | 10 |
| 2008 年 9 月 15 日到 2008 年 10 月 2 日，问题资产救助计划同意雷曼兄弟破产 | 87 | 68 |
| 2008 年 3 月 17 日到 2008 年 12 月 12 日，贝尔斯登获得援助以及雷曼兄弟倒闭 | 73 | 52 |
| 2007 年 8 月 1 日到 2008 年 3 月 16 日，贝尔斯登两只对冲基金破产和贝尔斯登获得解救 | 41 | 19 |
| 2005 年 2 月 27 日到 2007 年 7 月 31 日，上海股票市场对贝尔斯登公司两只对冲基金破产的校准 | 16 | 2 |
| 2005 年 3 月 1 日到 2007 年 2 月 26 日，上海股票市场校准前 | 17 | 8 |

资料来源：IMF 对 Bloomberg L. P. 的估计。

表 4 – 3 聚类分析

| | 2005 年 3 月 1 日到 2007 年 2 月 26 日 上海股票市场校准前 | | | 2008 年 9 月 15 日到 2008 年 10 月 2 日， 问题资产救助计划同意雷曼兄弟破产 | | |
|---|---|---|---|---|---|---|
| 群组 | 1 | 2 | 3 | 1 | 2 | 3 |
| 机构数（个） | 31 | 4 | 10 | 27 | 10 | 8 |
| 剩余收益的组内群组的方差 | 1.31 | 0.77 | 0.89 | 2.45 | 3.04 | 2.60 |
| 不同组的平均方差 | 0.99 | | | 2.7 | | |

资料来源：IMF 对 Bloomberg L. P. 的估计。

（2）前瞻性市场分析法 II：多变量法

单变量前瞻性市场分析方法多用于研究单个金融机构之间的关联性或者单个机构风险对其他机构的影响。然而，市场是复杂多变的，多变量前瞻性市场分析法在评估多个金融机构之间的关联性方面更加有效。

①基于期权的分析法

从系统性风险的定义可以看出，系统性风险的评估要求金融机构之间相关性由传统评估方法向非线性或者动态依存度方向发展，特别是在金融市场一体化的情况下，更需要开发和探索评估系统性风险的方法。标准相关关系无法解释依存度随时间而变化的特点，特别是在整个金融市场的资产价格和非流动性不确定的情况下。在压力期间，非流动性市场配置多元化策略是造成相关性增加的主要原因，很难准确评估较高的波动性对金融机构资产价格的影响，因而尾部依存度是识别系统性风险的一种较好的方法。基于期权的分析法的主要特点在于，可以根据尾部依存度检验资产价格不确定和流动性不足时系统性风险发生的可能性。

权益是公司未来资产绩效最重要的初始性一致估计，权益衍生品包含了市场参与者对未来下跌风险判断的前瞻性信息。而且，衍生品的价格信息可以分析价格的水平波动，以及价格在方差、峰度、偏度等方面波动的差异，反映了投资者对不确定性和非对称性的反应程度。本节主要利用权益期权的平价波动分析检验股票分布左尾联合波动，以此判断尾部依存度以及系统性风险的量。

从理论上来看，隐含波动率比股票价格更能反映系统性风险的情况，同时也可以估计平均共同波动的联合概率以及几个金融机构较大的负向冲击。多变量依存分析的结果表明有两个时期存在较高的系统性风险：2007 年 6 月次贷危机爆发前和 2008 年 9 月雷曼兄弟破产期间。相关结论也表明，股票价格波动较大时，可能导致信贷资产价格的敏感性，CDS 业务扩展也就存在较高的违约风险。

CDS 的利差波动或权益变化主要反映了单个金融机构的风险。国内外学者已经开始研究利用 CDS 及权益等资产的市场价格对不同金融机构之间的风险进行评估的方法。波动率是衡量资产波动收益不确定性的指标，普遍应用于投资组合选择、资产定价、风险管理等研究中。波动率的估计方法主要有两大类：一类是历史波动率法，另一类是隐含波动率法。历史波动率法包括简单加权移动平均法、时间序列模型中的 GARCH 方法等。相对而言，历史波动率法的几种评估方法都不如隐含波动率法更能反映真实波动率的评估。隐含波动率法是在 Black－Scholes 期权定价模型（BSM）中，在其他参数已知的情况下，根据模型分解出波动率。隐含波动率不是一个常数，同一标的资产的波动率应当一致，但是到期价格和敲定价格的差异会导致隐含波动率不同，也就是通常所说的"波动率笑容"（Volatility Smiles）——当期权处于平价期权状态附近时，隐含波动率处于较低的水平；当期权距离平价期权较远时，隐含波动率不断增加。基于 BSM 的银行波动率是一个长期的平均隐含波动率，长期来看波动率趋于一致，短期内存在某种偏差，因而通常对某一特定资产会采用加权隐含波动率，将交易量、与平价期权的偏差、Vega（即期权价格对标的资产波动的敏感系数）等作为权重。Gray 和 Jobst（2008）首先提出在检验股权左尾分布的同时波动中，使用与平价期权的偏差指标。用这种方法计算的隐含波动率比单纯根据股价检验系统性风险更为有效，同时可以估计平均共同变动的联合概率及其对金融机构造成的负面冲击程度。

②系统内共同压力：瀑布效应分析法

使用多元联合概率分布以及其他金融机构稳定性的评估方法可以计算三种压力：一个系统内金融机构之间的共同压力；特殊金融机构之间的压力；某个特殊金融机构遭遇压力危机时对系统内其他机构造成的压力。这种评估系统性风险的方法可以识别风险是如何引发的，以及哪些机构更容易受其他机构遭受压力危机的影响，因而比单个金融机构的压力测试法更有优势，更适合于测算金融系统的稳定性。

瀑布效应分析法主要用于测试金融系统内几组特定金融机构的压力，是基于金融机构隐含资产价值的联合分布密度的一种测试方法。金融系统多元密度（Financial System Multivariate Density，简称 FSMD）主要反映了金融机构之间的资产价值变化情况。FSMD 可以用于计算金融机构违约概率的依赖程度，在金融危机情况下可以计算金融机构的线性或非线性依赖关系，以及依赖关系的变化情况，从而判断金融机构的依赖性是否增加。评估发达国家以及新兴市场银行之间的联合风险情况时经常使用这种方法。

③系统共同压力：联合压力概率和银行业稳定指标

联合压力概率和银行业稳定指标（Banking Stability Index，简称 BSI）是一种功能较为强大的共同压力测算方法，在测算多个金融机构和单个金融机构非线性共同压力上更具优势。JPoD 方法是一种计算系统内所有机构联合违约密度的方法，BSI 是一种计算单个机构违约引发其他机构违约概率的方法。用这种方法测试共同压力的实证结果显示，虽然不同地区和不同机构的经营业务不同，单个金融机构的压力与区域压力的变动程度具有高度的一致性，金融机构倒闭时 JPoD 和 BSI 的值也较高。在危机发生时，用 JPoD 方法和 BSI 计算的系统性风险中，不仅单个机构的违约概率增加，而且机构之间的依存程度指标飙升较快。因此，这种基于平均值的金融稳定性评估方法具有一定的偏差。

联合压力概率可以用于检验某个特定机构在发生危机时导致其他一个或多个机构发生危机的概率，提供了对系统整体影响的度量方法，因而可以有效识别某个特定机构的系统重要性。JPoD 和 BSI 方法给出了市场条件下金融机构的前瞻性市场数据，是一种以市场为基础计算市场共同尾部风险的方法，给出了系统整体发生危机的信号，可以用于分析系统性风险的爆发时间。

④状态转换法

由于利率波动、风险偏好程度等参数都会影响金融机构资产的市场价值，进而影响金融系统的稳定性和引发系统性风险的可能性，所以金融资产的价值与金融环境具有较高的相关性。Hamilton 和 Susmel 1994 年开发的马尔科夫状态转换技术（Markov Regime Switching Technique）可以用于检验与金融环境相关的替代指标（如风险偏好程度），通过这些指标的变化反映金融机构的风险变化。由于系统性风险表现为高波动性，因而可以根据替代指标的变化观察风险从低波动状态发展到中、高波动状态的转换，进而判断是否发生系统性风险以及何时发生系统性风险。因此，这种技术可以用于分析系统性风险的触发因素。

自回归条件异方差模型（ARCH）是一种可以较好地描述股票市场波动的模型，但是这种模型不能描述股票价格偶然或者突然跳跃对收益的影响。Hamilton 提出了不同状态的 SWARCH（Switching ARCH），将持续的波动性分解为不同的区间，描述区间内偶然的跳跃对资产收益产生的动态结构变化。

SWARCH 也可以用于识别风险状态转变时系统性风险的变化情况。Kim 和 Nelson（1999）的研究发现，当 ARCH 效应不显著时，马尔科夫状态转移自回归条件异方差模型（Markov Switching ARCH）比 SWARCH 更适合描述股票市场的波动。

因而，通过检验"市场化条件"是否从低波动状态转向中、高波动状态，可以分析整个市场的压力情况，预警金融市场的系统性风险。

## 三　几种识别方法的比较

系统性风险的评估是一项复杂而艰巨的任务，很难依赖于某一种方法评估系统性风险的程度，更多的情况下是结合多种方法的结果进行综合评价。评估系统性风险的方法是随着金融市场的发展而不断演进的。虽然目前部分方法的使用尚存在某些局限性（见表 4 - 4），但是仍然可以从某些方面为预防或者识别系统性风险提供一些政策含义。近年来，关于系统性风险的评估更加注重系统性风险预警方法研究，某些评估方法已经能部分实现这种目标。然而，相对于复杂多变的金融市场而言，系统性风险的评估方法还有很多可以探索的空间。

表 4 - 4　系统性风险评估方法的比较：局限性和政策含义

| | 在评估系统性风险中存在的误导性弱点或条件 | 政策含义 |
| --- | --- | --- |
| 会计平衡表（Accounting Balance Sheet） | 可能存在非线性、反馈效应、前瞻要求、高频率性、多机构等应用局限性 | 单个机构必须包含杠杆率及股票市场绩效指标 |
| 条件关系矩阵及聚类分析（Conditional Correlation Matrices and Cluster Analysis） | 可能存在非线性 | 在同一个频率的基础上，可以帮助政策制定者评估金融机构之间的共同行为和关联性 |
| 期权 - 隐含波动率法（Option - IPoD） | 当无法获得权益期权时，无法考虑政府注入资本造成的扭曲效应 | 帮助政策制定者检测违约风险以及单个金融机构每天的特殊杠杆的临界区间长度；可应用于压力测试 |

| | 在评估系统性风险中存在的误导性弱点或条件 | 政策含义 |
| --- | --- | --- |
| 高阶矩以及多变量依存度法 (Higher Moments and Multi-variate Dependence) | 在极端情况下，数据的频率以及估计窗口（Estimation Window）的变化必须随尾部依存度的校准而调整 | 向政策制定者提供在不同程度的共同冲击下，金融机构之间的非线性和动态关联性 |
| 随时间变化的多变量压力依存度（Multivariate Time – Varying Distress Dependence） | 过度依赖于输入值。如果用于分析 CDS 业务，无法考虑政府担保情况下造成的扭曲效应 | 不仅能够向政策制定者提供识别共同风险的方法，而且可以用于识别某种特殊机构对其他机构造成的溢出效应以及压力程度 |
| 马尔科夫状态转换技术（Markov Regime Switching Technique） | 不能应用于多变量情况下的风险评估 | 向政策制定者提供某种变量（如银行稳定性指标或全球市场指标）改变波动状态时的系统性风险变化情况。这种方法具有较强的可用性特点，可以基于频率进行更新 |
| 动态相关系数广义自回归条件异方差模型 DCC – GARCH | 无法识别偶发性事件，无法提供反馈效应 | 可以帮助政策制定者识别在正常条件下或压力条件下国内市场或全球市场的共同行动程度 |

资料来源：IMF《全球金融稳定报告》（2009）。

## 1. 指标预警法

尽管 IMF 一直致力于完善金融稳健性指标，但是金融稳健性指标依然存在三个方面的不足。第一，基本杠杆比率较为可靠，资产负债率和不良贷款指标缺乏预测功能。第二，金融稳健性指标是基于会计报表的一套指标体系，都是静态指标，而且不同国家的会计方法不一致，难以在全球通用。第三，金融稳健性指标在发达国家系统性风险评估中的作用较为有限，因为发达国家金融市场的信息来源渠道较为广泛，交易产品的结构较为复杂，对系统性风险的衡量和识别需要基于市场数据的前瞻性指标。2008 年金融危机中，某些金融机构即使表外敞口很大，流动性严重错配，仍然能够满足监管要求的最低资本标准。

尽管金融稳健性指标存在这些不足，不能完全依靠指标变化识别系统性风险，但是，在无法准确获取可靠的市场数据时，金融稳健性指标是一套较好的识别单个机构和系统脆弱性风险的指标体系。对于资本市场较为发达的金融体系，金融稳健性指标也是一种较好的检验系统脆弱性的指标，基本的杠杆率和资产收益率（ROA）是其中最常用的风险度量指标。

## 2. 前瞻性市场指标法

单变量法和多变量法都是建立在前瞻性市场指标基础上的方法，都是基于模型化基础的评估方法。其中，一类指标侧重于评估金融机构之间的违约概率，另一类指标侧重于评估金融机构的在险价值（Value at Risk，简称VaR）和压力承受能力。

系统性风险评估的一个重点是研究系统的组成部分以及各组成部分的关联性问题。当市场爆发系统性违约事件时，违约金融机构的数量与金融机构之间的违约相关系数具有较高的相关性：违约相关系数越高，一旦一家机构违约，很多金融机构将同时违约，造成的损失额度就越大，系统性风险也越大。这类评估方法的主要特点是通过检测金融机构违约的概率情况，分析系统性风险发生的可能性。

系统性风险评估的另一个重点是研究系统遭受负面冲击时的损失情况。在正常时期，金融机构资产和负债都由市场价值驱动。但是，在危机冲击下，这种协同联动效应增强，发生系统性风险的概率提高，系统性风险的评估应该能够反映这种协同联动效应。在这种风险管理需求的推动下，其主要分析金融系统遭遇潜在下行压力危机时的脆弱程度的在险价值和压力测试方法的发展程度，这种分析方式和测试方法成为衡量系统性风险的重要方式。

在单变量前瞻性市场分析法中，未定权益分析和信用风险计量模型（KMV模型）都需要提前假定违约的界限，而这一假定具有较大的主观性；期权–隐含违约率对违约率等数据质量有较高的要求，而隐含波动率增长等信号仅在系统性风险爆发前不久才显现，相比较而言，CDS利差指标更为有效。多变量前瞻性市场分析法中，高阶矩、多元联合分布密度、尾部风险的输入值和输出值具有较高的相关性，准确性相对有限。

### 3. 状态转换法

状态转换法是一种基于时间序列模型分析股票市场波动率的方法，是向量自回归（VAR）模型和 ARCH 模型的扩展和延伸。这种指标可以反映机构从低波动状态向中、高波动状态的转变，是评估金融系统脆弱性和不确定程度的一种较好的指标，可以检验多种衡量指标是否达到了最高波动状态，经常用于评估政府救市是否必要、政府何时干预、政府救市干预措施何时退出等。这种评估方法的缺陷是要求预警指标具有较长的延续时间。但是，在资本市场中，某些市场指标在高波动状态时无法持续较长时间。

# 第二节　保险业系统性风险的评估方法

学术界以前对系统性风险计量的研究主要侧重于银行业，对保险业系统性风险计量的研究文献不够丰富，对保险业系统性风险的评估方法主要借鉴了银行业系统性风险的评估方法。鉴于 AIG 破产的巨大影响，FSB 等提出评选全球系统重要性金融机构，并对全球系统重要性金融机构在一般性监管要求的基础上提出特殊的监管要求。本节主要介绍保险业系统性风险评估的方法，全球系统重要性金融机构的评选方法和风险评估方法将在第三节介绍。

## 一　度量整体系统性风险

度量整体系统性风险的指标，可以分为基于条件风险价值方法（CoVaR方法）的指标、预警指标、宏观压力测试指标等。Adrian 和 Brunermeier（2009）提出通过 CoVaR 方法测试金融部门的风险价值，并从杠杆、规模和期限错配等方面计量系统性风险。Acharya、Pedersen、Philippon 和 Richardon（2011）运用系统性预期损失指标（Systemic Expected Shortfall，简称 SES 指标）衡量资本不充足的单个机构对整个市场可能造成的风险。Huang、Zhou 和 Zhu（2011）通过计算灾难性风险溢价方法（Distressed Insurance Premium，简称 DIP 方法）来测算系统性风险。Monica、Mila、Andrew 和 Loriana（2011）运用主成分分析和格兰杰因果网络方法（线性以及非线性）判别金融机构网络的资产收益的统计关联性，其是 CoVaR、SES、DIP 方法的有益补充。Phelim 和 Joseph（2012）在 Adrian 和 Brunermeier（2009）提出的 Co-VaR 方法的启发下，运用广义有限条件尾部期望（the Generalized Co – Conditonal Tail Expectation，简称 CoCTE）方法度量系统性风险，并使用历史数据进行计算，描述了如何通过风险计提实现逆周期的系统性风险监管。Hua Chen、Cummins、Krupa 和 Mary（2013）在 DIP 方法和 SES 方法的基础上，首次利用信用违约掉期利差（CDSs Spreads）和股票盘中价格等高频数据度量保险业的系统性风险，同时运用线性和非线性格兰杰检验判断银行业和保险业风险传播的相互关系并进行了压力测试。实证结果表明，在未消除条件异方差性前，银行业和保险业之间的风险传播是双向的；但在利用广义自回归条件异方差（GARCH）模型消除条件异方差性后，银行业对保险业的冲击程度更为强烈和持久。压力测试结果也显示系统性风险会由银行业传导至保险业，反之则不然。Borio（2010）提出了关于宏观审慎监管的预警指标，预测效果较好，对金融失衡和内生周期的冲击也有所体现。预警研究的主要目的是预测系统性风险，重点关注即将发生的事件。Drehmann（2009）通过宏观压力测试，重现了金融体系对外生冲击的反应，但对金融系统和宏观经济的相互影响难以界定。另外，Billio（2010）提出通过格兰杰因果检验（Grange Causality Tests）和序列相关系数（Serial Correlation Coefficient）等计量方法来评估系统性风险的"四 L"，即流动性（Liquidity）、杠杆率（Leverage）、关联性（Linkage）和损失（Loss）。通过公开取得的数据，这些指标可以判断市场的混乱状况。由于金融市场的复杂性，通过一组指标来判断风险是远远不够的。Allen（2001）强调了在研究系统性风险时需要测算不同金融机构之间的关联性。

Geneva Association（2011）提出了识别保险机构系统性风险的两步法：第一步，监管机构对保险市场和产品的监管，运用金融稳定理事会（FSB）和国际保险监督官委员会（IAIS）关于系统性风险的标准，识别潜在的系统性风险；第二步，国家层面的监管和团体监管，识别从事系统重要性风险活动的保险公司。Weiss（2011）认为系统性风险的初步指标是关联性、替代性、集中度和基础设施。其中，关联性是指，由于银行业存在"挤兑效应"（Run on the Bank），即当存款人意识到银行出现危机、对银行失去信心时，容易提前到银行兑现存款，同时由于银行具有较高的杠杆率系数，流动性资金较为有限，大量存款人的提前挤兑行为容易加剧银行的流动性紧张局面，导致银行破产倒闭。因为其他机构通过贷款或股份投资等方式与这样的银行具有较大的关系，部分机构可能对这家银行的依赖性较高，所以该银行的破产倒闭能很快传递到其他多家银行，并迅速产生类似的扩散效应。替代性是指当一个机构破产时，其他机构代替这种机构或者服务的能力。当一种机构的可替代性较差时，这类机构的破产容易对整个经济造成较大的影响。集中度是指，当一个具有较高集中度的机构资不抵债时，可能导致某种重要的产品变为稀缺资源。集中度与替代性有密切关系，与 FSB 和 IMF 提出的规模指标相似。基础设施是指，某项业务的关键性资源。金融或者支付基础设施中某些机构的金融萧条可能对整个经济产生溢出效应。例如，银行是支付系统中的重要组成部分，大规模的银行破产可能对支付系统和整个经济产生重要影响。

## 二　评估保险业务系统相关性的方法

Geneva Association（2010）根据 FSB 提出的保险业系统性风险的规模、可替代性、关联性等特征，提出应该按照保险业务活动而不是保险公司来分析保险业系统性风险，并提出利用过滤（Filter）方法评估保险业务的系统相关性（见图 4 - 1）。

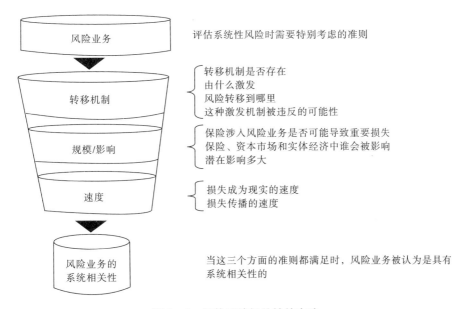

**图 4 - 1　评估系统相关性的方法**

资料来源：Geneva Association 对 Oliver Wyman 的分析，2010。

## 三　识别潜在的系统性风险业务

### 1. 评估保险业系统性风险的定量性指标

IAIS 是一个宏观审慎机构，在识别潜在系统性风险业务中起主导作用。我们可以运用 FSB 或 IAIS 提出的规模、关联性、替代性、时效性的标准监管保险机构从事的所有业务，如果某项业务同时满足系统性风险的这四个特征，这项业务就被认定为具有系统性风险。在当前的市场条件下，有必要分别考察每一项保险业务是否具有系统性风险（见图 4 - 2），因而需要制定不同的指标评估每项业务活动以及市场的系统性风险。我们选取的这套指标体系还应当能够识别某些特殊保险业务活动何时可能激发系统性风险，特别是必须明确当前市场条件下量化指标爆发的临界值。

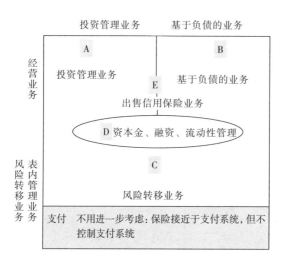

A 保单持有人或股东通过现金或
衍生品进行的投资
 ・ALM及战略资产配置
 ・保险表外平衡表中的衍生品业务

B 由于提供保障或担保而产生的
负债等传统保险业务
 ・承保巨灾风险
 ・承保长期风险
 ・承保具有可赎回权的保险业务
 ・承保置入担保的寿险业务

C 将保险风险及市场风险转移到第三方的业务
 ・衍生品对冲
 ・再保险和转分保（Retrocession）业务*
 ・保险连接证券和衍生品

D 资本募集、短期融资、长期融资、投资管理和
基于负债业务的流动性管理业务
 ・债券相关业务
 ・长期资本募集

E 出售信用保险业务
 ・信用保险
 ・金融担保
 ・CDS业务

**图 4-2 全球保险业务**

注：*是指分保接受人将其接受的业务再转分给其他人的保险业务。

在评估系统性风险时，除了借助定量指标之外，也可以参考定性分析的结论。汇总或者转移因素可能通过某种特殊保险业务影响系统性风险，因而必须考虑市场特殊性、保险特殊性、经济条件和保险业务的监管方式。Geneva Association（2010）分析了当今国际市场保险业务的潜在系统性风险。结果表明，所有核心保险业务并未全部满足系统性风险的四个特征，因而不会引发系统性风险。但是，核心保险业务之外的两种业务，包括某些特殊的衍生品或金融担保业务，以及短期融资业务管理不善，可能引发系统性风险。如果保险机构大规模地开展这两类保险业务且没有适当的风险控制机制，引发系统性风险的潜力就比较大。

全球潜在的保险业务活动将保险业和金融市场中的大量参与者联系起来。单纯的集团内部交易对第三方的影响较小，因而不具有系统相关性。考察系统性风险的关联性主要考虑集团内部和外部业务活动的复杂性（见图4－3）。

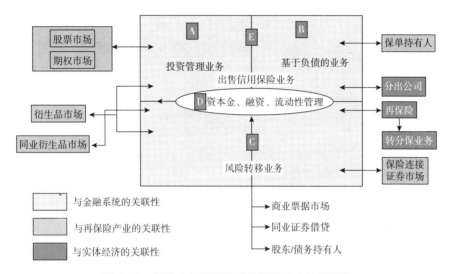

**图4－3　保险业务可能涉及的风险活动的关联性**

资料来源：Geneva Association，Systemic Risk in Insurance：an Analysis of Insurance and Financial Stability；Oliver Wyman 的分析。

### 2. 评估保险业系统性风险的定性指标

除了根据规模、关联性、替代性三个特征标准评估系统性风险之外，FSB 2009 年提出了评估系统性风险的第二套准则[①]。这套指标被称为"贡献因子"（Contributing Factors），是可以潜在地增加一些机构易变性的指标，如复杂性、杠杆率、流动性和较大的不匹配性。如果一个机构满足以下三个条件，则可以被认为是复杂性机构：第一，通过大量法人实体经营不同类型的业务（如同时拥有银行、保险、证券等子公司）；第二，跨境经营并集中化管理资产和负债的保险公司；第三，对复杂的产品或市场具有风险敞口，但是这类风险敞口

---

[①] Guidance to Assess the Systemic Importance of Financial Institutions，Markets and Instruments：Initial Considerations，Background Paper.

还未能充分测算。复杂性本身并不足以产生系统性影响，但是多数国家仍然将复杂性视为易变性的一个来源。因为，复杂性通常与不透明性有密切关系，不仅使外界难以理解机构的风险敞口，而且增加了系统性风险事件中的信息不对称的程度。

# 第三节　系统重要性保险机构的识别与风险评估

## 一　系统重要性金融机构概念的由来

2008 年金融危机的爆发让全球金融监管者意识到，并非仅仅是由于破产金融机构数量众多国内或全球金融市场才遭受了严重损失，单个具有系统重要性的金融机构的破产倒闭也能加剧国内或全球金融市场的不稳定性，所以金融市场必须重视对"大而不能倒"的金融机构的风险监管。为此，IMF、FSB 和 BIS 等提出了一个新概念——系统重要性金融机构。这种金融机构具有规模庞大、复杂性强、牵涉范围广等特点，一旦发生危机，可能会影响整个金融市场。

## 二　系统重要性金融机构

系统重要性金融机构（Systemically Important Financial Institutions，简称 SIFI）是从系统性风险衍生出的一个概念，主要是指能够引起系统性风险的机构。这个概念强调了系统重要性金融机构带来的负面经济影响。这种机构存在一些共同特征，如规模大、市场关联度高、业务复杂等。为了细化监管，我们还可以把系统重要性金融机构分为全球系统重要性金融机构和国内系统重要性金融机构。二者的区别在于，前者对全球金融市场有重大影响，而后者的影响范围仅限于一个国家内部。

## 三　系统重要性保险机构

为了响应 G20 和 FSB 提出的识别 SIFI 的方法，IAIS 需要提出一套适合测度保险业系统性风险的方法。因此，IAIS、Geneva Association 及其他保险组织推荐了基于两步法的评估保险业系统性风险的方法：一是识别具有潜在系统性风险的保险业务；二是选取可以反映保险业系统性风险业务的特殊指标识别潜在的全球系统重要性金融机构。IAIS 在保险业启动了一套潜在的方法和指标体系以评估保险业中的系统重要性机构。保险业中的系统重要性金融机构是指大规模地开展具有引发保险业系统性风险潜力的业务的金融机构。由于其规模、关联性、复杂性等可能对全球金融系统及经济造成极大的破坏，这种机构被称为系统重要性保险机构（Systemically Important Insurances，简称 SII）。我们可以根据 FSB 或 IAIS 确定的具体业务指标体系准则评估保险市场中单个机构的重要性程度（Geneva Association，2011）通过一整套定性指标和定量指标识别机构的业务活动，用明确的指标识别潜在的系统重要性保险机构系统性风险业务活动，考核一个保险机构在整体层面的重要性。

虽然 2008 年金融危机表明传统保险业务只是风险的被动吸收者而不是主动传播者，但是，近年来保险机构业务出现多元化、国际化的发展趋势，其中发展速度最为突出的非传统保险业务（如 CDS）极有可能引发系统性风险。此外，保险的原始功能是分散风险，使其成为金融系统稳定的守护者。因此，系统重要性保险机构是系统重要性金融机构的重要组成部分。

## 四　识别系统重要性保险机构的方法

IAIS 等的研究表明，经营传统保险业务的保险机构是风险的吸收者，不是保险业系统性风险的来源。经营非传统保险业务（如保险连接证券等）和非保险金融业务（如 CDS 业务等）的保险集团或金融控股公司，由于吸收了银行、证券等金融行业资本性经营业务的特征，具有较大的风险杠杆系数，不仅不再是金融市场的稳定器，而且对金融市场的波动极为敏感，有可能引发系统性风险，放大风险效应，在金融系统中迅速传播风险。IAIS 根据非传统、非保险业务是系统性风险的主要来源的研究成果，设计了两套全球系统重要性保险机构（G - SII）评估方法。

## （一）指标评估法

系统重要性保险机构的评估方法参考了巴塞尔委员会提出的判定全球系统重要性银行机构（G - SIB）特征的方法，但在考虑了保险机构的结构和业务特殊性的基础上，评估指标的选择、分组和权重方面与 G - SIB 评估方法略有不同。在 2012 年《G - SII 评定方法》初稿的基础上，IAIS 进一步完善了系统重要性保险机构指标权重的设置方法。2013 年 7 月，IAIS 发布了《全球系统重要性保险机构：评估方法》和《全球系统重要性保险机构：政策措施》。这两份指导意见都是基于指标的系统重要性保险机构评估方法，最终确定了 5 类 20 种[①]特征指标来判别系统重要性保险机构。五大类指标分别为规模、全球活跃性、关联性、非传统非保险（NINT）业务和可替代性，并在每大类下面设置了相应的二级指标。

### 1. 系统重要性保险机构的评估指标

（1）规模

单个金融机构对金融系统的重要性是随着其提供金融服务的规模扩大而增加的。因此，在保险类金融服务中，必须识别建立基金池以实现风险分散化的先决条件。识别系统重要性机构的规模要素主要侧重于两个方面的指标。一是资产负债表上的总资产。这是识别一个机构规模最直接也是最简单的方式，资产规模越大说明整个公司规模越大。二是相关的盈利指标，如保费收入、投资

---

① IAIS, *Global Systemically Important Insurers：Initial Assessment Methodology*（2013）.

收益和其他收益等。资产规模可能低估了一些可计算的表外资产规模，而盈利指标弥补了资产规模的这一缺陷。这两个方面的指标主要是评估保险机构金融服务的程度和市场渗透力。

（2）全球活跃性

这个指标主要监测金融系统中某个机构的破产清算对全球金融业和实体经济的负外部性。识别系统重要性机构的国际影响力，也是基于两个方面的分析。一是机构在国际市场中的盈利能力分析。在全球经济一体化的趋势下，现代金融业的国际化趋势尤为明显。一个机构在国际市场中的盈利能力越强，表明这个机构对市场的影响越大，这个机构的危机对市场造成的危害也越大。二是分析机构在国外的分支机构数量。一个机构的国外分支机构越多，国外收入占比越高，说明这个机构对国际市场的影响力越大。

（3）金融系统内的关联性

关联性对风险的传播有着举足轻重的作用。金融系统各机构之间直接或间接的关联性可能引发系统性风险，因而系统中单个机构破产或陷入经营困境都可能对整个金融系统造成影响。金融机构之间的关联性体现在诸多方面。为了全面评估机构的关联性程度，IAIS 提出采用七个相关指标进行分析。

一是金融系统内资产（Intr – Financial Assets）指标。该指标是保险公司向其他金融机构借出的资产规模，主要反映了当保险公司需要紧急售出资产时对金融市场的影响程度。

二是金融系统内负债（Intr – Financial Liabilities）指标。该指标是保险公司从其他金融机构借入的负债，主要反映了保险公司在遭受危机时对金融市场造成影响的程度。

三是再保险指标。再保险业务本来是保险公司转移风险的一种方式，但同时，再保险业务也将不同保险公司的风险再度集中化，风险在再保险公司再度累积。

四是衍生品指标。主要用于分析衍生品的公允负债问题，即保险机构通过衍生品和其他金融机构产生的关联性。

五是风险敞口的集中性指标（即：大额风险暴露指标，Large Exposures），前 10 位最大交易对手的风险敞口和风险敞口率。这个指标主要用于评估风险相关性的集中程度。

六是流转率（Turnover）指标。主要是分析机构的资产流转率和负债流转率。

七是三级资产（Level 3 Assets）指标。主要是分析三级资产的总量及其在一、二、三级资产总量中的百分比等情况。三级资产的总量指标可以用于评估保险公司紧急售出资产对市场的影响，三级资产的比率指标可以用于评估保险机构从事金融活动的多层次性。

这七个指标主要是评估保险机构在资本市场的投资总量及其在资本中的比例，识别保险机构的流动性和金融化程度，量化分析保险机构、保险集团和集团内部控股保险机构与其他金融部门的关联性程度，评估保险机构内部结构的复杂性。

（4）非传统非保险业务

IAIS 认为非传统非保险业务是造成保险业系统性风险的主要因素，因此，在评估系统重要性时，此类业务选取的指标范围较为广泛。

一是非保单持有人责任和非保险收益（Non – Policy Holder Liabilities and Non – Insurance Revenues from Financial Activities）。这类指标可以评估非传统非保险业务的保险收入情况以及承担的保险责任，以判断该类业务在总体保险业务中的比例情况，估计非传统非保险业务可能对保险市场造成的损失程度。

二是衍生品交易（Derivatives Trading），主要包括 CDS 业务的总量和保险机构用于投机目的的衍生品交易。后一个指标在 2013 年 7 月初选的 G – SII 评估方法中并没有使用。由于 CDS 业务是 2008 年金融危机爆发的导火索，因此 IAIS 单独列项考察。

三是短期融入资金（Short – Term Funding）。这个指标主要是评估保险机构所面临的短期债务到期的压力情况。

四是金融担保（financial guarantees），主要是包括结构性金融保险、金融担保在内的债券的名义总额（不包括 CDS 业务），以及强制抵押担保保险业务（主要是抵押保险保单违约情况下支付的抵押总量）。与金融担保和抵押担保相关的保险业务加强了保险机构与和经济周期密切相关的其他市场的关联性，因而保险机构的危机可能对担保抵押等业务的相关主体产生较大的影响。

五是变额保险产品的最低保证支付额（Minimum Guarantee on Variable Insurance Products），包括可变年金或者或有年金（Contingent Annuities）以及其他有担保的保险产品的技术性准备金总额。保险公司向保单持有人提供有担保或最低保证的保险产品的业务可以提高保险销售量，但是在发生系统性风险时这种业务也加剧了保险机构的流动性风险。

六是集团内部担保（Intra－Group Commitment），主要是指保险机构或集团的某控股公司出于利益目的持有非保险实体的股权总量及比率，以及对非保险实体的集团内部担保总量及比率。保险机构的内部担保很多是针对非传统非保险业务的，因此，内部担保不仅可以评估非传统非保险业务，而且可以评估保险集团内部的复杂关联性。

七是保险负债的流动性程度。这个指标主要是评估保险机构在转短期间内的保险合同退保数量，分析保单持有人的退保行为对保险机构流动性风险的影响程度。因为在银行业务中，与退保行为相似的存款人的"挤兑"行为是加剧银行流动性危机的重要因素之一。

这七类指标主要着眼于分析保险机构投资和投机活动的风险情况。这类保险业务的主要特点是以获利而非保值为目的，保险机构通过这类业务主动参与资本市场。履约担保、抵押担保、CDS 业务等资本业务具有高风险高收益的特点，保险机构大量涉足这类资本性业务相当于为自身的流动性置入了较高的隐患。当危机爆发时，这类业务将迅速影响保险机构的流动性，而且影响波及的范围非常广泛。IAIS 在评估系统重要性保险机构时，对这七类指标赋予的权重较高。

（5）可替代性

如果系统中的某个机构破产清算之后，很难从系统中找出同样的机构提供相同或相似的服务，那么这个机构的可替代性就比较低。可替代性越低，这个机构的系统重要性就越高。IAIS 提出用特殊业务的保费收入衡量机构的可替代程度，具体包括：巨灾保险的直接总承保保费或预设保费收入，信用保险（抵押保证保险、金融担保、出口信用保险等）相关的直接总承保保费或预设保费，航空保险的直接总承保保费或预设保费，以及海上保险的直接总承保保费或预设保费，等等。

**2. 系统重要性保险机构各项评估指标的意义**

中央财经大学保险学院院长郝演苏 2013 年指出：规模指标主要考核保险机构资产平衡表内的全部资产和收益情况，衡量保险机构金融服务的程度和市场渗透力；保险机构涉及全球业务的，分别核算保险机构的境内、境外收益，以及境内和境外分支机构数量；关联指标考核金融系统内的资产、负债、再保险业务、衍生品、重大信息披露、营业额和第三方资产等，通过保险公司参与借贷、债券购买、票据发行、负债、投资、再保险和衍生产品规模，计算保险公司在资本市场投资总量中的比例及投资数额占资本金的比重，评估保险机构的流动性和金融化程度，进而量化保险集团、控股集团内部其他金融部门的关联性程度；非传统与非保险活动指标主要衡量非保单持有人责任、非保险收益、衍生交易、短期融入资金、金融担保等各项业务的规模，重点是考核保险公司投资和投机活动的情况；可替代性指标主要是考核直接承保、信用保险、航空保险、海上保险等业务收入的规模，分析在全球化趋势下保险机构的高度集中性和重要市场中保险机构的占有率。①

**3. 评估指标的权重设置**

由于容易引发系统性风险的保险业务主要是非传统非保险业务，所以 IAIS 在指标设置中对非传统非保险业务指标赋予的权重较高。在五大类指标中，规模指标与其他四类指标的关联性较高。为了减少这种重复性对系统重要性保险

---

① 郝演苏：《全球系统重要性保险机构的认识与评价》，http：//finance. sina. com. cn/money/insurance/bxrw/20130813/140916432722. shtml。

机构评估分值的影响，IAIS 对规模指标设置的权重较低。在评估系统重要性保险机构时，通常情况下权重指标的取值为：非传统非保险业务指标的权重取值为 40%～50%①；关联性指标的权重取值为 30%～40%；规模、可替代性和全球活跃性指标的权重取值为 10% 左右。2013 年 7 月评估全球系统重要性保险机构时，权重指标的取值如表 4－5 所示。

　　计算保险机构 G－SII 分值的方法是：先计算对应的每项指标的得分，然后将每项得分与每项指标的权重因子相乘，再将加权得到的各项分值求和。其中，每项指标的得分等于单个保险公司此项指标的对应值与所有样本保险公司该指标数值之和的比值。

　　按照这种权重指标的计算方法，FSB 在全球保险机构中初选了 9 家系统重要性保险机构：美国的保险机构 3 家，英国的保险机构 2 家，法国的保险机构 1 家，中国的保险机构 1 家，德国的保险机构 1 家，意大利的保险机构 1 家。

表 4－5　评估全球系统重要性保险机构的指标及权重

单位：%

| 分类及权重 | 指标 | 指标权重 | 全球系统重要性保险机构 |
|---|---|---|---|
| 规模（5%） | 总资产 | 2.5 | 基于 2011 年的数据，FSB 公布的首批 9 家全球系统重要性保险机构为：美国国际集团 美国大都会集团 美国保德信金融集团 德国安联集团 法国安盛集团 英国英杰华集团 英国保诚集团 意大利中利集团 中国平安集团 |
| | 收益类指标 | 2.5 | |
| 全球活跃性（5%） | 在母国以外的国家或地区产生的收入 | 2.5 | |
| | 分支机构的数量 | 2.5 | |
| 关联性（40%） | 金融系统内资产 | 5.7 | |
| | 金融系统内负债 | 5.7 | |
| | 再保险 | 5.7 | |
| | 衍生品 | 5.7 | |
| | 大额风险暴露 | 5.7 | |
| | 流转率 | 5.7 | |
| | 三级资产 | 5.7 | |

①　2012 年 5 月 IAIS 公布的《G－SII 评定方法》。

续表

| 分类及权重 | 指标 | 指标权重 | 全球系统重要性<br>保险机构 |
|---|---|---|---|
| 非传统<br>非保险<br>业务<br>（NTNI）<br>（45%） | 非保单持有人责任，以及来自其他金融活动的非保险收入 | 6.4 | |
| | 衍生品交易 | 6.4 | |
| | 短期融资 | 6.4 | |
| | 金融担保 | 6.4 | |
| | 变额保险产品的最低担保 | 6.4 | |
| | 集团内担保 | 6.4 | |
| | 保险负债的流动性程度 | 6.4 | |
| 可替代性（5%） | 针对特定业务的保费 | 5 | |

资料来源：IAIS，*Global Systemically Important Insurers：Initial Assessment Methodology*（2013）。

## （二）辅助评估法

### 1. IFS 辅助评估法

IAIS 指出，仅仅依靠基于指标的评估方法并不能确定 G‑SII 候选者是否具有系统重要性，还需要结合定量分析和定性分析等评估方法进一步判断和确认。其中，定量评估方法采用 IFS 评估方法。IFS 方法是基于保险金融稳定性所描述的概念的一种评估方法，是一种采取业务分割的特殊方法。在评估系统重要性保险机构时，IFS 将保险业务分为传统保险业务、半传统保险业务、非传统保险业务、非保险金融业务、非保险非金融业务，然后根据保险公司不同保险业务的系统重要性对每类业务分别赋予风险权重（Risk Weights）。风险权重是将保险公司的业务按照总资产分解为不同的业务组合部分得到的乘数因子，反映了 IAIS 对传统保险业务和非传统保险业务系统重要性的评价。IFS 方法被视为保险监管和矫正中的一种辅助评估方法。

如果基于指标的评估方法得到的结论与 IFS 评估方法一致，则认为监管判断与评估方法的有效性提供了系统重要性保险机构的稳健性评估方法。由于

IFS 方法并未使用更为细化的分项指标表示系统重要性，所以可能在无形之中会遗漏某些潜在的风险业务，仅按照该方法自身对保险业务各部分的综合理解评估各组成部分的重要性。因此，该方法只能辅助分析和检验基于指标的 G – SII 评估结论，不能单独作为评估 G – SII 的方法。根据 IFS 法评估 G – SII 时，综合得分的计算方法与基于指标的 G – SII 的计算步骤一致。

表 4 – 6 是 IFS 对 G – SII 风险权重因素的设置方法。可见，IFS 评估方法对半传统保险业务和非传统保险业务赋予的风险权重因子较高。由于 IAIS 认为传统保险业务不会引发系统性风险，传统保险业务与非金融行业的组合也不会引发系统性风险，因而给予非保险非金融业务的风险权重几乎为 0。非保险金融业务是引发 2008 年系统性风险的根本原因，因而给予非保险金融业务的风险权重为 100%。

**表 4 – 6　IFS 关于 G – SII 的风险权重因子的设置**

单位：%

| 保险 | 传统业务 | 半传统业务 | 非传统业务 |
|---|---|---|---|
| 承保和投资功能/财政功能 | 2.5/20 | 12.5/50 | 22.5/75 |
| 非保险金融业务<br>（Non – Insurance Financial Activities） | 100 | | |
| 非保险非金融业务①<br>（Non – Insurance Industrial Activities） | 0 | | |

注：IFS 评估方法认为传统保险业务不会产生系统性风险，与其他行业组合而成的复合业务也不会产生系统性风险。这里①是指传统保险业务与其他行业组合的复合型业务，赋予其 0% 的风险因子；非传统金融业务涉及支付系统、信用中介、投资银行/资本市场以及相关业务，IFS 将其视为银行业务，赋予 100% 的风险因子。

资料来源：IAIS, *Global Systemically Important Insurers：Initial Assessment Methodology* (2013)。

### 2. 附加监管判断和验证

基于指标的评估方法只是评估保险机构系统重要性的一个首要指标。通过它可以提供 G – SII 的候选者，再通过 IFS 法从中选取一些保险机构。然而，值得注意的是，如果 IFS 评估方法的结论与基于指标的评估方法得出的结果差异较大，还需要通过其他方法辅助验证候选的保险机构是否具有系统重要性。例如：增强对指标值计算中的数据的理解，对指标得分结果给予更准确的解释；披露难以被量化成指标的隐性环境因素，如重要的重组或破产情形；提供半传统或非传统保险业务与系统的相关程度，以及与这两种业务相关的风险性质等信息；提供保险机构的特殊产品或负债的流动性评估，并分析这种流动性需求是否对全球经济造成系统性影响；对单个保险机构和其他金融同业的关联性的性质和程度提供更深入的解释；对集团内部担保和非保险表外风险提供对其潜在系统性风险的具有细微差异的评估。

在这种分析的基础上，IAIS 将与每个 G－SII 候选机构内的多数监管部门进行交流，征询监管部门对评估结果的意见。同时，根据评估结果和监管部门的意见，IAIS 将决定是否需要进行进一步的分析。如果需要做深入的分析，IAIS 将从公共渠道或监管者处获取 G－SII 候选机构的更多信息。当然，无论基于指标的评估方法与 IFS 方法的评估结果是否一致，IAIS 都将与保险机构的监管者商讨是否同意将其列为系统重要性保险机构。

另外，还有一种更为有效和透明的分析方法：在基于指标的评估方法和 IFS 中额外输入一些可能改变结果的指标因素，这些因素必须是可验证的参数值。额外输入的指标因素包括：数据的搜集和所有保险机构对数据搜集范围的监管评论；基于指标的评估方法的实用性，以及 IFS 方法对基于指标的评估方法的支持度；与 G－SII 候选机构的监管者及其他分析师的讨论。IAIS 向 FSB 推荐 G－SII，由 FSB 和国家财政部与 IAIS 进行磋商，选取定量和定性指标决定是否可以获得一致性的评估结果。

## 五　首批系统重要性保险机构名单

根据 IAIS 的系统重要性保险机构识别方法，IAIS 在全球 14 个国家或地区选择了 50 家保险机构进行测评，入选的保险机构需满足以下条件：保险机构在母国以外的保费收入占比大于 5%，且总资产超过 600 亿美元，或者在母国以外的保费收入占比小于 5%，且总资产超过 2000 亿美元。IAIS 还根据监管

者的提议加入了不符合这两个条件的其他保险机构。2013 年 7 月 19 日，FSB
公布了首批 9 家 G－SII（不包括再保险公司），中国平安成为发展中国家唯一
入选 G－SII 的保险机构。

　　作为首批入选的 9 家 G－SII，未来将面临更为严格的监管要求和资本要
求。FSB 要求监管部门从公布之日起即加强对 G－SII 的监管，采用 FSB 制定
的《金融机构有效处置机制核心要素》中指定的 G－SII 处置计划和可处置性
评估要求。另外，FSB 要求：在 2014 年 7 月之前成立危机管理小组（CMGs）；
2014 年 7 月底之前，G－SII、集团监管部门和其他相关监管者合作完成系统性
风险管理计划（SRMP）；CMGs 于 2014 年年底之前完成首批 G－SII 的恢复和
处置计划；2016 年之前，由集团监管部门完成对 SRMP 执行情况的评估。

## 六　系统重要性保险机构评估方法的评价

　　Geneva Association（2011）提出了识别系统重要性保险机构的两步法：第
一步是将整个保险系统分为宏观和微观两个层面，按照系统性风险的四个基本
特征（规模、替代性、关联性、时效性）分析潜在的系统性风险，由宏观监
管主体在监管市场和产品的过程中主导；第二步识别潜在的系统重要性金融机
构（SIFI）并监管这类机构的活动，由国际监管者或集团所在地的监管机构在
监管过程中主导。实现两步法所需的监管结构，需要对单个机构的现状有深入
的考察，并在集团监管中发挥重要作用（见图 4－4）。

　　IAIS（2012）在提出系统重要性保险机构的评估方法的同时，也指出了这
种评估方法存在的问题和进一步发展的方向。不足之处有二。一是在考虑规模
和全球活跃性这两大指标的时候，忽略了规模带来的风险分散效应。为了解决
这一问题，IAIS 对这两项指标赋予的权重较低。二是评估方法的准确性依赖于
数据的真实性。IAIS 指出，在具体应用中需要对每个特定指标的含义进一步细
化。由于指标识别不能全面覆盖风险，可能会低估一些特殊风险，IAIS 提出未
来需要考虑更多的合理因素。

| 第一步 | 第二步 |
|---|---|
| ·识别潜在的系统性风险业务及相关性市场<br><br>·利用FSB/IAIS准则评估所有保险业务<br>  运用规模、关联性、可替代性、时效性准则<br>  使用定性或定量化指标<br>  考虑外部市场条件 | ·识别从事具有潜在系统性风险的业务,且这类业务有相当的规模,其破产可能破坏系统的机构<br><br>·利用FSB/IAIS准则评估机构<br>  运用规模、关联性、替代性、时效性准则<br>  使用定性或定量化指标<br>  考虑总体或转移风险因素 |

| 监管平台(Supervisory Platform) |
|---|
| ·一个恰当的监管结构要求:<br>识别过程<br>对系统重要性金融机构的监管 |

**图 4 – 4    建议使用两步法评估 G – SII**

资料来源:Genevo Association,Considerations for Identifying Systemically Important Financial Institution in Insurance (2011)。

Geneva Association (2012) 认为,传统保险业务不会带来系统性风险,所以其规模、全球活跃性、关联性对测量系统重要性保险机构并不重要;相反,传统保险业务的规模和全球活跃性有利于分散风险。Geneva Association 认为 IAIS 对 G – SII 的评估方法有四个不足之处。一是该评估方法的前提是分离传统业务和非传统非保险业务,没有区分传统业务和非传统业务。二是具体指标在计算中存在一些问题。例如,当一个保险机构为了缓解当前风险带来的压力而增加保费时,利润表就会出现收入增加,但实际上这种形式的收入增加并不是 IAIS 提出的收入指标所要测量的真实盈利能力。三是 IAIS 给出的测量非传统非保险业务的指标太笼统,没有达到区分非传统非保险业务的目的。例如,在衍生品交易中,有的衍生品交易并不是为了投机,而是为了对冲保险机构的风险。这种风险对冲性质的衍生品交易不应该作为测量指标。四是 IAIS 对每项指标所赋予的权重也存在问题,对于关联性赋予的权重过高,其原因主要还是没有区分传统业务和非传统业务。Geneva Association 也赞同 IAIS 提出的未来需要考虑更多详细指标来评估 G – SII 的意见。

　　IAIS 提出 G – SII 识别方法后，一些保险机构及其他组织（2012 年 3 月至 2012 年 7 月）也提出了一些问题，主要包括数据的有效性问题和指标范围的限定问题等。它们认为，数据的有效性应体现在合理利用市场数据和非市场数据以及以往数据和将来数据，在利用数据测量的时候要考虑数据的动态变化，要对未来趋势有一定的把握；应当明确指标的内涵与外延，防止造成监管套利。

　　总之，IAIS 的 G – SII 识别方法主要存在三个方面的不足。一是指标选取的合理性。首批 G – SII 主要是依据 2008 年金融危机的经验选择指标，运用较为简单的指标识别法从综合复杂的保险系统中选取系统重要性保险机构。二是权重分配的合理性。人为的赋权方法并不能科学地反映每个指标的真实权重。三是 G – SII 评估方法主要基于静态环境的分析，主要依据财务数据。在既定的会计准则下，财务数据是后验数据，无法成为先验的预警识别方法的依据；而且财务数据具有阶段性和滞后性，无法实现动态识别 G – SII 的目的。因而，未来需要对 G – SII 识别方法进行进一步的探索和讨论。

# 第五章

# 保险业系统性风险的应对和管理措施的理论分析

# 第一节　主要发达国家保险监管制度特点及发展分析

保险最早发源于经济较为发达的英国，是金融行业的重要组成部分之一。随着世界经济的快速发展，保险在世界经济中的地位逐渐提高，服务模式也融入了经济发展的诸多新特点。如今，保险的内容和形式与传统保险相比已经有了根本性变化，各国保险监管制度也随着保险业发展的特点不断调整，形成了具有各国特色的保险监管制度。

英国是保险发展历史最为悠久的国家之一。长期的自由化市场经营模式，使得英国保险行业协会组织等自律性机构对规范保险业的市场化发展起到了重要作用。英国政府重点加强对保险行业偿付能力的监管，保护保单持有人的利益。美国经济的迅速崛起和强大，为保险行业提供了充分的发展空间。美国政府主要通过法律方式对保险经营的全过程实行监管，采取的是较为严格的保险监管制度，各州政府在保险监管中具有重要作用。德国保险业从经营初期起就以立法的形式实现对保险机构的监管。随着德国金融混业经营模式的发展，德国建立了多层次、全方位、多主体参与的保险监管制度，实行的是较为严格的保险监管制度。日本在二战后迅速发展成为世界上经济较为发达的国家之一。由于日本经济发展受美国经济的影响较大，日本的保险监管制度主要跟随美国模式。

## 一　各国保险监管制度的发展阶段及特点

### （一）英国保险监管制度的特点及发展

英国是世界上最早实行判例法的国家，遵循以判例法协调保险中利益关系的制度。英国保险监管制度的发展过程大致经历了三个发展阶段：第一阶段是 1970 年之前的政府有限监管阶段；第二阶段是 1970~1997 年的基本保险监管法制化建设阶段；第三阶段是 1997 年以后的统一金融监管阶段。

### 1. 英国监管模式发展的第一阶段

1970 年之前，英国已经成为全球海上保险中心，第一张人寿保险合同最早也诞生在英国。随着英国保险市场的不断扩大，市场中开始出现一些投机行为，迫切需要监管措施规范市场行为。英国保险监管制度最先出现在人寿保险市场，并向财产和再保险市场扩展。直到 1958 年英国颁布了《保险公司法》，英国保险监管才真正建立了基本的法律框架体系。1973 年，《保险公司法》经过修改，最终确定保险监管的内容为保险公司的偿付能力、经营管理和市场行为等。同时，由同业协会对保险机构进行自律性监管。这种监管模式的监管作用较为有限，仍然无法有效防范市场欺诈和保险机构偿付能力不足的问题。

### 2. 英国监管模式发展的第二阶段

1970~1997 年，英国政府继续完善保险监管的法律制度，加强对市场的监管力度。首先是加强对保险中介机构的监管力度。1970 年之前，英国的保险经纪人或保险代理人主要受同业协会规则、普通法和保险机构经营的诚信等约束。1977 年，《保险经纪人注册法》颁布。此后又陆续出台了一些监管细则，加强了对保险中介全程经营过程的监管。其次是完善保险法律法规制度建设。1982 年颁布《保险公司法》、《劳合社法案》，1986 年又出台了《金融服务法》，进一步规范了保险中介行为，基本建成了英国保险监管的法制化框架体系。

### 3. 英国监管模式发展的第三阶段

1997 年 10 月英国金融服务局（Financial Services Authority，简称 FSA）成立，对英国金融行业实行统一监管。在实行统一监管的过程中，英国政府通过了《2000 年金融服务和市场法》，取代了之前的《保险公司法》和《金融服务法》。2005 年 1 月 1 日起，FSA 开始对英国保险业务实行监管。同时，英国的保险协会也在监管中发挥了重要作用。在监管中，英国政府并不对保险公司的组织形式、风险划分、费率制定等细节做出具体规定，而是对保险机构的偿付能力实行重点监管。在欧盟一体化程度不断加深的形势下，英国政府对保险机构的偿付能力提出了新的要求，建立并引入了欧洲偿付能力 II 的监管理念。

## （二）美国监管制度的特点及发展

美国的保险市场监管比西欧国家起步晚，但是，美国保险市场发展的速度和保险监管的不断改革造就了美国保险监管的独特模式。美国保险监管的发展过程大致可分为三个时期：19 世纪中期到 20 世纪 60 年代以州政府监管为主的时期，20 世纪 60 年代到 21 世纪初放松监管与重点审慎监管偿付能力的时期，21 世纪初至今实行联邦政府和州政府双重监管的时期。

### 1. 美国监管模式发展的第一阶段

19 世纪中期到 20 世纪 60 年代，美国各州政府相继开始对保险市场进行监管。1892 年，美国纽约州最先颁布了第一部地方综合性的保险法，建立了定期检查的保险监管制度及保险机构清算管理等制度。由于纽约州在美国保险业一直处于领先地位，纽约州的保险法被认为是最典型、最完美的保险法。此后，其他各州保险监管也陆续开始建立保险监管法规，对保险机构设置、经营过程、投资渠道、费率设置、保险中介管理、退出机制等进行了严格的规定。19 世纪末 20 世纪初，美国保险业兴起了跨州经营的模式，但由于各州的保险监管更倾向于保护本州的保险机构，分割化的保险监管模式导致地方保护主义盛行，保险机构在全国范围内的扩张受到了较大阻碍。1871 年美国成立了国家保险监督官协会（National Association of Insurance Commissioners，简称 NAIC），从统一保险机构的会计报表开始多方面协调各州的监管工作。1945 年美国国会通过《麦克伦－福克森法》，明确了美国州政府在保险监管中的主要责任地位，弱化了联邦政府在保险监管中的权力。

### 2. 美国监管模式发展的第二阶段

20 世纪 60 年代到 21 世纪初，利率波动和严格的费率管制限制了保险业的发展。20 世纪 60 年代初，美国部分州开始允许保险机构自由设置保险费率。1977 年，美国政府颁布《联邦保险法》，成立联邦保险委员会，主要负责保险机构经营许可证的发放。20 世纪 70 年代后，NAIC 开始通过财务比率指标对偿付能力实施监管。20 世纪 80 年代美国一些规模较大的保险机构破产，引起了监管机构对偿付能力指标的重视。随后，监管机构通过人为主观设定最低资本额的方式加强了监管，但当保险机构数量扩大和规模增加时，这一监管方案失灵了。1999 年美国颁布了《格雷姆－里奇－比利雷法》，打破了对保险公司设立分支机构的限制，允许银行通过控制子公司经营保险业务，并仅受全国监管机构的统一监管。同年，美国通过了《金融服务现代化法案》，在巴塞尔协议三支柱框架的基础上建立起风险资本金管理体系，加强了保险机构偿付能力监管。

### 3. 美国监管模式发展的第三阶段

20 世纪末至 21 世纪初，美国大量保险机构破产，监管机构开始引入未来财务数据加强偿付能力监管，同时，更注重发挥保险机构外部审计职能的作用。美国联邦政府在保险监管中的作用也逐渐加强。2008 年金融危机暴露了美国联邦政府与州政府分立监管模式的缺陷，降低了监管机构对保险市场的风险控制能力。随着市场对统一监管诉求的增加，联邦政府通过一系列干预措施加强了对保险市场的监管。美国政府通过《多德－弗兰克法案》（Dodd－Frank Act）的目的是维护美国金融市场的稳定（Swiss Re，2010）。根据 Dodd－Frank 法案的要求，美国组建了金融稳定监督委员会（FSOC），主要负责美国金融市场的监管工作，加强联邦政府在推动金融稳定中的作用，改革以州为基础的再保险监管体系。同时，州政府的灵活监管优势也在监管过程中得以保留，美国保险市场形成了联邦政府和州政府双重管理的监管模式。

## （三）德国监管制度的特点及发展

### 1. 德国保险监管的法制化过程

德国保险市场的监管是通过严格、完备的法律体系实现的。在德国保险市场监管的发展历程中,《保险监管法》和《保险合同法》经过多次修改和完善,构建了德国保险监管制度的框架体系。

20世纪初,德国开始以立法的形式对保险市场实施监管。1901年,德国政府通过了《保险监管法》。该法共包括11章161条,从保险经营的原则、进入许可、机构组织形式、经营管理、监督机制、退出机制等多个方面设置了具有较强可操作性的法律条文,以维护投保人的权益。1961年和1962年,德国政府分别通过《联邦银行法》和《信用制度法》,建立了德国金融监管的法律基础。2002年,德国政府颁布了《统一金融服务监管法》。经过近一个世纪的发展,德国建立了一套完备、严格的金融监管法律制度。《保险监管法》和《保险合同法》的具体法规相结合,为德国保险监管提供了依据和指引。其中2008年开始实行《保险合同法》对德国保险行业产生了深远影响,强化了保险机构和保险中介对投保人提供咨询服务的义务,明确界定了投保人的责任和义务,并根据现实情况对旧有条款进行了调整。德国保险监管在监管内容上强调总体控制和偿付能力监管,目标是保障保险机构在任何时候都能承担预期责任。在偿付能力的监管方面,德国参考了美国保险会计制度和国际会计准则关于会计保险合同的规定,推进德国会计制度的变革,将保险监管的重心由投保人利益转向同时兼顾投资人和投保人利益,继续加强保险机构偿付能力监管。

## 2. 多层次、全方位、多主体参与的保险监管体系

20世纪60年代以后,德国建立了"全能"型的银行制度,既可以经营银行、保险业务,提供全面的金融服务,也可以经营实业投资业务,银行监管不受金融业务分工的限制。随着现代金融业务的发展,德国混业经营、分业监管的金融监管模式已经难以适应金融发展的新形势,因此,德国建立了多层次、全方位、多主体参与的金融体系。2002年德国成立了联邦金融监管局,负责对银行、金融服务机构、保险机构进行统一监管,并根据业务特点成立了独立的银行监管、保险监管、证券监管、交叉业务监管部门。同时,德意志联邦银行在德国金融监管中也发挥着重要作用,是全国唯一有权对金融机构行使统计

权的机构，主要通过风险审计，金融机构董事会和委员会监管，以及与监管当局实行信息、技术、人力、管理资源共享等方式发挥管理职能。德国保险市场监管采用分层监管的管理模式，通过联邦政府和州政府分别对跨州经营和特定州经营的保险机构实行监管。在具体监管过程中，德国引入了非政府的外部力量，依托外部审计师实现外部监督。

## （四）日本监管制度的特点及发展

日本也是全球保险市场较为发达的国家之一，日本保险业由保险监督委员会实施单一型的监管。虽然日本保险市场在多年的发展中经历了危机和动荡，但目前，日本保险市场依然是世界保险业发展水平较高的地区之一。日本保险监管的发展过程可分为三个时期：20世纪50年代到80年代的传统保险监管时期，20世纪80年代中期到90年代末的市场自由化监管时期，20世纪90年代末以后的监管政策稳定时期。

### 1. 传统保险监管时期

20世纪50年代到80年代，日本保险市场迅速发展。在此期间，日本对保险市场的监管主要采用传统监管方式，对费率、准备金、保险资金运用等内容进行严格监管，以保险机构长期稳定经营为监管目标，严格监督保险机构的市场行为，严格规定保险服务的多项细节，并限制行业内部的保险机构竞争行为。因而，这段时期内各保险机构的产品设计、价格等差异不大，保险机构的竞争主要体现为销售规模的竞争。这种较为严格的监管制度规范了保险机构的行为，也在一定程度上对市场既有保险机构形成过度保护。这段时期，日本保险市场涌现出较多世界级的大规模保险公司，日本保险市场发展成为全球第二大保险市场。这种保险监管模式在规范市场秩序的同时，也抑制了保险机构的创新动力和经营的灵活性。

### 2. 市场自由化监管时期

20世纪80年代中期到90年代末，世界金融业进入自由化发展阶段，日本保险监管方式也进行了市场自由化变革：在监管方式上强调"事后监管"，改变了传统保险监管时期的"事前监管"方式；在监管内容上建立了以偿付能力监管、公司治理结构监管和市场行为监管为核心的三支柱保险监管体系。推动日本保险监管方式变革的主要因素有三个。一是日本经历了20多年的高速增长后进入调整期。1997年左右，亚洲金融危机爆发，日本金融业的发展严重落后于日本实体经济，包括保险业在内的整个金融行业都亟待改革。二是日本在与美国的贸易中处于顺差地位。三是日本银行业长年保持低利率，导致日本保险行业长年承受巨大的利差损，部分与银行利率相关的保险业务经营困难。从1983年开始，美国不断对日本政府施压，要求其开放金融市场。1994年，日本与美国签订了《日美保险协议》，具体改革措施包括：确立偿付能力监管方式，引进"预警措施"；在保险行业废除费率管制，准许寿险行业和非寿险行业进入彼此的业务领域，实行保险费率自由化；将保险经营准入方式改为申报方式，并引入保险经纪中介机构；对自愿汽车保险准许采取差别化费率；改革保险存款制度，逐步将保险市场对外开放。

1994年以后，日本执行的一系列放松管制和开放市场的改革，是与更大规模的"大爆炸"金融改革密切相关的（Swiss Re，2000）。日本政府希望通过金融改革，恢复其世界主要金融中心的地位。"大爆炸"改革的原则是创造"自由、公平、全球性"的经营环境，允许新的市场加入者（包括外国公司、国内非寿险公司、金融机构）在日本市场上进行有效竞争。

### 3. 监管政策稳定时期

20世纪90年代末以后，日本的金融监管环境相对稳定。2002年以后，虽然《保险业法》和部分其他监管法案经过多次调整，但总体上看日本保险监管政策并没有出现大的波动，相对稳定。1997年亚洲金融危机期间，日本银行业损失惨重，急需寻找新的利润增长点。与此同时，日本保险需求不断增加，保险经营业务继续扩大营销渠道。在这种环境下，2002年以后日本金融业进行了一系列扩大银行保险业务的改革。这个时期保险监管政策的变化主要是银保监管政策的变化：2002年10月，日本修改《保险业法》，允许银行扩大柜台销售的保险产品的范围；2005 年 1 月允许银行扩大保险销售；2005 年 12 月允许日本银行业销售趸交交费方式的终身保险、养老保险、伤害保险；2006 年允许日本银行销售小额短期保险产品；2007 年 10 月将日本邮政简易寿险业务民营化；2007 年 12 月全面放开银行保险业务，日本银行销售的保险产品由住房相关的信用保险产品扩展到个人年金、储蓄型寿险产品、定期寿险和某些健康险产品（如医疗护理保险）等。

## 二 世界各国保险监管制度的特点

林宝清和施建祥（2003）指出，西方保险监管模式经历了四个转变。第一，从分业监管向混业监管转变。主要表现为集银行、保险、证券等多个金融行业的监管于一体，建立统一的金融监管部门，放宽保险资金投资领域的管制，允许保险业上市和兼并，允许多个金融行业混业经营。第二，从市场行为监管向偿付能力①监管转变。20 世纪 80 年代以后，西方国家的保险监管从市场行为监管向偿付能力监管转变，将保护保单持有人的利益作为监管的目的。第三，从机构监管向功能监管转变②。功能监管的最大优点是可以极大地减少监管职能的冲突、交叉重叠和监管盲区（裴光，2002）。第四，从严格监管向松散监管转变。20 世纪 90 年代中期以后，西方逐步放松了对保险的监管，向较为宽松的监管模式转变。这主要是因为，传统监管模式以金融市场稳定为唯一监管目标，而在混业经营和市场竞争的趋势下，保险业发展以扩张业务和提升效率为目标，保险监管由单一目标向稳定性、效率性、扩张性等多维目标转变，效率为监管的第一目标。

---

① 偿付能力是指保险公司对所承担的风险责任在发生超出正常出险概率的赔偿和给付时所具有的经济补偿能力（林宝清、施建祥，2003）。

② 机构监管是指按照金融机构的类型分别设立不同的监管机构，各机构拥有各自的职责范围，无权干预其他类别金融机构的业务活动。功能监管是指一个给定的金融活动无论由谁从事都由同一个监管者进行监管，其目的是提高流程的秩序和效率（林宝清、施建祥，2003）。

### 1. 严格的保险监管模式

严格的保险监管模式是一种传统的监管模式，主要是指对历史和现在的所有保险活动进行全面监管，对保险机构的准入、保险费率、费率条件、保单红利、红利分配等全部活动实行监管（林宝清、施建祥，2003），要求保险合同、费率设置、保险资金运用、红利配置等均以明确的条文形式详细列明。这种监管模式适用于权责分明的监管政府。其中，德国和美国是严格保险监管制度的典型代表。

德国在《保险监管法》和《保险合同法》的框架体系下，建立了多层次的保险监管体系，各职能部门建立了权责明确、信息共享的管理制度。得益于严格的监管模式，德国保险业在金融危机爆发后的五年内均未对市场造成严重影响。德国保险监管的主要内容包括：一是统一保险合同和风险分类，对保险合同实行标准化管理；二是对费率实行管制，要求保险公司按照监管部门的规定确定费率，按照行业的平均损失率确定风险保费，根据市场前几年的结果确定管理费用、规定佣金不得超过保费的11%；三是利润管制，要求保险公司的利润率不得超过总保费的3%，超过的费用要返还给被保险人；四是偿付能力监管，具体方法与英国较为相似。

美国保险业由州政府和联邦政府实行双重管理：州政府是保险监管的直接主体，由全国保险监督官协会（NAIC）对各州的保险监管进行协调。这与德国的监管模式稍有不同。美国各州对保险的监管主要有三个方面的内容：一是偿付能力监管，1994 年 NAIC 提出了以风险为资本的监管要求；二是保险合同监管（侧重于保单和保险费率的监管），要求财产险和意外险保险公司在保单和保险费率符合规定的前提下自行设置保单和厘定费率，人寿和健康险公司的新单必须报经本州保险监督局批准和备案；三是财务监管和市场行为监管，通过现场检查和非现场检查，检查保险公司的财务状况、内部管理和日常工作，并向 NAIC 提供季度和年度财务报表。

我国现阶段的偿付能力制度体系借鉴了欧美保险监管制度体系的内容，更接近于美国模式，但与美国模式并不完全相同。第一，我国实行的是分业监管，保监会、证监会和银监会分别监管各自的金融业务。第二，更重视市场行为监管，对保险费率、险种设计等实行重点监管，对偿付能力的监管相对薄弱。第三，我国更注重稳定性目标，对监管效率的要求相对薄弱，对保险经营的市场准入设置了较为严格的条件，对保险资金投资渠道的限制较多。

**2. 松散的保险监管制度**

松散的保险监管制度是指保险监管的内容主要集中于偿付能力监管，其他监管内容则通过市场竞争或者行业自律的方式实现。松散保险监管制度的典型代表是英国。

英国的这一监管制度主要受英国保险行业发展的历史特点的影响。17世纪时，英国海上保险市场已经成为世界保险业的中心，保险局是其主要监管机构。在市场机制的作用下，英国保险市场的自律监管较强。20世纪70年代后，英国政府开始加强保险监管法律制度建设，并依据法律体系建立保险监管体系。但是，英国保险业对自律监管的依赖性依然较强，政府监管机构对保险机构监管的内容主要是偿付能力指标：一是要求保险公司的最低偿付能力达标，要求非寿险业务的最低偿付能力不低于每年净保费的16%或者当年赔款的23%，寿险公司的最低偿付能力不低于保险公司负债总额的4%加上风险资本额的0.3%；二是提交季度财务报表，投资、业务活动报告和精算报告；三是要求尽可能多地向市场披露保险公司的信息。

# 第二节　几种主要的国际保险监管模式

2008年的金融危机暴露了各国金融监管中的一些问题。鉴于保险业在金融危机中也遭受了较大的损失，各国陆续开始对保险监管制度进行一系列改革，改革的核心内容是加强对保险公司偿付能力和金融行业混业经营业务的监管。目前，世界各国比较成熟的保险监管模式包括美国的风险资本模式（Risk - Based Capital，简称RBC）、欧盟的偿付能力II（Solvency II）、瑞士的SST模式等。

# 一　风险资本模式

## （一）风险资本模式的起源及特点

1994 年，美国国家保险监督官协会借鉴银行风险监管中的巴塞尔协议，开发了一套针对保险公司风险监管的风险资本标准（RBC）。这种风险监管模式的主要特点是，在评估保险公司的资本需求时兼顾了保险公司的规模和风险因素。风险资本标准的具体评估方法是：第一步，基于保险公司的基本财务数据计算风险因子；第二步，将保险公司面临的风险分为资产风险、承保风险、准备金风险和信用风险等几大类，分别对各种风险设定最低资本金数额；第三步，用风险因子乘以某个假定的最小资本金，得到调整后的风险资本总额；第四步，将风险资本总额与保险公司调整后的总资本金额进行比较，进而判断保险公司的资本金是否充足。

美国将保险公司的资本金状态分为五类（见表5－1）：当保险公司的风险资本比率大于200%时，一般认为保险公司具有较强的偿付能力，经营风险较小，监管部门无须采取干预措施；当保险公司的风险资本比率在150% ~ 200%时，一般认为保险公司有潜在的经营风险，但是这种风险在保险公司可以控制的范围之内，保险监管部门会要求保险公司采取行动降低资本风险、改善风险资本比率，并将采取的行动和结果等情况向监管机构报告；当保险公司的风险资本比率在100% ~150%时，一般认为保险公司具有一定程度的潜在资本风险，保险公司所在州的监管部门会向保险公司发出责令限期矫正的通知，并要求保险公司提交增加风险资本比率的行动方案；当保险公司的风险资本比率在70% ~100%时，一般认为保险公司面临较大的风险隐患，NAIC 可能授权州监管机构控制保险公司，但保险公司仍然有一定的自由可以采取增加风险资本比率的行动；当保险公司的风险资本比率低于70%时，一般认为保险公司的风险资本隐患较为严重，NAIC 将授权州监管机构控制保险公司，由监管部门采取行动改善风险资本比率或者对保险公司实行清算。

**表 5 - 1 保险公司风险资本的监管标准**

| 风险资本比率 | 监管措施 |
| --- | --- |
| 大于 200% | 无须采取监管行动 |
| 150% ~ 200% | 保险公司需要监管机构提供矫正的风险资本情况报告 |
| 100% ~ 150% | 保险监管机构对保险公司发出责令限期矫正的通知 |
| 70% ~ 100% | 监管机构可以控制保险公司 |
| 小于 70% | 由监管机构控制保险公司，采取整顿措施或者清算保险公司 |

1992 年 NAIC 在美国寿险和健康保险公司中执行了 RBC 监管制度，1993 年在非寿险公司实行了 RBC 监管制度。为实行全国统一监管，NAIC 要求各州保险公司根据 NAIC 设计的标准格式以及法定会计准则上报财务数据。风险资本模式引入保险监管制度后，监管部门多次修正和调整该监管体系，美国的 RBC 监管系统日渐成熟。NAIC 要求寿险公司设立资产评估准备金，应对信用风险和市场价值变动导致的投资损失风险，进而平滑投资损失异常波动对保险公司资本偿付能力的影响。NAIC 还在寿险公司 RBC 模式中附加计量风险资本的内部模型法（Internal - Models），并推动寿险公司的准备金设置方式由规则导向向原则导向模式的转变。2006 年，NAIC 根据萨班斯法案规则改革了审计规则，并在保险监管中引入了其他行业风险管理中的风险导向方法（2010 年执行）。目前，美国、加拿大、日本、韩国、泰国、新加坡、马来西亚、澳大利亚、中国台湾等国家和地区的保险监管机构都采取了 RBC 监管模式。

## （二）偿付能力现代化工程（SMI）

2008 年金融危机爆发后，世界各国都在探索新一轮金融监管体制改革。美国 NAIC 在风险资本管理模式的基础上，于 2008 年 6 月启动了偿付能力现代化工程（Solvency Modernization Initiative，简称 SMI），计划在 2012 年 12 月前完成。SMI 计划中关于资产和负债的评估主要偏重于成本导向原则，改革的主要目标是强调风险的预警功能。相对于欧盟的偿付能力 II 而言，美国保险监管对资产和负债的要求更为严格。SMI 计划从资本要求、公司治理、集团监督、会计和财务报告以及再保险等五个方面改革和完善了风险资本管理模式，目的是建立一个适应国际市场的偿付能力监管框架，促进美国保险市场健康发展，提高美国保险机构的市场竞争力。

### 1. 资本要求

2011 年，SMI 对原来 RBC 模式中寿险、健康险和非寿险的计算公式，以及风险因子、风险资本总额的计算公式等进行了重新评估和修正：在计算公式方面，统一规范计算公式的口径、风险因子的置信水平、时间区间等，要求各州按照 NAIC 规定的格式上报财务数据；在计算非寿险公司的 RBC 公式时，在风险分类中引入巨灾风险因子；对各项风险因子的资产和风险投资标准等进一步细化，完善再保险信用风险标准，采用比例法评估一些难以计算的风险（如操作风险等）。按这种方式计算的最低偿付能力资本明显高于之前的计算结果，所以这种改革方案的阻力较大。

### 2. 公司治理

随着世界保险监管中三支柱保险监管体系的逐渐成熟，SMI 研究了澳大利亚、加拿大、瑞士、英国、IAIS 保险核心监管中关于公司治理和风险管理的相关规定，加强了保险公司对自身风险管理和缓冲能力的评估。2012 年 3 月，NAIC 发布了《风险与偿付能力自评估报告（ORSA）指南》，2014 年正式实施。SMI 将保险公司的治理结构分为风险管理、精算分析、内部审计、内部控制四个部分，对其实行重点监管；明确规定董事会及相关利益人员的权利和义务，在 RBC 原有公司治理规定的基础上增加了偿付能力监管的额外规定；要求保险公司对自身的风险管理体系和偿付能力进行自我评估，并每年向保险公司所在地区的保险监管部门提交 ORSA 报告，报告的内容涉及保险公司的风险管理框架、正常或压力环境下的风险量化指标、集团风险资本和未来 2 ~ 5 年的偿付能力等。

### 3. 集团监管

保险集团的经营风险与单个保险公司的经营风险有很大的不同，有作为集团的特殊风险。保险集团由于拥有多个控股子公司，集团内部容易产生关联交易，导致集团风险具有传染性、关联性、集中化等特征。2008 年 AIG 的破产倒闭，让美国的监管机构意识到必须强化对保险集团特殊风险的监管，加强对保险集团财务状况的评估，对保险集团风险的定量评估，以及对国际保险经营实务风险的评估。SMI 对保险集团监管的改革主要是增强集团对各控股子公司的监控，类似于在集团的防火墙上开几扇窗口，形成"防护墙和窗口"监管机制。具体措施主要体现在以下几个方面：一是加强联邦监管机构、州监管机构以及其他金融业务监管机构之间的交流和沟通，采取双边"问答"或者机密的两种交流方式；二是加强行业协会等组织在保险监管中的作用，可以有选择性地提供较好的监管方案，便于以明确的交流方式获取潜在的危机信号；三是明确监管信息搜集的渠道，通过集团部门及子公司获取集团控股机构的监管信息，加强对控股子公司风险的监管；四是加强对保险集团资本的评估，通过"防护墙和窗口"，提醒监管机构加强保险集团双重杠杆比率和过度借贷风险的监管，采用会计并表法①和合并计算法②两种方式评估保险集团的资本充足率。保险集团要向监管机构提供保险集团 ORSA 报告，便于监管机构定期分析保险集团的金融和风险状况。

### 4. 会计和财务报告

2001 年，为了统一各州保险公司的会计标准，NAIC 提出在保险公司使用法定会计准则（Statutory Accounting Principles，简称 SAP）。该会计准则在美国财务会计理事会（FASB）制定的公认会计准则（Generally Accepted Accounting

---

① 会计并表法是指采用并表的方式评估保险集团资产，将保险集团作为一个整体，将各控股子公司的单个评估报告合并成一个评估报告，对非保险控股子公司和表外业务的经营风险以不同的假设条件进行评估。

② 合并计算法是指以合并计算的方式评估保险集团的资本，将控股子公司以法人实体为单位评估其资本，评估控股子公司的盈余、负债、资本需求、可用资本，进而按照股份比例合并计算集团的资本。

Principles，简称 GAAP）的基础上增加了保险监管的内容。与 IAIS 和欧盟提出使用国际会计准则理事会（IASB）修正的国际财务报告准则（International Financial Reporting Standards，简称 IFRS）以原则导向为基础的监管理念不同，美国的 GAAP 准则是以规则导向为基础的，是为了与国际监管规则接轨。SMI 对 RBC 中的会计和财务报告提出了几个方面的改革措施：一是明确会计监管模型的目的，主要是规范财务报表传递信息；二是在 FASB 与 IASB 一致的情况下，NAIC 采用国际会计监管规则；三是尽量保持公众信息披露和监管报告披露的公开程度一致，统一使用同种会计报表；四是改变寿险公司的会计准备金评估方法，采用 NAIC 于 2009 年底发布的《准备金评估模板法》，增强了原则导向的内容，并于 2012 年下旬 NAIC 通过操作手册后施行；五是遵循 IAIS 保险监管核心原则中关于会计报告的原则；六是加强与国际监管机构的交流。

## 5. 再保险

美国针对再保险监管的改革早于 SMI 计划。SMI 关于再保险监管改革的内容包括美国保险监管机构未授权的再保险抵押品、授权标准、美国再保险框架等。针对这些内容，NAIC 修订了美国再保险示范法（Credit for Reinsurance Model Law）和再保险示范监管规则（Credit for Reinsurance Model Regulation）的部分内容。2008 年，NAIC 通过了再保险监管现代化框架提议（以下简称"再保险框架"）。再保险框架提出将再保险监管分为国内再保险公司和入境再保险公司两大类，并分别从保险监管机构、再保险人评级、抵押品、担保资金等方面规定了两类再保险公司的监管内容。2009 年 7 月，NAIC 通过了《非认可与再保险改革法案》，调整了再保险公司的担保资金要求。NAIC 明确提出建立再保险的风险导向监管框架（Risk Focused Surveillance Framework），具体内容包括风险导向的监管审查，非现场风险分析，保险公司内部变化审查及外部变化审查，以及分别对每个保险公司建立年度监管计划，等等。SMI 改革的目的是，通过再保险监管制度改革提高美国再保险公司的交易规模，提高再保险公司的市场竞争力，降低美国保险公司及承保人因偿付能力不足引发的风险。

### （三）《多德－弗兰克法案》监管改革

2010 年 7 月 21 日，美国国会审议通过了《多德－弗兰克法案》。美国总统奥巴马签署同意之后，《多德－弗兰克法案》正式成为美国保险监管的法律依据。这项被奥巴马称为"重写华尔街行为规则"的金融监管改革法案，被认为是 20 世纪 30 年代美国经济大萧条以来美国最为全面的金融改革方案。Dodd－Frank Act 自诞生起就争议不断，受到诸多抵制，多项政策的出台被推迟。截至 2014 年，Dodd－Frank Act 所要求的 400 项监管规则仅落实了 200 多项。①

Dodd－Frank Act 确立了新的联邦监管框架，旨在限制金融机构的冒险行为，改善金融机构的问责制度，增强金融业务的透明度，维护美国金融市场的稳定，应对美国"大而不倒"的监管困境，保护纳税人和消费者的利益。Dodd－Frank Act 改革的核心内容是建立三道金融防线：一是加强监管，引入"沃尔克规则"限制大银行的冒险行为，对全球系统重要性金融机构定期进行压力测试，建立风险预警系统；二是提高金融机构资本金和流动资本金标准；三是要求大型金融机构提交"生前遗嘱"，授予美国联邦储蓄保险公司破产清算权限，规定当大型金融机构经营失败时，由美国联邦储蓄保险公司对这类金融机构执行安全有序的破产程序；四是扩充和改革现有的监管体系，在联邦政府监管方面增设金融稳定监管委员会和消费者金融保护局；五是加强对证券及场外衍生品金融市场的监管。

## 二　欧盟偿付能力Ⅱ的监管模式

### （一）欧盟偿付能力Ⅰ已经不适应现代保险监管的要求

欧盟现行的偿付能力Ⅰ标准是在 20 世纪 70 年代非寿险第一指令和寿险第一

---

① 《美国金融监管改革走得不轻松》，《人民日报》2014 年 7 月 28 日第 22 版。

指令的基础上（陈志国，2008）进行修订后于 2004 年开始正式在欧盟成员国保险市场中执行的，主要以固定汇率计算资本的需求量，以衡量保险公司的风险敞口。随着欧洲保险业的不断发展，这套保险监管模式逐渐显露出不足之处。

## 1. 偿付能力额度的计算方法难以适应现代保险业发展的需要

欧盟偿付能力 I 标准计算非寿险偿付能力额度的基础是保险承保的保单数量，即保费或赔付额度等指标，并未充分反映保险公司的真实风险。欧盟偿付能力 I 标准用技术准备金和在险资本之和计算人寿保险的偿付能力额度，要求寿险的技术准备金以审慎原则为基础，但并未规定审慎监管的具体标准，容易导致评估结果具有较强的主观性，以及监管计提的资金额度与保险经营过程实际需求的资本额度不一致，难以反映保险公司的真实风险情况。

## 2. 偿付能力额度的核算范围狭窄，难以反映保险公司的整体风险情况

欧盟偿付能力 I 标准仅承认部分承保（非寿险小于 50%，寿险小于 15%）转移风险，未充分考虑保险公司采用的所有风险管理手段，如风险证券化、新型保险产品和可选择性风险转移 ART 等风险转移方式。偿付能力监管指标仅重视定量指标，未考虑保险公司的资产负债管理能力、公司治理能力和风险管理能力等定性指标，不利于激励保险公司提高自身的风险管理水平。

## 3. 成员国之间的偿付能力标准差异较大

在保险监管过程中各成员国拥有较大的自由裁量权，并且都针对偿付能力进行了改革，导致欧盟成员国之间偿付能力标准差异较大。欧盟成员国之间既可以用历史成本法，也可以根据市场价值法评估资产负债的价值，准备金的提取方式差异也较大。面临相同风险的保险企业在不同成员国的偿付能力要求不尽相同，容易导致不公平竞争，以及不同成员国保单持有人保障程度不公平，阻碍资本的合理流动和保险企业的跨境经营。

## 4. 分业监管模式难以适应保险集团的监管需求

保险集团多采用混业经营模式，金融监管机构则采用分业监管模式，既难以对金融集团的整体风险、资本充足率和绩效等形成完整准确的认识，也容易

导致不同金融机构在金融监管活动中的协调困难。

## （二）欧盟偿付能力Ⅱ的监管内容和准则

欧盟于 2001 年启动了针对保险业偿付能力监管制度的改革——偿付能力Ⅱ（Solvency Ⅱ，简称 S Ⅱ）项目，重点研究针对各类保险公司的偿付能力监管问题主要目标是提高保险业的竞争力。该监管项目原计划于 2014 年 1 月 1 日正式实施，但由于各成员国对寿险公司长期担保议题的分歧较大，S Ⅱ可能推迟至 2016 年 1 月 1 日起实施。

S Ⅱ借鉴了欧盟对银行业资本的监管方案——巴塞尔协议Ⅲ的部分内容，也采取了保险监管三支柱的模式，构建了一套以风险为导向、系统全面地监管保险偿付能力指标的监管办法（见图 5 - 1）。这种监管模式有利于加强欧盟各成员国的监管融合，提升整个保险市场的监管水平。

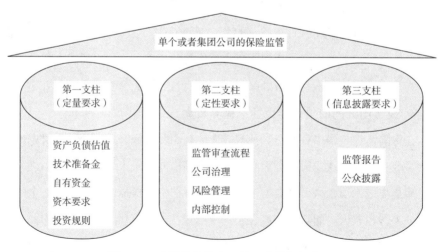

**图 5 - 1 欧盟偿付能力Ⅱ的三支柱框架体系**

### 1. 保险监管的第一支柱

第一支柱是定量指标要求，主要借鉴了"完整资产负债表"（Total Balance Sheet）的思想理念，从资产负债估值、技术准备金、自有资金、资本要求、投资规则五个方面进行了改革。

（1）资产负债估值

与欧盟偿付能力Ⅰ标准相比，SⅡ增加了资产负债估值的原则，要求欧盟成员国按照国际财务报告准则中的公允价值评估资产负债指标。用市场价值计算的资产价值减去负债价值得到的就是可用资本，其中市场价值法计算的负债价值是最优估计负债与风险边际之和（见图5－2）。

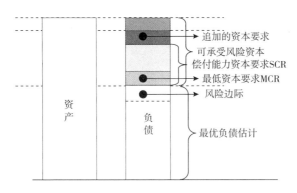

**图5－2　偿付能力Ⅱ监管资本要求**

（2）技术准备金

SⅡ规定按照保险公司现在退出市场时需要支付的金额评估技术准备金。可套期的负债价值根据市场价格确定，不可套期的负债价值根据最佳估计和风险边际确定。其中，风险边际可以根据市场价值或者监管机构的审慎要求计算。

（3）自有资金

SⅡ根据自有资金的性质及其吸收损失的能力将自有资金分为高、中、低三个层次（见表5－2），按用途将自有资金分为表内基本自有资金和表外附属自有资金。SⅡ要求保险监管机构限制第二、三层次的用于满足偿付能力监管要求的自有资金数量，规定只能以自有资金满足最低资本要求（MCR）。具体数量限制为：满足偿付能力资本要求（SCR）的自有资金中，第一层次的自有资金的比例大于1/3，第三层次的自有资金的比例低于1/3；满足MCR的第二层次的自有资金比例不得超过50%。

表 5 - 2　偿付能力 II 对自有资金的分层情况

| 自有资金吸收风险的能力 | 表内基本自有资金 | 表外附属自有资金 |
|:---:|:---:|:---:|
| 高 | 第一层次 | 第二层次 |
| 中 | 第二层次 | 第三层次 |
| 低 | 第三层次 | — |

资料来源:EC《偿付能力计划 II》,2007,第 12 页。

(4) 资本要求

资本要求是 S II 的重要改革内容之一。欧盟偿付能力 I 标准中对资本的要求为固定比率法,S II 对资本的要求是一套以风险为基础的系统科学的计算方法,主要包括偿付能力资本要求和最低资本要求两个方面的内容 (见图 5 - 2)。

偿付能力资本要求是按一年内 99.5% 的置信水平上的在险价值 (VaR) 确定的,可以采用标准模型计算方法或者监管机构批准的内部模型计算方法两种。其中,标准模型是通用要求,各国在执行 S II 的监管过程中必须将内部模型与标准模型进行比较。

标准模型计算方法将保险公司面临的风险进行分类,主要评估保险公司的市场风险、信用风险 (或称为 "违约风险")、承保风险 (寿险、非寿险、健康险分别核算) 和操作风险 (也称为 "营运风险") 情况,在每类风险下再设若干个子风险,子风险及每类风险均以线性方式汇总。第 $n$ 类风险的偿付能力指数 $SCR_n = \sqrt{(corr_{i,j} \, SCR_{ni} \, SCR_{nj})}$,其中 $corr_{i,j}$ 表示第 $n$ 类风险下的第 $i$ 类子风险与第 $j$ 类子风险的相关系数,$SCR_{ni}$ 表示第 $n$ 类风险中第 $i$ 类子风险的偿付能力指数,$SCR_{nj}$ 表示第 $n$ 类风险中第 $j$ 类子风险的偿付能力指数。

S II 要求保险公司在使用内部模型评估偿付能力资本时 (特别是在部分使用内部模型的情况下) 须经过监管机构同意,并证明内部模型方法更好地反映了保险公司面临的风险。内部模型一旦采用,保险公司只有在周围风险环境发生变化的情况下才能改用标准模型计算方法,并须经过保险监管机构批准。

最低资本要求是偿付能力资本要求的底线,主要是针对保险公司缓冲资本的要求。缓冲资本主要用于应对保险公司资产和负债中的意外情况，反映了保险公司资产负债表中的潜在风险（Swiss Re，2010）。最低资本要求主要采用简化方法和绝对底线法两种方法评估：简化法是按一年以内80%～90%的置信水平上的风险价值确定，绝对底线法则要求保险公司的最低资本在监管机构规定的某个固定水平以上（例如，寿险资本超过200万欧元，非寿险和再保险资本超过100万欧元）。

保持适度的保险资本金对保险公司和消费者都是有益的：过高的资本要求可能导致费率过高，不利于业务拓展；过低的资本要求可能导致保险公司经营风险过高，应对风险的能力较差。SⅡ对资本金的监管和干预提出了一套行动方案（见表5-3）。为了辅助评估保险公司的资本金要求，在再保险公司中引入SⅡ，保险业启动了量化冲击研究（QIS），并于2011年4月公布了第五次量化冲击（QIS5）影响分析。这一规范使得资本金要求比QIS4提高了20%。

**表5-3　偿付能力Ⅱ监管干预措施及标准**

| 可用资本界限范围 | 监管措施 |
| --- | --- |
| 可用资本 > SCR | 不采取行动 |
| MCR < 可用资本 < SCR | 采取相关行动扭转保险公司资本状况，使其恢复到健康状态 |
| 可用资本 < MCR | 强制干预，吊销保险公司营业执照，清算或转移保险公司业务 |

资料来源：江先学、吴岚《保险公司偿付能力监管研究》，2013。

（5）投资规则

SⅡ没有对保险资金的投资领域和投资比例做出具体规定，仅要求各成员国的投资保持审慎原则。

### 2. 保险监管的第二支柱

为了弥补第一支柱定量监管的不足，SⅡ中加入了定性监管的要素，强调保险公司自身的治理结构和风险管理体系建设，引入了公司治理、风险管理、内部控制、监管审查流程等对偿付能力有重要影响的监管要素。保险公司要向监管机构提供自身风险和偿付能力的评估报告，供监管机构在执行审查程序中使用。

（1）监管审查流程（Supervisory Review Process）

在定性监管要素中，监管审查流程是保险监管的关键要素，是实现保险公司合法合规经营的重要方式。审查内容包括公司治理系统的有效性、风险管理、内部控制、压力测试和连续性测试。

（2）公司治理

公司治理情况分析也是保险监管审查程序的重点，主要内容包括保险公司的组织架构、关键员工、信息传输系统、权责界定、业务种类及规模等因素。

（3）风险管理

要求保险公司建立适合其规模和特征的风险管理机构，建立企业风险和偿付能力评估程序。主要内容包括企业风险的评估和测量，标准模型和内部模型评估方法，模型参数的检验，以及长尾风险（财险公司）等。

### 3. 保险监管的第三支柱

第三支柱主要是信息披露方面的要求，要求保险公司将其偿付能力情况和财务状况同时披露给公众和监管机构，加强市场力量在保险市场监管中的作用。SⅡ分别规定了公开披露、监管报告、欧洲保险和职业年金监管机构信息披露的主要内容。

## 三 瑞士的 SST 模式

2002 年，瑞士联邦私人保险管理办公室（FOPI）开始了保险监管的导向改革研究。2003 年，FOPI 发起瑞士偿付能力测试（Swiss Solvency Test，简称SST）项目，目的是改革瑞士保险监管的偿付能力测试系统，保持保险监管的灵活性和弹性，更好地保护保单持有人的利益。2004 年和 2005 年，该项目进入测试阶段；2006 年，SST 保险监管框架正式在大型保险机构运行；2008 年，SST 全面在保险市场执行。

## （一）SST 改革的背景和原则

由于欧盟采用的标准公式法（Standard Formulaic Approach）缺乏灵活性，难以起到风险管理的作用，难以适应最低偿付能力监管的要求，因此承保相同业务的保险公司面临不同的储备金要求，较为审慎的保险公司的更多资本被锁定在技术准备金中。同时，随着保险公司风险管理技术水平的提高，也需要有与之相适应的更高水平的保险监管。基于诸多方面的考虑，FOPI 决定启动偿付能力改革方案。

SST 项目主要围绕透明性原则、基于风险管理动机、资产和负债一致性评估、非零失败原则（Non‑Zero Failure，即允许保险公司破产或清算重组）、与欧洲偿付能力 II 兼容原则、最小化负债和目标资本原则（Minimal Solvency and Target Capital）等方面开展。①

## （二）SST 框架体系

### 1. SST 框架构成要素

SST 监管框架主要由以下监管要求构成：要求资产和负债的估值按照市场一致性原则评估；将所有的风险分为市场风险、信贷风险、承保风险三大类；主要基于一年期的可承受风险资本的预期损失评估风险；使用标准模型评估市场风险、信贷风险、承保风险；必须考虑未被标准模型覆盖的罕见事件或风险的情景；标准模型和情景分析的结果相加得到目标资本；假设一个保险公司面临金融危机时，风险边际可保障保单持有人的利益；网络模型法可用于计算目标资本；充分考虑再保险风险；保险负债的一致性市场估值是最佳估计（best‑estimates）和边际风险之和；所使用的假设及内部模型必须在 SST 报告中明确说

---

① 《瑞士偿付能力测试白皮书》，2004 年 11 月。

明，并以附件的形式向监管机构报告（见图 5 – 3）。

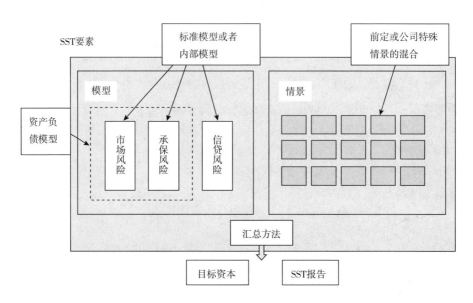

**图 5 – 3   SST 总体框架**

### 2. 市场一致性评估

资产和负债的市场一致性评估必须以可观测的市场价格为基础。如果没有有效的市场价格，在考虑流动性和其他产品具体特点的基础上，以可比较市场价格评估市场一致性。SST 对所有流动性负债的评估，必须扣除公司自己的负债（包括公司资产负债表外的一些负债）。资产负债表内的资产，必须有可获取的市场价格或者适用的指标。保险负债的市场一致性评估包括使用无风险收益曲线下保单贴现的未来负债的期望值，所以必须考虑所有相关的隐含期权和担保。资产负债表内的所有资产都以市场价值评估，具体评估过程包括容易获得市场价格、难以获得市场价格、无法确定市场价格三种情形。市场一致性负债是最优估计负债与风险边际（Risk Margin）① 之和。

---

① 风险边际是指一年以内可消逝风险所需要的资本量，主要是为了保障保单持有人不受保险公司偿付能力不足的影响。

### 3. 目标资本

（1）目标资本的构成及监管要求

可承受风险资本（Risk‐Bearing Capital）是市场一致性资产和最优估计负债之差。目标资本是一个保险公司面临的所有风险的资本要求，是保险公司在某种置信水平上一年之内能充分覆盖所有负债的资本数量。目标资本是风险边际与一年期风险资本（One‐Year Risk Capital，ES）① 的变化之和。一年期风险资本的变化包括：投资价值的变化（包括分红收入、利息收入、债券利息收入等投资品收入的变化）、费用的变化（包括赔偿、再保险保费支出、投资费用、管理费用、佣金费用等支出的变化）、保险经营业务相关收入的变化（原保费收入和再保险保费收入的变化）、保险准备金的变化（根据信息变化同步调整准备金的变化）。目标资本是为了补偿由这类变化造成的损失和风险边际，保障下一年度风险资本的充足性。瑞士 SST 的资本监管要求保险公司的资本金必须满足最低偿付能力要求和目标资本要求（见图 5‐4）。最低偿付能力要求是保险监管要求，是根据会计报表计算的，不一定和保险公司面临的风险直接相关。目标资本则是跟保险公司面临的风险直接相关，是基于风险市场一致性评估值的。

（2）目标资本的计算方法

SST 目标资本是一种多维随机情景模型（Scenario Model）。利用标准模型② 计算方法计算时，目标资本是各种情景下的估计结果之和（见图 5‐5）。在所有情况下，一种情景变化导致某种概率分布的变化。在标准模型计算方法中，目标资本是所有情景下的概率分布的加权值，权重是每种情景发生的概率。

内部模型是一年期风险资本的概率分布，在 99% 的置信水平上，基于巴塞尔协议Ⅲ调整类似风险的计算方法。内部模型的使用必须符合监管部门的要

---

① ES 是指一年以内可承受风险资本的波动的期望值。

② 标准模型是对一年期的风险资本变化的谨慎模糊估计方法。

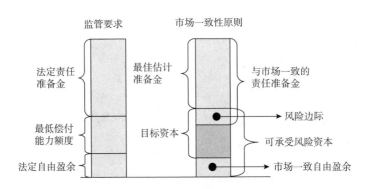

**图 5 - 4  瑞士 SST 保险监管的资本要求**

资料来源：Swiss Federal Office of Private Insurance（2004），White Paper of the Swiss Solvency Test。

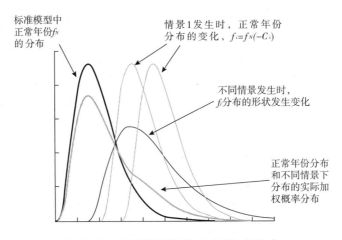

**图 5 - 5  不同情景下正常年份的加权分布**

求，满足定性、定量和组织机构的要求，而且必须深嵌入保险公司的标准模型的计算，部分修正 SST 标准。内部模型也适用于目标资本的计算。监管机构鼓励保险公司使用内部模型计算目标资本，以减少按照监管部门要求使用标准模型计算方法时产生的系统性风险。

### 4. 再保险

由于目标资本采用的是与市场一致的准备金，所有信用风险都要进行再保险，因而法定精算准则必须同等考虑风险转移，在情景分析应用中必须考虑再保险违约时目标资本的变化，并在再保险报告中列明相应的事项。

## 四　偿付能力监管的国际趋同观点

2008 年金融危机爆发以后，各金融监管机构均采取了相应的改革措施，加强了对各类金融业务的监管力度。其中，偿付能力是各国金融监管改革的核心内容。世界各国保险偿付能力监管改革各有不同，但总体来看也出现了一些趋同化趋势。

### 1. 强调以风险为导向

美国的偿付能力现代化监管改革原本就是在基于风险的保险监管模式基础上进行的改革。2008 年金融危机以后，美国保险监管改革的目标更加突出了风险预警的作用。英国、德国、法国等欧洲国家偿付能力Ⅱ监管改革也是以风险为基础展开的。各国偿付能力监管改革的重点在于科学地识别和量化保险公司各类相关风险，并以此为基础评估保险公司的偿付能力。这就使得保险公司的偿付能力与实际风险紧密结合起来（陈文辉，2013）。如果风险的覆盖范围扩大，偿付能力监管要求也会进一步细化风险的分类。各国保险监管改革均强调保险公司的风险管理能力，增强了保险公司对风险的自我控制能力，加强了社会监督的作用。

### 2. 资本管理和风险管理一体化

各国保险改革不再单纯强调保险的资本管理功能，而是融入了保险的风险管理功能，更强调预警评估的作用。保险公司的资本管理与风险管理功能并重，反映了资本管理和风险管理一体化的趋势。

### 3. 三支柱监管框架

各国保险监管改革均引入了巴塞尔协议Ⅲ提出的银行监管改革三支柱监管框架，从定量监管、定性监管、信息披露三个方面扩展了偿付能力监管的内容和范围。三支柱监管框架高度总结和概括了世界各国十几年的监管经验，已经成为国际公认的迄今为止较为成熟的监管体系。IAIS、欧盟偿付能力Ⅱ和 NA-

IC 都明确接受了三支柱监管框架体系，并在各国监管改革中付诸实施。

### 4. 加强了集团监管

多数国家都将集团监管作为监管改革的一个重要部分，提出了针对保险集团监管的特别要求，提高了对保险集团的偿付能力要求。IAIS 启动了"保险集团监管共同框架"的制订工作。NAIC 明确将集团监管作为偿付能力监管改革的一个独立部分，成立了保险集团监管小组。欧盟偿付能力 II 明确提出了针对保险集团的资本要求和风险管理要求。中国也于 2008 年 5 月出台了保险集团偿付能力报表编报规则，并于 2014 年印发了保险集团并表监管指引的征求意见稿。对保险集团的偿付能力监管是各国保险偿付能力监管改革关注的重点，但目前还处于探索状态。

### 5. 加强了宏观审慎监管

保险监管改革以前，保险监管主要以微观审慎监管原则为主。2008 年金融危机中，保险业的损失主要发生在跨金融边界业务中，这类业务与传统保险业务的差异较大，具有其他金融业务的特征。未来，随着金融模式的不断创新和发展，这种业务的形式和类型将越来越多，单纯通过保险监管难以充分发挥风险控制的作用。巴塞尔协议 III 提出了针对银行业的逆周期资本要求、系统重要性银行资本要求和流动性监管要求，意在减轻银行偿付能力监管中的顺周期效应，加强对系统重要性银行的资本监管和对银行业流动性风险的监管。之后，各国保险偿付能力监管改革也融入了银行业的这种宏观审慎监管原则。目前，这已成为保险偿付能力监管改革的一个重要趋势。

## 第三节　保险业系统性风险监管措施与对策

由于保险业系统性风险既具有风险的一般特征，又具有自身独特的特点，因而保险业系统性风险的管理既符合风险管理的一般特征（保险监管的一般政策也适用于对保险业系统性风险的监管），又在偿付能力等方面存在一些特殊要求。2008 年金融危机爆发以后，世界各国监管机构和众多学者探讨了针对保险业系统性风险的监管政策，并对保险监管政策进行了一系列改革。目前，国际上较为成熟的几种主要保险监管模式包括风险管理模式、欧盟偿付能力 II 模式和瑞士的 SST 模式等，多数国家的保险监管制度改革都是在借鉴这几种监管模式的基础上展开的。目前，系统性风险监管的初步工具主要包括保险保障基金制度、偿付能力要求、基于风险的资本方法、资产负债匹配法、监管程序等（Martin，2008）。此外，各国监管制度改革基本上都建立了专门针对保险集团的监管制度，并在监管制度设计中加强了保险监管与其他金融业务监管的合作，强调对跨边界金融业务的保险监管。IAIS 等国际保险监管机构 2013 年开始在全球范围内评选系统重要性保险机构，加强对系统重要性保险机构的监管。

# 一 国外相关文献对系统性风险监管的政策建议

## （一）系统性风险的一般性监管政策

### 1. 国外参考文献的政策建议

Harrington（2009）提出，建立新的监管机制应包括市场性约束（Market Discipline）和"太大而不能倒"（Too Big to Failure）的问题，银行和保险的资本约束问题，以及控股公司与子公司的关系和风险业务的分割性问题。Bell 和 Keller（2009）提出，应建立综合性和合作化的保险集团审慎监管机制，加强保险的监管责任和弹性机制，建立以保单持有人利益为中心的监管体系，而不是挽救保险公司。美国精算协会（the American Academy of Actuaries）（2010）提出，美国应该加强联邦层面的保险监管，不仅要建立系统性风险监管部门，而且要协助保险行业进行系统性风险监管。他们还提出，保险行业应该明确系统性风险概念，建立和监督风险矩阵，在全行业建立系统性风险监管体系，向国会和公众报告，承担系统性风险监管责任，采取公司层面的行动等措施。

Geneva Association（2010）认为：保险不需要像银行一样建立基于"生前遗嘱（Living Will）"的重组机制，因为这种机制对保险行业发展没有好处，而且道德危机和信息不对称风险对保险行业的发展具有较大的危害；对金融机构的全面征税方案无效且对金融机构极不公平，不仅会导致道德风险，而且对金融危机中具有系统相关性的业务起不到任何作用，结果是不仅惩罚了引发系统性风险的金融机构，而且惩罚了在系统性风险中受害的金融机构；大多数保险机构、再保险机构和银行在金融危机中并没有偏离传统的审慎价值，反而对金融系统稳定起到了重要作用，所以额外征税是弱化金融机构弹性的一种政策误区。Geneva Association（2010）强调对保险业非传统保险业务的监管，注重监管平衡，防止监管套利。它从三个方面提出了缓解风险的措施：一是建立原则导向的缓解措施；二是采取针对特殊问题的缓解措施，建立综合性的、针对保险集团整体和原则导向型的监管机制，加强流动性风险管理；三是提高金融稳定性的其他措施，如加强对金融担保保险的监管，建立针对保险系统的宏观审慎监管，以及加强保险机构自身在风险管理中的作用。Swiss Re（2010）提出，保险监管的主要目的是保护保单持有人的利益，不必为了保护保险业而对陷入危机的保险公司采取紧急拯救措施。保险监管也不需要对保险行业提出过于严格的资本金要求，原因有三：一是这种措施容易导致资本监管要求扭曲，损害保单持有人的利益；二是这种措施容易减少有利于金融增长的风险资本存量，从经济角度来看并不可取；三是这种措施导致区域保险公司的竞争扭曲。从世界各国的保险监管制度改革和现代化监管制度的发展来看，美国的风险资本模式的偿付能力现代化计划（SMI）、欧洲的偿付能力Ⅱ、瑞士的偿付能力测试计划（SST）等均建立了较为有效的保险监管制度，对维持金融市场稳定、保护行业发展、保障保单持有人利益具有重要意义。因此，在制定保险监管制度时，要避免踏入"一刀切"式的保险监管陷阱。Anabtawi 和 Chwarcz（2011）基于系统性风险的传播机制，提出了建立更为弹性的金融系统以应对经济冲击。

关于政府在保险监管中的作用问题，Geneva Association（2010）认为，政府在保险监管中的最初作用是制定保险监管框架以确保风险的有效转移。由于政府干预可能阻碍私人风险转移和保险功能作用的发挥，无形之中提高了个人或联保者的保险费率，因此，政府很少直接对市场进行干预。只有当政府干预产生的利益大于干预成本时，才应该在市场中引入政府干预。但是，以往保险监管的经验表明，政府介入市场产生的利益很难确定，监管的成本却一直在攀升。所以，政府监管可能是加剧了系统性风险的发生，而不是转移了系统性风险。政府干预阻碍私人保险功能作用发挥的主要表现为：不恰当的保险条件、价格、储备率等监管（例如，极低的保险费率可能将私人保险挤出市场）；强制保险（Mandatory Insurance）相当于强加了一项税收负担，减弱了个人和公司的风险转移动力；对理赔或补偿的干预可能产生难以预料的损失；对保险公司的保护可能形成贸易壁垒，缩小了市场对保险服务的选择范围。

## 2. 国内参考文献的政策建议

秦岩（2011）主要总结了国际研究的现状，并指出国际上关于系统性风险稳定的研究文献主要包括 IAIS 2009 年提交的《系统性风险与保险》和 Geneva Association 2010 年发表的《保险的系统性风险》。臧敦刚（2011）指出，顺周期效应、"大而不能倒"效应和传染效应应该是保险业宏观审慎监管应对系统性风险的几个重要方面。他主要强调了顺周期效应的作用：承保和投资两大保险业务具有顺周期效应。保险业务的顺周期性主要是指：在经济繁荣期，保险公司为了追求利润最大化目标而采取各种各样的措施，使得保险行业出现繁荣景象，进而使得保险公司存在很多潜在的市场风险；到经济衰退期，很多潜在的问题和风险就会暴露出来，导致保险公司的承保业务骤减，引起保险业的不景气，这种由于外部的经济周期对保险业的冲击，最终形成了保险业务的顺周期效应。此外，保险业中的"公允价值"也有顺周期效应。公允价值是指依据市场的价格反映资产的价值，依据市场的变化反映资产的收入和损失。因此，其内生的共振效应加剧了市场波动：在市场繁荣时，公允价值会计制度会促进资产价格的进一步上升；而在衰退期时，公允价值会计制度与资本金监管要求共同作用时所产生的共振会使危机进一步恶化。朱元倩（2012）从目前国际金融监管组织讨论的重点出发，认为虽然关于宏观审慎监管的现有讨论还侧重于银行体系，但其理论框架和实践经验可以用于指导保险业系统性风险的控制，对防止金融业系统性风险具有较大的实践意义。保险业系统性风险的控制主要从两个维度展开：一是时间维度，主要围绕金融体系的顺周期性展开；二是跨业维度，主要围绕具有系统重要性的机构及工具和市场对金融体系的负外部性展开。曾忠东和贾荣（2011）提出，应尽快建立和完善保险行业系统上下联动的风险防范机制，制定风险应急预案，加强对保险业风险状况的动态监测，实施全面的压力测试，将风险尽可能置于实时监控之下，及时向全行业提示风险变化，积极做好危机处理，避免风险跨部门、跨公司的传递，切实防范系统性风险。

## （二）全球系统重要性金融机构（G－SIFI）的监管

FSB（2010）建议，对全球系统重要性金融机构的监管除了适用金融监管的一般原则之外，也应该具有系统重要性机构金融监管的一些特殊政策。第一，要求 G－SIFI 除了满足巴塞尔协议Ⅲ要求的最低损失吸收能力标准之外，还应该具有更高的损失吸收能力，满足更高的资本份额和流动性要求，遵守更严格的风险暴露、杠杆率和结构性限制，并通过其他工具增强机构的弹性。第二，要求 G－SIFI 建立的重组机制是一种可行性方案，建议建立综合性的重组制度和工具，有效的交叉合作机制，以及可持续性恢复机制和重组计划。IAIS（2013）提出建立针对全球系统重要性保险机构（G－SII）的系统性风险管理计划（SRMP）。SRMP 的目标是在集团监管框架的基础上管理、转移和减少系统性风险（包括如何识别 G－SII），以摘要的形式记录所有可能用到的方法（包括较高的损失吸收能力，以及改善重组、提高监管等方式），并记录 G－SII 对金融系统乃至整个经济的系统性风险。这种监管计划与集团监管有密切的关系，需要多方合作。SRMP 应该描述 G－SII 的企业风险管理（Enterprise Risk Management，简称 ERM）系统（包括如何评估流动性风险），企业针对系统性风险的内部化控制方案，以及企业减少或转移系统性风险的方案（如为了内生化系统性风险的外部成本所需的额外资本要求等）。SRMP 的方法包括：从传统保险业务中有效分离系统重要性保险业务的方法；减少系统重要性保险业务风险的某些限制措施或者禁止计划等；更高损失吸收能力要求（HLA）；这些以及其他方法的组合；等等。

郝演苏[①]（2013）提出参照国际机构对系统重要性保险机构的监管规定，加强对系统重要性保险机构的监管。他提出四点建议：一是提高资本金规模要求，提高普通股占比；二是加强信息披露，提高市场透明度；三是提高保险机构恢复与重置的要求，增强保险机构的风险和危机应对能力；四是提高大型保险机构的创新能力要求，增强保险机构的可持续发展能力。刘兴亚、王少群和陈敏（2013）对全球系统重要性保险机构（G – SII）的监管提出三点建议。一是强化监管，督促 G – SII 加强流动性风险管理，降低系统重要性，建立系统性风险管理计划（SRMP），将具有系统重要性的非传统非保险业务从传统保险业务中分离出来，或者禁止经营传统保险业务的保险公司经营非传统非保险业务，且保持分离后的金融实体在结构和财务上具有相当的自足能力并受监管机构的监管。二是建立有效处置机制。根据金融稳定委员提出的《金融机构有效处置机制核心要素》，建立危机管理小组（CMGs），实施恢复和处置计划（RRPs）、可处置性评估、跨境合作协议和对系统重要性保险机构分离之后的相关业务的处理流程。三是提高系统重要性金融机构吸收损失的能力。由 IAIS 设置 G – SII 集团层面的资本金要求（即吸收损失的能力水平），在这个基础上对集团内的非传统保险业务提出额外的资本要求，并区分非传统非保险业务是否需要分离——如果可以分离，仅对分离之后的实体提出额外的资本要求；如果不能有效分离，则结合集团的关联性对整个集团提出额外的资本要求，要求保险集团保持较高的资本质量以满足对吸收损失能力的要求。

---

① http：//finance. sina. com. cn/money/insuvance/bx rw/201308/140916432722. shtml.

## 二 两类特殊保险业务系统性风险的监管措施与对策

Geneva Association（2010）按照保险业务分类分析了各种保险业务引发系统性风险的可能性，在分析中提到了巨灾保险、流行病巨灾保险、寿险保单流失风险、长寿风险及由于被迫售卖资产而产生的更广范围内的市场风险。分析结果认为，如果大规模地开展业务且风险控制体系较弱，有两类保险业务具有潜在的系统相关性：保险表外资产负债表中的衍生品业务；通过商业票据或债券借贷进行的短期投融资业务管理不善。一个规模足够大的单个保险公司可能引发的系统性风险对保险业造成的系统性损失比银行业更大。这里主要分析欧盟（欧盟偿付能力Ⅱ）、美国（NAIC 的风险资本模式）和瑞士（包括瑞士 SST）的保险监管措施。

欧盟和瑞士的保险监管模式具有较强的相似性，都是原则导向（Principle－Based）的监管模式。这两种监管机制都根据保险资产负债表的市场一致性估值方法提出了对风险资本的要求，强化了风险的内部管理，建立了随环境变化的弹性监管机制，对集团监管提出了特别的要求（比如，欧盟偿付能力Ⅱ明确提出了要求集团监管与一般监管之间进行合作）。欧盟偿付能力Ⅱ与巴塞尔协议Ⅱ并不完全相同。欧盟偿付能力Ⅱ是一个建立在经济基础上的综合性监管机制，明显考虑了近年来的危机事件。瑞士的偿付能力监管制度具有较强的可操作性，建立了一个基于风险的资本监管制度，尽量保持了与欧盟偿付能力Ⅱ的一致性。瑞士保险监管代表了原则导向的新型监管机制，不仅对集团的偿付能力有较强的监管要求，而且对偿付能力另外有一些数量化的监管要求。

美国的保险监管模式是规则导向（Rule－Based）和原则导向的混合体，资产和负债的估值建立在各种规则或原则的基础上。NAIC 对偿付能力现代化提出了多种议案（包括集团偿付能力评估和集团偿付能力监管），并通过建立联邦层面的保险监管机构改善不同州之间的保险监管合作。

## （一）保险资产负债表表外衍生品业务风险的监管措施与对策

### 1. 欧盟保险监管

欧盟偿付能力Ⅱ（Solvency Ⅱ）将信贷机构、投资公司、金融机构等相关机构都纳入保险公司或再保险公司的集团偿付能力框架之中。[①] 因此，无论是否被管制，集团子公司的特殊衍生品业务活动都体现为集团层面上的资本要求。业务活动的风险越大，集团的资本金要求越高。如果偿付能力资本要求未能充分覆盖某种特殊风险，监管机构将采取离散资本要求进行监管干预，在一定程度上和一定区域水平下，集团监管可能会面临这种风险。偿付能力Ⅱ要求在综合披露报告和 ORSA 报告中披露这一信息，并详细阐述具体的解决方案。这种框架模式可以确保集团保险表外平衡表中衍生品业务的风险在偿付能力Ⅱ的监管范围之内。

2006 年在大型保险公司中正式实行的瑞士偿付能力计划（SST），直到 2010 年才提出了针对保险公司和保险集团的资本监管要求。集团监管中的资本监管要求覆盖保险资产负债表表内和表外所有项目；集团层面的 SST 计算方法要求或者以集团整体的形式或者以独立法人实体的形式记录保险资产负债表表外的衍生品业务，并且要求在监管报告中进行披露。

### 2. 美国保险监管

美国保险监管的主要任务是负责监管母公司控股的保险类子公司，母公司控股的子公司开展的保险表外衍生品业务一般不受保险监管机构的直接监管。储蓄机构或者银行控股的公司，无论是否持有保险类子公司，都受控股公司层面的监管。控股公司不是受州保险监管机构的监管，而是受类似于联邦储备委员会或者联邦储蓄机构监管局（Office of Thrift Supervision，简称 OTS）等联邦监管机构的监管。2008 年金融危机之前，OTS 对美国国际集团

---

① EC, *Solvency Ⅱ Directive*, 2009, Article 228.

金融业务部的综合业务的监管并不充分。

## （二）通过商业票据或证券借贷方式进行的短期投融资业务的流动性风险监管措施与对策

### 1. 欧盟保险监管

欧盟偿付能力Ⅱ只是一个资本监管框架，并不包含具体的流动性风险监管要求，无论这种流动性起源于哪种业务。可用资本的数量与可用资本的流动性并不相关。为了记录流动性风险，欧盟监管机构通过财务流程和监管报告的方式监管流动性风险。第一，要求保险公司和保险集团实施恰当的流动性风险管理。第二，监管审查程序（supervisory review process）要求监管机构对保险机构和保险集团的流动性风险进行审查和评估。如果审查结果不一致，监管机构可以采取多种行动方案，包括增加资本要求。第三，公共披露和监管披露报告的附录中要求披露风险暴露、风险集中度、风险转移、风险敏感性等信息。如果流动性风险可控，在公共披露和监管披露报告和附录中都需要说明。这种监管方案隐含了对通过商品票据或者证券借贷方式进行的短期投融资业务流动性风险的监管。Geneva Association（2010）认为欧盟偿付能力Ⅱ针对流动性的风险管理仍然存在较大的提升空间，流动性预警监管原则要求保险公司或者保险集团在监管期内向董事会报告流动性。

瑞士保险监管与欧盟类似，并没有正式的文件要求保险公司报告流动性风险。SST计划与偿付能力Ⅱ相似，在定量监管框架下，没有记录流动性风险。但是，瑞士的保险监管框架更为灵活，允许监管机构在流动性监管方面采取一些量化措施。基于这种原则，所有保险公司和保险集团都必须建立完善的风险管理机制和内控系统，并且定期向监管机构报告风险暴露情况。其中，大型保险集团必须提供详细的流动性风险管理信息，报告流动性风险。

### 2. 美国保险监管

美国保险监管的重点是资本充足性分析，主要通过监管审查、调查、个体现状分析、流动性压力模型等方式审查流动性风险管理活动，明确要求将保险机构的证券借贷记录在资本充分性分析中以反映保险公司内在的资产负债管理（ALM）风险，还要求单一实体或者非集团化的一般性保险公司进行流动性压力测试。但是，如果保险集团持有美国银行等金融子公司，保险集团的母公司由联邦政府监管的话，联邦政府会每年审查整个集团的流动性风险暴露和流动性风险管理活动，并基于最大化保险公司监管水平而非最大化母公司控股水平进行压力测试。

### （三）两类特殊保险业务系统性风险监管政策的评价

只有在缺乏集团监管或者不存在集团资本监管要求的情况下，基于历史风险的资本方法的监管机制在集团层面对集团保险表外衍生品业务的监管才存在监管缺口。在国际范围内，通过商业票据或者证券借贷方式进行的短期投融资业务的监管政策有可能产生流动性风险，仅仅通过监管报告或者公司计划进行的保险监管并不充分。对这种风险的监管还可以采取更多措施，如流动性压力测试等。

## 三　针对潜在系统重要性保险机构的监管制度

保险监管体系是在监管保险业务的具体过程中采用的框架体系。此次金融危机的压力让各国保险监管者意识到加强国际保险监管合作的重要性，特别是对集团监管必须建立全球统一的保险监管规则。当前，各国都有较大的动力推动保险监管改革和审慎性监管改革。国际货币基金组织（IMF）和世界银行意识到在全球范围内建立良好的弹性监管机制的重要性。为了区分各国金融系统的优势和劣势，了解各国管理了哪些关键的风险来源，IMF 和世界银行 10 多年前就已经启动了金融部门评估规划（Financial Sector Assessment Programme，简称 FSAP）。[1]

---

① 　http：//www.imf.org/external/NP/fsap.asp.

为了增加各国金融系统的优势，减少劣势，国际保险监督官协会（IAIS）通过了一项针对国际活跃保险集团（International Active Insurance Groups，简称 IAIG）的监管共同框架（Common Framework for the Supervision，简称 CFS）。另一个重要的方案是发挥国际监管专家的功能。这些活动启动以来，IAIS 已经收到了行业发展报告。而且，IAIS 正在开会讨论建立全球一致性的国际会计标准。这是一个非常重要的会议，因为这个会议反映了保险行业监管的特色：保险机构是资本市场的长期投资者，资产和负债的关系是资产管理的核心内容，而不是单独管理资产或者单独管理负债。金融稳定委员会（FSB）和巴塞尔银行监管委员会组织的联合论坛（Joint Forum）等其他组织也召开了相关会议。这些会议中的建议一旦被执行，也将对更为广泛的金融系统的稳定性产生明显的正向影响。

## 1. 国际活跃保险集团监管共同框架①

2009 年 10 月，IAIS 执行委员会通过决议，正式启动全球保险监管共同框架的战略调整工作。共同框架包括适用范围、集团结构和业务、定量监管标准、定性监管标准、监管合作和配合、规则实施六个方面。该框架将采用全面的监管方法，对集团整体风险和全部活动进行评估。

共同框架的总体架构共包括 4 个模块，每个模块包括 4 个层级，为矩阵式结构。其中，4 个模块包括适用范围、国际活跃保险集团、监管机构、实施方式；4 个层级由高到低分别为要求、框架准则、参数、技术规范。每个基础单元的开发分为 A、B、C 三个等级，以 12 个月为一个工作周期，依次在 3 个周期内完成（江先学、吴岚，2013）。

模块 1 规定了共同框架的适用范围，明确了认定国际活跃保险集团的标准和方法。IAIG 必须符合保险核心原则规定的集团标准、规模标准、国际活跃性标准及有限自由裁量权标准。其中，保险核心原则规定的集团标准包括认定

---

① 朱进元、殷剑峰主编《转型与发展：从保险大国到保险强国（2015）》，社会科学文献出版社，2015。

保险集团和金融集团的标准等；规模标准要求 IAIG 必须是总资产不低于 500
亿美元或毛保费收入不低于 100 亿美元的机构；国际活跃性标准要求 IAIG 必
须是在至少 3 个司法监管区内开展经营活动，境外毛保费收入占比超过 10%
的机构；有限自由裁量权标准要求由符合上述三种标准的机构牵头监管机构，
采取联席监管和有限自由裁量权的方式最终认定机构是否为 IAIG，并明确监
管的范围。

模块 2 规定了 IAIG 遵守的监管要求，包括定量监管要求、定性监管要求、
报告制度和披露原则等内容。其中，定量监管要求为：IAIG 必须制定详细的
投资策略，建立针对承保、理赔、再保险、资产和负债、精算等方面的覆盖全
集团的监管标准；对 IAIG 的资产或负债采用国际会计准则（IFRS）或者类似
方法进行评估，IAIG 应建立基于风险的资本标准，采用内部模型或标准模型
方法评估资本要求，通过压力测试或情景分析辅助论证资本要求。定性监管要
求为：IAIG 应建立集团层面的公司治理和风险管理框架，定期对集团内部单
个法律实体或集团整体进行自我风险和偿付能力风险评估。报告制度和披露原
则要求 IAIG 建立报告和披露内容的制度，向监管机构和公众披露信息。

模块 3 规定了针对 IAIG 的监管方法，明确了监管机构和 IAIG 监管的流
程、职责分工、交流形式等内容，以及联席监管的方式，提出了危机管理和风
险处理的方案及针对消费者的保护措施。

模块 4 规定了实施共同框架的方法，明确了监管机构在执行共同框架时的
权力、责任、监管能力、组织基础、资源配置等内容，提出了过渡期共同框架
监管的方法，建议通过同行审议和互助的方式实施共同框架，建立宏观审慎监
管数据汇集平台。

### 2. 国际活跃保险集团偿付能力监管

从 2010 年开始，IAIS 发布了一系列关于 CFS 的文件，主要以 2011 年保险
监管核心原则（ICPs，即《保险监管核心原则、标准、指南和评估方法》）中
的保险集团监管及其他相关法律文件为主。这些内容构成了保险集团监管的框
架基础，是对 ICPs 的改进和有效发展。CFS 模块 3 规定了对 IAIG 进行偿付能

力监管的方法，提出定性和定量监管的相关要求，认为最重要的是实施好定性监管要求。对 IAIG 的偿付能力监管主要包括五个方面：一是规定了 IAIG 的公司治理框架原则，以及风险管理和内部控制系统；二是规定了 IAIG 应当建立可以解决所有风险的企业风险管理系统，达到偿付能力监管目标；三是规定了对 IAIG 的准备金技术条款和投资要求，提出相关的定量标准和定性标准；四是规定了评估要求，要求建立持续的、以经济为基础的、符合偿付能力目标的资产和负债体系；五是提出了对资本充足性的要求，要求以合并资产负债表的方法评估各类风险，并规定了各类资本充足性的标准。

### 3. 以风险为基础的全球保险资本标准（ICS）

2013 年 10 月，IAIS 宣布制订以风险为基础的全球保险资本标准。2014 年 12 月 17 日，IAIS 发布了《以风险为基础的全球保险资本标准（征求意见稿）》（以下简称"ICS 草案"）并对外征求意见。ICS 草案主要包括 169 个问题，计划于 2016 年最终完成，并经过 2 年的测试和修改完善，于 2019 年正式实施。ICS 将纳入 CFS，主要用于国际活跃保险集团的监管。一旦 ICS 制定完成，最终将替代基础资本要求（BCR）作为更高损失吸收能力要求（HLA）的计算基础，成为全球系统重要性保险机构偿付能力监管资本要求的标准和原则。这有利于加强对保险业系统性风险的防范与预警。

ICS 的目标是建立一种在全球范围内具有可比性的、基于风险的对资本充足性的要求标准和原则，维护全球金融系统的稳定，保护保单持有者的利益。ICS 的相关要求和标准主要用于 IAIG 和 G - SII 集团层面的保险监管，不针对任何单个法人实体或者机构，也不是要取代任何司法管辖区针对单个法人实体或者机构的监管规定或者资本要求。这也就是说，ICS 标准是主要针对保险业系统性风险的防范和预警标准。各国可以自主决定是否根据 ICS 标准对当地的偿付能力监管制度进行改革。

ICS 草案一旦通过，将成为 IAIG 和 G - SII 的资本和资本要求计算方法及资本充足性的最低标准，监管机构可以在此标准上设定额外的更高要求的资本标准，也可以建立针对本国 IAIG 和 G - SII 资本充足率的补充措施和制度。

IAIS 将安排过渡期，保障 ICS 的平稳实施。过渡期的安排将保障相关的司法机构有充分的时间对相关法规进行必要的修订，也允许受影响的保险集团或金融集团分阶段逐步实施 ICS。

## 四　保险业系统性风险监管的其他制度及政策

### 1. 建立针对保险机构高管的风险约束机制

国内外大多数保险机构采取股份制形式。由于存在信息不对称和寻租等问题，公司高层管理者与股东利益并非完全一致，可能导致执行经理等高级管理者在经营过程中并非以股东利益最大化为经营原则，而是过多地从事高风险业务。因此，建议保险公司合理分配管理者与股东之间的利益，建立支付风险披露机制、董事会诚信责任机制和风险共担机制等，又规避这一风险。

### 2. 建立保险机构的自我监管机制

欧洲偿付能力 II、瑞士的 SST、美国偿付能力现代化项目等都加强了保险机构的风险监督机制，强调了保险公司自身在风险管理中的作用，要求保险公司提高自身的风险管理水平。例如：要求保险公司列明内部模型未包含的具体风险，对不能进行量化的风险进行定性分析，在监管过程中使用情景模拟分析和压力测试技术，以及向监管机构提交风险报告，等等。

### 3. 针对金融复杂性的监管政策

金融产品和金融市场极为复杂，这种复杂性导致了监管的困难，以及危机中大量非理性行为的发生。针对这一问题，一是启动标准化过程，要求证券交易机构或者相似的机构详细列明产品的特征，或者进行风险集中度分析；二是加强风险评级机构在风险披露方面的作用；三是对信息非对称性引起的产品复杂性问题，要求金融产品自留一部分风险损失。

### 4. 建立最后贷款人机制

由政府或者市场自由机构等建立存款保险人制度，以发挥最后贷款人作用；建立针对保单持有人的保障机制，确保在保险机构破产倒闭时能最大化保障保单持有人的利益。在市场发生危机的时候，这样的机制能增强市场的流动性，维护市场的有序运行。

### 5. 建立基于风险的财务杠杆率（Financial – Ratios）

2008 年金融危机中，保险公司过度涉足风险活动造成了普遍性的经济危机。因此，监管政策应该要求保险公司充分考虑它们的行为对系统稳定的影响，矫正金融市场中的风险溢出风险。在考虑金融系统利益的框架下，减少保险公司的管理风险可以让保险公司更加重视它们的业务活动的系统重要性。一般情况下，当一种行为的社会成本超过私人成本时，两种市场的税收之差可以起到矫正市场结果的作用。税收因素可以激发决策者内部化他们的行为对其他机构或者个人造成的影响，进而减少这类冒险性行为。

巴塞尔银行监管委员会近期提出增加最低的基于风险的金融杠杆率以提高系统稳定性。这种杠杆率被普遍用于监测一个公司不同业务活动的优势和劣势。由于这种监管产生了类税收效应，也可以用于管理一个公司的经营成本。然而，资本充足率可能导致竞争中的公司没有基于风险加权资产设置最低的资本化水平。通过设置对一家公司的系统重要性具有敏感性的基于风险的财务杠杆率，可以监测这家公司的金融共性特征。一家公司的系统重要性是两个变量的函数：一是该公司通过它的同业关系对其他公司的直接重要性；二是这家公司自身资产和市场其他资产的关联性对其他市场参与者的间接重要性。一家具有较高关联性的公司比其他公司具有更高的系统重要性，因为它的流动性压力可能对其他公司造成负面影响。

## 第四节　保险行业对保单持有人的保护措施

金融稳定委员会（FSB，2011）提出将保单持有人的利益作为建立有效监管机制和制度的重要内容。保单持有人利益保护机制一直以来都在保险监管中占据主要地位，因为保单持有人提前为未来保险公司的健康运营可以提供的承诺支付了保费。多数国家在保险行业发展的过程中都采取了多项措施为保单持有人提供有效和综合型的安全保障，其中包括偿付能力要求，考虑了保险业务模式基本要素的基于风险的资本要求，以及保险监管、保险保障基金计划（Insurance Guarantee Schemes，简称 IGS），等等。其中，保险业的保险保障基金制度是在保险公司破产清算时保护保单持有人利益的一种保障计划。目前，多数国家都建立了一个或者一个以上的保单持有人保障计划[①]（Policyholder Protection Schemes，简称 PPSs），目的是在监管系统内的监管不充分的时候为保单持有人提供最低层面的保障（IAIS，2013）。没有建立保险保障基金制度的国家，一般由政府充当最后贷款人的角色，由政府承担保险公司经营失败的损失。本节主要介绍欧洲和美国 IGS 的主要内容。

　　IGS 的好处是可以保障保单持有人的利益，尤其是在保险产品对社会系统较为重要的国家，有利于提振消费者信心和保障金融系统的稳定。然而，如果 IGS 的制度设计考虑得不够细致，建立 IGS 可能产生负面效应，引发不公平竞争和道德风险问题，增加保险行业的经营成本。因而，IGS 的建立需要综合平衡三个方面的问题：提供保障的成本，启动 IGS 的管理成本，以及市场潜在负面影响的间接成本。一个健康的保险市场需要建立审慎的保险业务模式、恰当的偿付能力制度和综合性的监管机制，最后求助于具有较好平衡性的 IGS 系统。

# 一　欧洲的保险保障计划

　　在欧洲，有 12 个国家和地区建立了一个或一个以上的 IGS 计划。从总的

---

[①]　PPSs 从保险行业中提取一定比率的资金建立保险基金。保险基金相当于最后贷款人，目的是当所有的矫正或者阻止计划失效时，一方面为保单持有人提供最低水平的保障，另一方面是建立一种赔偿支持。PPSs 体系的功能为：有利于保险持续；提供金融支持，使得深陷债务危机的保险机构或者实体更容易被售卖，以实现将保单责任转移到购买公司的目的；辅助未满期业务转移（Portfolio Transfers）；作为连接资不抵债的保险公司和购买者之间的桥梁媒介。

承保保费来看，欧洲近 2/3 的保险市场受 IGS 计划的保护。Oxera 为欧洲委员会（EC）做的一项研究计划提供了欧盟 IGS 的概况，指出欧盟内部的不同地区在 IGS 覆盖面、基金提取和制度设计等方面的差异都较大。这反映了各地区市场情况、法律环境和保险参与程度的差异。在这项研究的基础上，欧洲委员会白皮书在最小一致性基础上介绍了全欧洲的 IGS 实施情况，指出了国际市场盛行的不同条件和不同层面上的道德风险因素，并做出了"不提倡在全欧洲市场建立一体化的 IGS 计划"的结论。

当前，无论是以分支机构的形式还是以贸易机会自由化机制的方式，交叉边界业务仍然在欧洲区域内有限制。未来，随着这类业务的大规模开展，不同国家的 IGS 方案或将发生改变，某国国内保单持有人购买的贸易自由化机制覆盖的其他国家的保单将与本国保单享受一致的保障措施。此外，也有必要分析寿险和非寿险部门之间保单持有人保障利益的差异。

## 二　美国的保险保障计划

### 1. 美国保险保障制度简介

美国的保险保障制度是 1969 年仿照 FDIC 的功能建立的。NAIC 规定建立州一级的保障基金，到 1971 年共有 35 个州建立了保障基金，到 1982 年几乎所有的州都建立了保障基金，按照模范法案的规定组织和管理。州属保险公司破产时，各州保障基金仅对居住在该州的保单持有人支付赔款。跨州的保险公司破产时，由几个州的保障基金联合支付赔款。保险保障制度对保单设有赔付上限，没有超过赔付上限的保单扣除小部分免赔额之后，由保障基金全额支付。保障基金主要由州内财务状况较好的保险公司承担。保障基金不保留准备金，而是采用事后征收分摊费的方式，分摊费由各保险公司按照保费份额分担。由于所有的州都允许保险公司采取一定措施合理冲减保障基金征收的分摊费，保险公司的破产成本最后实际上是转移给了政府，由所有纳税人承担。保障基金的主要目的是为保单持有人提供基础的保障，并不承担事先发现或者预警保险公司经营状态的功能。

### 2. 保险公司破产或接管

美国联邦破产法案不包括保险公司的负债概念，因而保险公司经营失败后并不进入破产程序，而是由保险监管机构授权的保险法庭接管，并根据美国当地州政府的保险接管准则进入清理程序。各州保险清理准则类似于破产法案。清理过程由州政府法官主导，由当地州政府的保险委员会作为保险公司的法定清理人。各州保险清理法案差异较大，但都建立了三种基本接管水平的准备金：名义保护（Namely Conservation）、重组（Rehabilitation）和清理（Liquidation）。

### 3. 保护

保护是保险委员会作为保护人，在分析保险公司的问题程度之后做出维持现状（如资产和监管记录）决策的过程。如果保护人认为对记录的重要问题的解决方案满意，就可以解除对保险公司的保护；如果保护人对记录的重要问题的解决方案不满意，保险公司或者继续处于被保护状态，或者被保护人清理。

### 4. 重组

重组是指保险委员会以重组机构的名义对保险公司的资产进行投资，取得保险公司控制权的过程。这种处理过程的目的是以法律许可的重组形式解决保险公司的问题，并为接管做必要的准备。最终，保险公司或者被允许重组，或者面临更为严格的清理。

### 5. 清理

清理类似于其他公司的清算破产。保险委员会作为清算人，承担对保险公司资产的清算责任，评估保单持有人的赔偿金额及保险公司贷款人的债务，按照州政府的清算法律将清算的资产分配给不同的求偿人。

### 6. 担保协会在清算中的作用

由于美国各州的保险行动方案差异较大，当清算法庭将保险公司置入清算程序却发现保险公司资不抵债时，出于保护消费者的动机，美国生命及健康担保协会组织（Guarantee Associations，简称 GAs）的成员——担保协会将介入保险公司的债务解决计划。

### 7. 担保协会的责任范围

一旦启动激发机制，GAs 将按照有限覆盖范围对时机成熟的赔偿进行支付。在不可撤销合同中（如生命和年金合同），只要消费者支付了所要求的保费，GAs 就必须确保持续支付。每个州都通过法律条文的形式规定了 GAs 对当地居民的生命或健康业务及财产或巨灾业务在当地条件和保单优先权下的担保覆盖范围。绝大多数州的 GAs 对生命或健康业务中生存保险或死亡保险的担保覆盖范围至少在 30 万美元以上，对生命保单退保价值的担保覆盖范围在 10 万美元以上，对年金保险退保或者支付的担保覆盖范围在 25 万美元以上，对健康保险利益担保的覆盖范围在 10 万美元以上。

### 8. 满足担保协会责任的弹性机制

GAs 建立了较强的针对消费者支付的弹性应对机制：对健康保险利益依据合同类型进行支付；对保险人不担保的保险合同或者消费者同意自担市场风险的保险合同（如保险公司没有保障变额年金的波动收益部分）不履行支付义务。

## 三 保险保障计划与保险监管之间的关系

IAIS（2013）指出，明确保险保障计划和保险监管的作用和责任非常重要。同时，保险保障计划还应该与保险监管机构充分合作，加强在存在交叉边界情况的业务、一致性计划及情景测试等业务中的合作。这种合作对保险保障计划非常重要，因为保险保障计划中资不抵债公司的保单赔偿额可能远超保险保障基金的规模。因此，保险保障计划的制定必须根据动态信息进行调整。同时，由于保险监管具有提前预警机制，保险保障计划的设计也必须提前预估保险机构破产清算所需要的资金。保险保障计划与保险监管之间的合作可以是正式的或者非正式的，也可能需要交换一些保密协议。但是，保险保障计划与保险监管在联合监管的过程中有可能高估风险。当一个保险机构或者实体身处危机时，保险保障计划也可能直接涉入保险监管的某些方面。

当保险公司的债务负担恶化到不能履行协议的程度，并且保险公司短期内不能实现对保单持有人的赔偿时，保险保障计划和保险监管机构可能采取多项计划增强保险公司的灵活性。在制订方案时，保险保障计划和监管机构需要分析保险公司的有形成本和无形成本，各项干预措施的优点和缺点，比较保险公司的清算成本，包括保险保障计划所耗费的资本等；在选择方案时，则以保单持有人的利益为核心。为保持保单合同的连续性，有时可能将一家破产保险公司的保单转移给不同的保险公司。如果保险公司的资产无法兑现对保单持有人的保险责任，保险保障计划和监管机构将成立联合工作小组，采取有效措施强制执行破产清算程序，由工作小组提出一个合理的清算计划，充当法庭的角色，在保险保障计划条款下权衡保单持有人的补偿成本和清算成本。当一个保险机构存在资不抵债的风险时，保险保障计划将与资产清算人合作，提高将保单转移到资产偿付能力较好的保险公司的速度。这种合作将对清算过程产生积极有效的作用。

# 第六章

# 系统重要性保险机构及其对保险业系统性风险的作用

2013 年 7 月 19 日，金融稳定委员会（FSB）公布了首批 9 家系统重要性保险机构：美国的三家保险机构分别是美国国际集团（AIG）、美国大都会集团（MetLife Inc）、美国保德信金融集团（Prudential Financial Inc.）；英国的两家保险机构分别是英杰华集团（Aviva plc）、保诚集团（Prudential plc）；法国的一家保险机构为安盛集团（AXA）；中国的一家保险机构为平安集团（Ping An Insurance Group）；德国的一家保险机构为安联保险集团（Allianz SE）；意大利的一家保险机构为忠利集团（Assicurazioni Generali）[1]。

## 第一节　首批全球系统重要性保险机构简介

### 一　美国国际保险集团

美国国际集团（AIG）创建于 1919 年，是一家在美国和全球 130 多个国家和地区开展保险及保险相关业务的保险公司，为个人和企业提供包括保险、金融、投资、资产管理等多项保险相关的业务和服务。公司共有四个业务部门：普通保险、人寿保险和退休服务、金融服务和资产管理[2]。其中，普通保险业务部在美国及海外开展财险、意外险和其他普通个人保险业务；人寿保

---

[1]　并非按照排名先后顺序。
[2]　网易财经，http：// quotes. money. 163. com/usstock/AIG_ segment. html？ report = 20111231。

险和退休服务部向美国及全球提供保险、金融、投资理财等金融服务，其保险产品包括个人人寿保险产品、团体人寿保险产品、年金保险产品（包括结构性结算）、健康保险、意外保险和退休储蓄产品（主要包括固定收益养老产品和浮动收益养老产品等；金融服务部的业务主要包括飞机以及飞机设备租赁、资本市场、消费者融资、保险融资等，其中飞机租赁、资本市场和消费者融资是金融服务部的主要业务收入来源；资产管理部主要提供投资产品及投资服务，包括价差投资、机构资产管理、经纪服务和共同基金等。海外业务在集团经营业务中占据重要地位。2007 年，AIG 海外业务占人寿保险和退休服务及其他相关业务保费收入的 79%，占人寿和退休服务业务经营利润的 76%。

2007 年，AIG 在福布斯全球企业 2000 强中的排名为第 18 位。[1] 在 2008 年金融危机中，AIG 是获得美国政府援助最多的金融机构，引起全球保险界和金融界的关注。金融危机爆发后，银行出现了大规模的信贷违约现象。由于 AIG 在金融危机之前大量涉足 CDS 业务，承保了大量的银行信贷业务，2008 年 9 月 16 日，AIG 的信用评级被调低，导致银行大规模追讨信贷违约赔偿，AIG 的流动性迅速趋紧，集团面临破产危机。美国政府本着"太大而不能倒"的原则，对 AIG 提供了 850 亿美元的紧急贷款，获得 AIG79.9% 的股权。[2] 2008 年 10 月 8 日，美联储再次向 AIG 提供 378 亿美元的融资，以增加 AIG 的流动性。2008 年 11 月 10 日，鉴于 AIG 第三季度巨额亏损 245 亿美元，美联储决定将对 AIG 的援助总金额增至 1525 亿美元[3]。其中，600 亿美元为美联储提供的贷款，400 亿美元为美国财政部购买的优先股，525 亿美元为财政部购买的 AIG 持有或担保的抵押贷款证券。2009 年 3 月 2 日，

---

① 《福布斯》全球企业 2000 强排名公布的当年数据，实际上是根据上年业务数据统计的结果。

② 《美国国际集团完成资本调整，政府逐渐退出》，http://news.xinhuanet.com/world/2011-01/15/c_12984284.htm。

③ 《美国保险巨头 AIG 再获注资 300 亿美元》，http://finance.sina.com.cn/roll/20090303/12402705595.shtml。

AIG 宣布 2008 年第四季度再次亏损 617 亿美元。由此，AIG 成为美国有史以来季度亏损最大的公司，美国政府和财政部决定再次对 AIG 提供约 298.4 亿美元的救助金。至此，美国政府对 AIG 提供的救助资金总额高达 1823 亿美元，成为 2008 年金融危机中全球范围内获得金融救助最多的金融机构。作为一家保险机构，AIG 获得的救助资金比全球获救助金第 2 高的苏格兰皇家银行（RBS）和全球获救助资金第 3 高的美国花旗银行两家银行的救助资金之和还要高。

2011 年 1 月 11 日，AIG 与美国财政部和美联储达成交易协议，清偿美联储的全部救助贷款，并将美国财政部持有的优先股转为普通股，为政府资本退出 AIG 做准备。2012 年，AIG 已经清偿了所有政府援助资金，从金融危机中完全解脱。2010 年，AIG 资产总额为 6834.43 亿美元，实现净利润 110.82 亿美元。[①] 2011 年，AIG 在福布斯全球企业 2000 强中的排名为第 38 位，资产总额为 5557.73 亿美元，实现净利润 162.63 亿美元，销售额达到 642.37 亿美元（其中，财产保险保费收入为 407.02 亿美元，寿险及退休保费收入为 153.15 亿美元，飞机租赁业务收入为 44.57 亿美元，冲销的保费收入为 3.16 亿美元，其他保费收入为 40.79 亿美元）。2012 年，AIG 在福布斯全球企业 2000 强中的排名为第 62 位，资产总额为 5486.33 亿美元，实现净利润 74.90 亿美元，销售额达到 656.56 亿美元（其中，财产保险保费收入为 397.81 亿美元，寿险及退休保费收入为 167.67 亿美元，冲销的保费收入为 8.66 亿美元，其他保费收入为 99.74 亿美元）。2013 年，AIG 在福布斯全球企业 2000 强中的排名上升为第 42 位，资产总额为 5413.29 亿元，实现净利润 90.01 亿美元，销售额达到 686.78 亿美元（其中，财产保险保费收入为 397.09 亿美元，寿险及退休保费收入为 205.90 亿美元，冲销的保费收入为 5.14 亿美元，其他保费收入为 88.93 亿美元）。

---

① 资料来源：美国国际集团 2013 年资产负债表。

## 二 美国大都会集团

美国大都会集团（MetLife Inc）创建于 1863 年。[①] 公司经过五年的重组和艰苦经营，于 1868 年开始专注于发展人寿保险业务，将公司的目标客户定位为中产阶级，致力于为全球企业和个人提供保险及金融服务。公司针对个人的产品包括寿险、意外及健康险、失能收入保险、信用保险、汽车及家庭保险、退休储蓄计划（Retirement Planning）、储蓄（Savings）等；针对机构的产品包括为雇员提供的寿险、失能、重疾、医疗、非自愿性失业、补充退休计划、递延补偿安排、各种养老金管理及福利计划等。MetLife Inc 除了在美国经营保险相关业务之外，也在亚太、拉美和欧洲的 50 个国家和地区设有直属的分支保险机构，是美国最大的人寿保险公司，也是国际市场上影响力较大的保险金融集团之一。2007 年，MetLife Inc 在福布斯全球企业 2000 强中的排名为第 73 位。

由于长期坚守保守和多元化的投资风格[②]，自 2004 年起，MetLife Inc 很少涉足次级担保债权凭证业务，也没有经营担保商业票据等结构化资本投资工具（SIV），甚至减少了这两类业务的资金配比，而这两类业务正是造成 2008 年金融危机中多数银行和保险机构深陷困境的元凶。因此，MetLife Inc 在 2008 年金融危机中受到的冲击相对较小。2008 年第二季度末，MetLife Inc 在雷曼和 AIG 的直接投资仅占投资总额的 0.2%，账面价值约为 8 亿美元（包括债券、股票和衍生品），公司剩余资本为 40 亿美元。2008 年第三季度 MetLife Inc 的营业利润下跌 48% 时，市场一度怀疑 MetLife Inc 是否会成为继 AIG 之后又一个陷入财务危机的保险巨头。2008 年 MetLife Inc 的资产总额为 5016.8 亿美元，销售额为 509.9 亿美元，实现净利润 32.1 亿美元，表明 MetLife Inc 的偿付能

---

① 资料来源：美国大都会集团资产负债表。
② 方友林：《美国大都会人寿保险公司保险资金运用简评》，《上海金融》2010 年第 7 期。

力较强，在 2008 年金融危机中的损失在资产可承受范围之内。

2008 年金融危机爆发后，在美国政府多项救市和刺激政策的作用下，美国经济逐渐走向恢复，也给 MetLife Inc 带来了较为有利的发展环境。2011 年，MetLife Inc 在福布斯全球企业 2000 强中的排名为第 55 位，资产总额为8098.23 亿美元，实现净利润 68.15 亿美元，销售额达到 702.62 亿美元。2012年，MetLife Inc 在福布斯全球企业 2000 强中的排名为第 122 位，资产总额为8367.81 亿美元，实现净利润 12.76 亿美元，销售额达到 681.50 亿美元。2013年，MetLife Inc 在福布斯全球企业 2000 强中的排名上升为第 42 位，资产总额为 8852.96 亿元，实现净利润 33.66 亿美元，销售额达到 681.99 亿美元。

## 三　美国保德信金融集团

美国保德信金融集团（Prudential Financial Inc.）成立于 1875 年，是美国规模较大的人寿保险公司之一。Prudential Financial 在亚洲、美国、欧洲、拉美的 41 个国家或地区设有营运点，为个人和机构提供多样化的产品和服务，业务涉及寿险、年金保险、退休相关服务、共同基金和投资管理等。Prudential Financial 的美国退休及投资管理部主要负责个人年金退休及资产管理业务，美国个人及团体业务部主要负责个人及团体寿险业务，国际业务部主要负责国际保险业务。Prudential Financial 的资产总额在美国居第 2 位，净承保保费收入在美国个人寿险业务中居第 5 位，是全球第 10 大资产管理机构。

2007 年，Prudential Financial 在福布斯全球企业 2000 强中的排名为第 114位，资产总额为 4858.1 亿美元，实现净利润 37 亿美元，销售收入为 344 亿美元。2008 年金融危机爆发后，Prudential Financial 的资产总额迅速锐减为4450.11 亿美元，净利润亏损 10.73 亿美元，销售收入锐减为 292.75 亿美元，在全球企业 2000 强中的排名迅速下滑为第 538 位。Prudential Financial 由于维持了相对较高的保费收入，销售收入为 AIG 的 2 倍以上，净利润亏损不到 AIG的 1/90，在金融危机中的损失相对较小。2010 年，Prudential Financial 已经扭亏为盈，实现净利润31.24亿美元，销售收入升至326.88亿美元，资产总额为4802.03亿美元，已经完全从金融危机中恢复。

近三年来，Prudential Financial迅速发展，每股净资产持续上升。2011年Prudential Financial在福布斯全球企业2000强中的排名为第113位，资产总额为6245.21亿美元，实现净利润36.31亿美元，销售额达到490.45亿美元（其中，国际保险业务收入为197.88亿美元，退休业务收入为48.71亿美元，个人寿险保费收入为29亿美元，个人年金保费收入为36.38亿美元，团体保险保费收入为60.68亿美元）。2012年，Prudential Financial在福布斯全球企业2000强中的排名为第269位，资产总额为7092.98亿美元，实现净利润4.54亿美元，销售额达到848.15亿美元（其中，国际保险业务收入为295.86亿美元，退休业务收入为365.95亿美元，个人寿险保费收入为33.67亿美元，个人年金保费收入为39.83亿美元，团体保险保费收入为56.01亿美元）。当年，Prudential Financial的退休业务板块大幅上涨7.51倍，但是该板块对集团净利润的贡献仅为15.90%。2013年，Prudential Financial在福布斯全球企业2000强中的排名上升为第433位，资产总额为7317.81亿元，净利润亏损6.74亿美元，销售额达到414.61亿美元（其中，国际保险业务收入为225.4亿美元，退休业务收入为60.28亿美元，个人寿险保费收入为46.20亿美元，个人年金保费收入为44.65亿美元，团体保险保费收入为55.18亿美元）。Prudential Financial的国际保险业务板块是集团利润的主要来源：2011～2013年，国际保险业务对集团净利润的贡献率分别达到60.51%、67.38%、49.01%。

## 四 英杰华集团

英杰华集团（Aviva plc，简称AVIV）成立于1696年，是英国最大的保险公司，2013年成为全球第五大保险公司。AVIV是欧洲最早提供寿险和养老保险产品的保险公司，业务范围涉及普通寿险（养老保险、年金保险、寿险及储蓄型产品）、健康险、风险管理和投资业务，在全球17个国家和地区开展保险业务。①

2007 年，AVIV 在福布斯全球企业 2000 强中的排名为第 101 位，销售额为 818.3 亿美元，净利润为 26.5 亿美元，资产总额为 6339.1 亿美元。由于 AVIV 的资本与流动状态较为稳健，多元化的市场策略和优化的销售网络资源使得 AVIV 在货币升值中受益，受 2008 年金融危机的影响较小。2008 年，AVIV 的长期储蓄产品销量上升 1%，达到 403 亿英镑；人寿与养老保险产品销量上升 11%，达到 363 亿英镑。② 2008 年，AVIV 的资产总额为 5130.29 亿美元，净利润亏损 13.34 亿美元，销售额为 282.27 亿美元，在福布斯全球企业 2000 强中的排名下滑到第 488 位。可见，AVIV 的总体损失情况比 AIG 小得多。

2011 年，AVIV 在福布斯全球企业 2000 强中的排名为第 392 位，资产总额为 4740 亿美元，实现净利润 3 亿美元，销售额达到 552 亿美元。2012 年，AVIV 在福布斯全球企业 2000 强中的排名继续下降至第 520 位，资产总额为 5127 亿美元，净利润亏损 51 亿美元，销售额达到 690 亿美元。2013 年，AVIV 在福布斯全球企业 2000 强中的排名上升为第 143 位，资产总额为 4499 亿美元，实现净利润 31 亿美元，销售额达到 538 亿美元。

## 五　保诚集团

保诚集团（Prudential Plc）成立于 1848 年，成立之初主要为上层阶级人士提供人寿保险服务及信贷业务。随着业务范围的不断扩张，1890 年初，保诚集团已经成为英国最大的人寿保险公司。自 20 世纪 20 年代开始，保诚集团的业务迅速在全球铺开。如今，保诚集团旗下拥有杰信人寿保险公司（Jackson National Life Insurance Company）、保诚英国公司（Prudential UK）、

---

① 资料来源：AVIV2013 年年度报告。
② 《英国英杰华保险：集团股利政策未受到影响》，http://guide.ppsj.com.cn/art/1488/ygyjhbxjtglzcwsdyx/index.html。

保诚集团亚洲公司（Prudential Corporation Asia）、M&G 基金管理公司等子公司。其中，杰信人寿保险公司目前是美国五大年金保险公司之一，主要提供定制退休（Tailored Retirement）服务，产品包括可变年金、固定年金、固定指数年金、定期寿险和终身寿险等①；保诚英国公司主要为退休或接近退休者提供寿险和养老保险服务，产品和服务包括个人年金、企业年金、大宗年金、贡献利润和投资联结债券、终身按揭及健康保险等②；保诚集团亚洲公司主要为亚洲中产阶层提供健康及寿险保险服务；M&G 基金管理公司是欧洲最大的零售及基金管理公司，为客户提供专业的投资及相关服务。

保诚集团在 2008 年金融危机中受影响相对较小，曾经发起对 AIG 亚洲地区资产的收购计划，但最终因为迫于股东压力而下调收购价格未能成功。2008 年第三季度，保诚集团的固定资产信贷损失达到 2.93 亿英镑。其中，固定收入投资组合损失 1.7 亿英镑；投资于华盛顿互惠银行的损失达到 8600 万英镑；其他损失为在信贷业务方面的投资损失，包括通用汽车、房地美和房地美债券投资损失等。2007 年，保诚集团的资产总额为 4198.9 亿美元，销售额为 703.4 亿美元。2008 年保诚集团的资产总额为 3100.1 亿美元，较 2007 年缩水约 26.17%；净利润亏损 5.77 亿美元，销售额为 149.67 亿美元。

2011～2013 年，保诚集团实现了盈利，资产总额持续增加。2011 年，保诚集团的资产总额为 4191 亿美元，恢复到 2008 年以前的水平；净利润为 23 亿美元；销售额为 567 亿美元，约为 2008 年销售额的 4 倍。2012 年保诚集团的资产总额为 4894 亿美元，净利润为 36 亿美元，销售额为 902 亿美元，在福布斯全球企业 2000 强中的排名由 2011 年的第 123 位上升至第 65 位。2013 年保诚集团的资产总额为 5285 亿美元，净利润为 21 亿美元，销售额为 819 亿美元。

---

① http：//baike. baidu. com/view/1079554. htm#1 。
② http：//baike. baidu. com/view/1079554. htm#1 。

## 六　安盛集团

法国安盛集团最早成立于 1816 年，是全球最大的保险集团，也是全球第三大资产管理集团。① 安盛集团主要经营财产保险、寿险、储蓄保险和资产管理等业务，业务涉及全球 56 个国家和地区。

2007 年，安盛集团在福布斯全球企业 2000 强中的排名为第 20 位，资产总额为 10646.7 亿美元（比 AIG 略高），实现净利润 77.5 亿美元，销售额为 1517 亿美元。2008 年金融危机爆发以后，安盛集团受金融危机的影响较小。2008 年，安盛集团在福布斯全球企业 2000 强中的排名降为第 99 位，资产总额为 9369.23 亿美元，较 2007 年下降了 12%；实现净利润 12.85 亿美元，较 2007 年下降了 1/6 以上；销售额为 1569.48 亿美元，较 2007 年增加了 52.48 亿美元。相对于 AIG 而言，安盛集团虽然也受到了金融危机的冲击，但总体上看发展较为平稳，受到的冲击相对较小。

2011～2013 年，安盛集团的经营较为平稳，资产总额持续上升。2011 年，安盛集团的资产总额为 9478 亿美元，略低于金融危机之前的水平；实现净利润 56 亿美元，约为 2008 年利润的 5 倍；销售额为 1328 亿美元。2012 年，安盛集团的资产总额为 10054 亿美元，实现净利润 53 亿美元，销售额为 1475 亿美元，在福布斯全球企业 2000 强中的排名由 2011 年的第 45 位上升至第 39 位。2013 年，安盛集团的资产总额为 10189 亿美元，是 AIG 资产总额的 2 倍还多；实现净利润 60 亿美元，盈利能力不及 AIG；销售额为 1389 亿美元，是 AIG 销售额的 2 倍还多。

## 七　安联保险集团

安联保险集团（Allianz SE）成立于 1890 年，是德国最大的金融集团，主

---

① http://baike.baidu.com/view/1066081.htm。

要经营寿险、健康险、财产保险、责任保险、再保险等保险业务及投资管理等相关业务，保险业务涉及 77 个国家和地区。其中，约 70% 的保费收入来源于德国以外的市场。安联保险集团的财产保险保费收入长期居世界第一位，寿险保费收入也居全球前列，资产管理业务居全球第 5 位。

2007 年，Allianz 在福布斯全球企业 2000 强中的排名为第 14 位，是全球保险机构中排名第 2 高的保险集团；资产总额为 15474.8 亿美元，实现净利润 109 亿美元，销售额达到 1391.2 亿美元。2008 年金融危机爆发以后，全球金融行业遭受了不同程度的损失。受全球结构性金融产品大规模减值及投资下浮的影响，2008 年第一季度，Allianz 的净利润同比下降 65% 至 11.5 亿欧元，营业收入同比下降 5.7% 至 277 亿欧元；Allianz 的银行部门连续 3 个季度亏损，集团旗下的银行业务部德累斯顿银行（Dresdner Bank）的资产证券减值损失达到 8.45 亿欧元。2008 年第四季度，Allianz 净利润亏损 31.1 亿欧元，高于预期。2008 年，Allianz 的资产总额为 13299.60 亿美元，较上年下浮 14.06%；净利润亏损 34.02 亿美元；销售额锐减至 1272.40 亿美元。总体上看，虽然 Allianz 在 2008 年金融危机中也遭受了一定损失，但是损失较小，仍然在集团可承受的范围之内。

2009 年开始，由于 Allianz 在各经营领域内持续实现盈利，以及全球资本市场缓慢复苏，Allianz 逐渐走出困境。2009 年，Allianz 的经营业务纯收益达到 47 亿欧元，实现经营利润 720 亿欧元，集团偿付能力提高 7 个百分点至 164%①。Allianz 多元化的经营模式使得集团保持了较强的弹性，顺利从金融危机中平稳过渡。2011~2013 年，Allianz 的盈利能力和资产总额持续上升。2011 年，Allianz 的资产总额为 8328 亿美元，几乎比金融危机之前的水平低一半；实现净利润 33 亿美元，销售额 1344 亿美元。2012 年，Allianz 的资产总额为 9158 亿美元，实现净利润 68 亿美元，销售额 1403 亿美元，在福布斯全球企业 2000 强中的排名由 2011 年的第 50 位上升至第 25 位。2013 年，Allianz 的

---

① 《安联走出金融危机阴霾》，http://finance.qq.com/a/20100318/000652.htm。

资产总额为 9631 亿美元，实现净利润 80 亿美元，销售额 1314 亿美元。

## 八  忠利集团

忠利集团（Assicurazioni Generali）成立于 1831 年，是欧洲第四大保险集团①，核心保险业务为寿险业务、非寿险业务、投资业务及资产管理业务（其中寿险业务在欧洲市场的排名较为靠前），经营业务覆盖全球 60 多个国家和地区。

2007 年，忠利集团在福布斯全球企业 2000 强中的排名为第 61 位，资产总额为 4864.3 亿美元，净利润为 31.7 亿美元，销售额为 1021.6 亿美元。2008 年金融危机爆发以后，2008 年前三个季度忠利集团的保费收入仍然同比增长 6.6%，达到 516.61 亿欧元。由于金融市场下滑导致证券投资收益减少，2008 年前三个季度忠利集团的净利润同比减少 29.4%，达到 16.7 亿欧元。② 2008 年，忠利集团的资产总额为 5464.99 亿美元，较 2007 年增长了 12.35%；实现净利润 42.56 亿美元，是为数不多的净利润增长的欧洲保险集团之一；销售额为 1183.87 亿美元，较上年略微上升。由于采取了削减成本和提高保费的措施，2009 年忠利集团的净利润为 18.25 亿美元。总体经营情况表明，忠利集团在 2008 年金融危机中表现较为坚挺，受危机的影响较小。

2011~2013 年，忠利集团的资产总额持续增长。2011 年，忠利集团的资产总额为 5329 亿美元，净利润为 11 亿美元，销售额为 1052 亿美元。2012 年，忠利集团的资产总额为 5824 亿美元；净利润为 1 亿美元，较 2011 年大幅度下滑；销售额为 1167 亿美元；在福布斯全球企业 2000 强中的排名由 2011 年的第 157 位下降至第 436 位。2013 年，忠利集团的资产总额为 6028 亿美元，净利润的 25 亿美元，销售额为 1005 亿美元。

---

①  此排名为 2007 年福布斯全球企业 2000 强排名。
②  资料来源：忠利集团 2008 年第三季度报告。

## 九　平安集团

中国平安集团是发展中国家及新兴保险市场中唯一入选全球系统重要性保险机构的保险公司，反映了我国保险业在国际市场中的影响力和地位。平安集团于1988年在深圳正式成立，是中国第一家股份制保险企业；经营业务包括保险、银行和投资等多项综合性金融服务，也涉足非传统金融业务，布局于陆金所、万里通、车市、支付、移动社交金融门户等非传统金融业务领域。平安集团是中国境内金融业务牌照最为齐全、业务领域最广泛、控股关系最为紧密的个人综合性金融集团，平安人寿是中国境内第二大寿险公司，平安产险是中国境内第二大财险公司。

在2008年金融危机中，平安集团是受危机直接冲击最大的中国金融公司。2008年第三季度，平安集团投资于富通集团的业务账面亏损达到157亿元人民币，净利润亏损7亿元人民币。2008年，平安集团对富通的股票投资计提减值损失227.9亿元人民币；全年实现净利润4.77亿元人民币，比上年下降97.5%。2008年末，平安集团决定坚持综合性发展战略，提出在未来10年内形成集保险、银行和投资管理三大业务支柱为一体的发展模式。2009年，平安集团实现净利润138.83亿元人民币，资产总额为9357.12亿元人民币，已经完全从金融危机的困境中走出。

2011~2013年，平安集团业务持续上升，显示了较好的成长性，在国际资本市场占据重要地位。2011年，平安集团在福布斯全球企业2000强中的排名为第100位，资产总额为3628亿美元，净利润为30亿美元，销售额为422亿美元。2012年，平安集团在福布斯全球企业2000强中的排名上升至第83位，资产总额为4562亿美元，净利润为32亿美元，销售额为511亿美元。2013年，平安集团在福布斯全球企业2000强中的排名再次上升至第62位；资产总额为5528亿美元，超越了AIG、英国英杰华集团、英国保诚集团等；净利润为46亿美元；销售额为590亿美元。

# 第二节　首批全球系统重要性保险机构的特点与地位分析

## 一　首批全球系统重要性保险机构的特点

### 1. 集团化经营

首批入选的全球系统重要性保险机构（G-SII）都采取集团化经营模式，经营业务涉及保险以外的多种金融业务。9 家 G-SII 都涉足了投资业务及资产管理业务，以集团控股的形式通过子公司开展保险以外的金融业务；传统的保险业务及其他金融业务采用分业经营的方式，分别通过各自的子公司开展相应的业务，而且各子公司具有较强的独立性。部分 G-SII 的保险业务以寿险业务为主，如美国国际集团、保德信金融集团、英杰华集团和保诚集团；部分 G-SII 的保险业务为综合性保险业务，同时经营寿险业务和财产保险业务，其中财产保险业务在各国保险市场中也占据重要地位，如大都会集团、安盛集团、安联集团、忠利集团和平安集团。

一方面，这种业务模式可以充分利用集团多元化经营的特点，保持利润来源的多元化，增强集团盈利弹性，增强机构对单一风险的抗风险能力，增加机构的盈利渠道。另一方面，集团化经营模式也加强了保险业与其他金融业务的关联性，特别是与银行等具有较高杠杆系数的金融行业的关联性。某种风险事故造成的损失可能迅速在集团内传播，并迅速危及整个集团的正常运营，从而影响传统保险业务消费者的利益。

### 2. 规模较大

G-SII 都是各国保险市场的重要组成部分，在各国保险系统中处于重要节点位置，其保险业务在该国保险业或国际保险市场中居首位或者市场份额排名较为靠前，不仅在该国保险市场中具有重要地位，而且对国际保险市场具有较大的影响力。G-SII 的规模较大，9 家首批 G-SII 中英国英杰华集团 2013

年的资产总额最小，但也达到了 4499 亿美元。法国安盛集团 2013 年的资产总额为 10000 亿美元以上，德国安联集团 2013 年的资产总额接近 10000 亿美元。G－SII 中的绝大多数机构都有庞大的客户规模，既包括国内消费者，也包括国外消费者。2013 年，AIG 在全球拥有 8800 万个客户，美国保德信集团在全球拥有 9000 万个客户，英杰华集团在全球拥有 3140 万个客户，保诚集团在全球拥有 2300 万个客户，安盛集团在全球拥有 1.03 亿个客户，安联集团在全球拥有 8300 万个客户，忠利集团拥有 6500 万个客户，平安集团拥有 8000 万个客户。这些金融机构由于规模较大，客户数量较多，又涉及客户未来的民生保障问题，一旦破产倒闭，不仅会对保险行业造成重大损失，危及存款保险制度的基础，而且可能引发剧烈的社会动荡。所以，它们"太大而不能倒"。

### 3. 国际化经营

G－SII 都是国际性保险机构，或者是经营业务突破了本土市场，在多个国家设有分支机构开展保险业务，或者是在国际保险市场开展投资及资产管理业务，并在国际市场中具有重要的影响力。美国国际集团及保德信集团经营利润的绝大部分均来自海外市场。多数集团将业务集中于亚洲市场，重点布局中国和印度保险市场。中国平安集团也在积极开发海外市场。2013 年，平安集团投资购买了英国的劳合社大楼用于发展租赁业务，同时积极在纽约、伦敦、多伦多等国际大都市寻找和开发核心地段的写字楼以开展地产投资业务，并考虑新加坡、中国香港、马来西亚等地的房地产投资业务。G－SII 的国际化经营战略既可以分享国际化经营的利润，增加保险机构的收益，也可以在一定程度上分散 G－SII 的经营风险。但是，G－SII 的国际化经营战略也加强了国际保险市场的关联性，增强了 G－SII 经营风险的跨国影响力。

### 4. 大量涉足非传统保险业务

首批 G－SII 基本上涉足了非传统保险业务，经营业务覆盖投资和资产管理板块。在评估 G－SII 时，非传统非金融保险在 G－SII 评估指标中的比重较高，首批 G－SII 评估时该指标的取值为 45%；风险较小的传统保险业务在 G－SII评估指标中的比重较小，首批 G－SII 评估时该指标的取值为 2.5% ～

20% 。Geneva Association（2010），FSB 和 IMF（2011）等认为传统保险业务引起系统性风险的可能性较小，而金融机构大量涉足的非传统保险业务达到一定规模时容易引发系统性风险。AIG 在 2008 年金融危机中损失惨重的主要原因是在大量涉足非传统保险业务中的结构化金融产品 CDS 的情况下，次贷危机引发了大规模的信贷违约。保险机构涉足非传统保险业务有利于增强机构的流动性，有利于充分利用资本市场的优势配置资源，是现代保险业务发展的必然结果。

### 5. 在保险行业中处于重要节点位置

郝演苏指出，系统重要性机构并不是指在特定系统中占有重要地位，而是强调其能引发系统性风险。系统重要性金融机构是在特定支付清算网络中处于核心和节点位置，这种机构的缺失将导致金融系统无法正常运转。系统内的个体无法正常连接。系统重要性保险机构在保险业务网络中处于节点位置。[①] 首批 G－SII 基本上是综合性保险金融集团，业务范围广泛，是连接实体经济与消费市场的重要节点。2008 年金融危机中，美国政府即使耗费巨额资金也要避免 AIG 破产倒闭，正是因为 AIG 在美国保险市场中处于重要节点位置。

## 二　平安集团在中国保险市场中的地位分析

### 1. 保费收入结构及规模

平安集团是中国唯一集保险、银行、投资等金融业务于一体的金融集团，保险业务涵盖财产保险和人身保险等，投资业务涵盖信托、证券、资产管理、海外控股、基金业务等。平安集团旗下设立有平安人寿、平安财险、平安健康、平安养老、平安银行、平安证券、平安期货、平安大华基金、平安资产管

---

① 郝演苏：《全球系统重要性保险机构的认识与评价》，http：//finance. sina. com. cn/money/insurance/bxrw/20130813/140916432722. shtml。

理、陆金所、平安租赁等多家子公司。国内规模较大的保险机构中，国寿集团①与太保集团②也是经营财产保险和人身保险业务的综合性保险集团，但是这两家保险集团目前尚未开展银行金融业务，投资业务主要涉及资产管理，尚未组建独立的信托、证券、基金等子公司。

平安集团以经营保险业务为基础，开展多种金融业务。1988 年中国平安最早在深圳成立了分公司，经营保险业务，打破了中国保险市场的垄断经营格局。自成立以来，平安公司就成为我国人身保险和财产保险市场的主要供给力量之一，寿险③保费收入和财险保费收入总量均在国内保持第二位（见表 6 - 1），虽然与保费收入总量第一的保险机构的保费规模存在一定差距，但是仍然在我国保险市场中具有重要影响力。平安集团寿险保费收入在国内寿险保费收入中的比重与国内寿险保费收入最大的中国人寿相差约 10 个百分点，与国内寿险保费收入第三的新华人寿相差约 10 个百分点。中国人寿在国内寿险市场处于龙头地位，但平安集团的寿险业务的市场地位也是新华人寿难以超越的。平安集团的财险保费收入在国内财险总保费收入中的比重与国内财险保费收入最大的人保财险相差约 15 个百分点，与国内财险保费收入第三的太保产险

表 6 - 1　中国排名前三位保险公司的保费收入规模

|  |  | 保费收入（亿元人民币） | | | 保费收入在国内占比（%） | | |
|---|---|---|---|---|---|---|---|
|  |  | 2011 | 2012 | 2013 | 2011 | 2012 | 2013 |
| 寿险业务 | 平安寿险 | 1872.56 | 1994.83 | 2193.58 | 21.53 | 22.39 | 23.27 |
|  | 中国人寿 | 3182.52 | 3227.42 | 3262.9 | 36.60 | 36.23 | 34.62 |
|  | 新华人寿 | 947.97 | 977.19 | 1036.4 | 10.90 | 10.97 | 11.00 |
| 财险业务 | 平安产险 | 833.33 | 987.86 | 1153.65 | 14.77 | 15.01 | 14.80 |
|  | 人保财险 | 1740.89 | 1935.86 | 2236.22 | 30.85 | 29.42 | 28.68 |
|  | 太保产险 | 616.87 | 696.97 | 817.44 | 10.93 | 10.59 | 10.48 |

资料来源：根据保险公司年报数据整理。

---

①　全称为中国人寿保险（集团）公司。
②　全称为太平洋财产保险集团股份有限公司。
③　指广义的寿险，包括寿险、健康险和意外险等。

相差约 4 个百分点。人保财险在国内财险市场上处于龙头地位，平安集团财险业务的市场地位与太保产险较为接近。

## 2. 平安保险业务模式的优势

（1）平安寿险业务模式的优势

平安集团的寿险业务多年以来以个体零售保险业务为主，倚重于个险渠道，重点发期缴型保单，投资型寿险产品采用分红型和万能险并重的发展模式。近年来，随着中国保险行业粗放式经营模式的弊端逐渐显露，保险业转型升级的重要性逐渐提高，平安集团加强了长期健康险产品的市场开发，并将这类产品作为集团未来寿险业务发展的重点战略性产品之一。一方面，这种业务模式提高了平安集团寿险业务的内涵价值。平安集团的新单业务利润率在国内几大寿险公司中最高，增强了集团寿险业务的赢利能力。另一方面，期交保单业务为平安集团赢得了稳定的现金流来源，使得平安集团的保险资金具有长期性特点，更有利于优化资产和负债期限的匹配，充分发挥了保险资金的长期投资优势。

2005～2013 年，平安集团寿险业务的个险渠道保费收入的比重分别为73.39%、78.66%、80.89%、81.19%、74.25%、79.14%、85.55%、88.26%、89.93%。[①] 近年来，随着寿险银保渠道业务扩展压力的加大，平安集团加强了个险渠道的开发。2011～2013 年，平安集团寿险业务的个险渠道几乎为其保费收入的全部来源，国寿、太保、新华三大保险公司的个险渠道保费占比则在 65% 以下，对银保渠道的依赖性依然较强。2012 年和 2013 年，平安集团期交保单保费收入占总保费收入的比重在 94% 以上，新单业务期交保费在新单保费中的比重在 93% 以上。国寿、太保、新华公司的期交保费占比则在 80% 左右，国寿、新华公司的新单业务期交保费在新单保费中的比重约为 85%，太保公司的新单业务期交保费与平安集团基本一致。

平安集团投资型寿险的保费在总保费中的比重约为 75%，与太保、新华

---

① 根据平安集团各年年报数据整理。

公司一致，但是平安集团的万能险在总保费中的比重略低于分红型。2013 年，平安集团的分红险占比为 49.37%，万能险占比为 32.51%；太保和新华公司的分红险在总保费中的比重均在 75% 以上，万能险占比极低。保障型产品方面，平安集团近年来重点发展长期健康险业务。2013 年，平安集团健康险和意外险的总保费收入为 248.32 亿元人民币，占总保费收入的 11.3%。其中，长期健康险占健康险及意外险总保费收入的 58.9%。2012 年该比例为 59.54%。近年来，新华人寿也将保障型产品的重点布局在长期健康险产品方面。2013 年，新华长期健康险保费占意外险和健康险保费收入的 86%；意外险和健康险保费收入为 88.73 亿元人民币，在总保费中的比重为 8.56%。

平安集团在寿险销售渠道、产品和交费期限等方面的独特优势，抓住了保险业务的核心，形成了良性互动的循环发展模式。因此，平安集团的寿险业务具有较好的可持续性。

（2）平安财险业务模式的优势

平安集团主要通过其子公司平安产险经营财产保险业务，也通过平安香港在香港市场开展财险业务。财险业务多为短期保险，可以在短期内迅速积累大量资金，补充保险资金来源，利用短期资金优势投资于收益较高的短期风险项目。近年来，平安集团持续关注业务品质，加强以客户为导向的销售和服务体系建设，加强了车险和非车险保险业务的市场扩展力度。2013 年，平安集团财险业务除了企业财产保险亏损 7.78 亿元人民币以外，其余险种均实现了盈利。

从财险业务的险种结构来看，近年来，平安产险保费收入排名前五位的险种分别为车险、保证保险①、企业财产保险、责任保险、意外保险。这五种险种在财险保费收入中的比重超过 90%，是平安财险的主要保费收入来源。其

---

① 保证保险也是一种信用保险，投保人和被保险人分别为贷款合同中的借款方和贷款方。狭义的保证保险与信用保险不同。被保险人（贷款方）根据借款人的要求，要求保险公司承保被保险人自己（贷款方）信用的保险，就属于保证保险，贷款方为保证保险的投保人和被保险人。借款人为贷款人（被保险人）投保信用风险的保险业务为信用保险业务。

中，车险业务在平安集团总保费收入中的比重达 75%。2013 年，在绝大部分财险公司车险业务亏损的情况下，平安集团车险业务盈利 15.11 亿元人民币，是国内实现盈利的三家公司之一。非车险业务中，平安集团近年来加大了保证保险业务的开发力度，保证保险保费收入增速在所有险种中最高。2013 年，平安集团保证保险业务实现保费收入 96.05 亿元人民币，是国内财险市场保证保险保费收入最大的财险公司。2013 年平安集团保证保险业务创造了 12.88 亿元人民币的利润，仅比车险业务的利润低 2.23 亿元人民币。2011～2013 年，平安集团财险业务的综合成本率不断提高，高于人保财险，略低于太保产险。2013 年，综合成本率达到 97.3%，费用率和成本率均较 2012 年有所上升。

### 3. 平安集团盈利能力及规模

平安集团经营保险、银行、证券、基金、信托等多种金融业务。多元化的经营模式使得平安集团的盈利能力具有较强的弹性，增强了集团的风险应对能力。同时，多元化经营模式也可以实现客户资源在集团内的共享，将多元化的金融产品及服务与不断增长的客户需求相结合，有利于提高交叉销售业务量和业务效率，扩大集团的市场份额和影响力。2008 年平安集团在富通投资业务上损失巨大，但是由于集团的银行、信托、证券等金融板块依然实现了盈利，在一定程度上起到了对冲投资亏损的作用，2008 年平安集团依然实现了盈利。

平安集团经营多种金融业务，可以充分利用资本市场的优势，多渠道增加集团净利润。2008 年，尽管平安集团在金融危机中遭受了挫折，但集团仍然盈利 16.35 亿元。2009 年以后，平安集团迅速恢复发展，集团净利润持续增长（见表 6-2）。除了 2008 年人寿保险业务亏损 14.64 亿元人民币以外，平安集团其他金融业务板块均实现了盈利。2009 年归属于平安集团母公司股东的净利润达到 136.89 亿元人民币，占中国净利润最大的保险公司中国人寿净利润的 42%。2010 年归属于平安集团母公司股东的净利润为 173.14 亿元人民币，占中国人寿净利润的 51%。2011 年开始，平安集团大华基金公司成立以后，平安集团归属于母公司股东的净利润开始超过中国人寿，成为国内盈利能力最强的保险机构。2011 年归属于平安集团母公司股东的净利润为 194.35 亿元人民币，比中国人寿的净利润高出 10.79 亿元人民币；2012 年归属于平安集团母公司股东的净利润为 200.98 亿元人民币，比中国人寿的净利润高出 90.47 亿元人民币；2013 年归属于平安集团母公司股东的净利润为 283.48 亿元人民币，比中国人寿的净利润高出 39.94 亿元人民币。

平安集团各项金融业务中，银行业务在 2008 年以后的盈利能力尤为突出。2010 年和 2011 年，平安集团银行业务的净利润分别较 2009 年和 2010 年翻了一番。2012 年银行业务净利润较 2011 年增长 65.88%，2013 年银行业务净利润同比继续增长 12.64%，达到 149.04 亿元人民币，是平安集团净利润最大的金融业务。

平安集团保险、银行、投资三大板块中，保险板块的净利润最高，是平安集团净利润的主要来源之一。平安集团的人身保险业务以个人零售为主，大量发展具有高内含价值的长期保险业务，不仅为集团赢得了较为稳定的利润来源，而且利润较大，一般为财产保险业务的 2 倍以上。近年来，随着国内汽车销售量的不断提高，国内车险市场迅速扩大。平安产险坚持创新，持续提高公司的专业技术水平，财险业务的盈利能力逐渐提高，财险业务在平安集团保险板块净利润中的贡献增加。

平安集团的投资板块包括信托、证券、基金等金融业务。投资板块也是平安集团净利润的重要来源之一，但在集团净利润中的贡献相对较低。2008 年全球金融危机爆发时，平安人寿保险板块净利润亏损 14.64 亿元人民币，平安集团投资板块的证券业务却获得了 12.07 亿元人民币的净收益，在一定程度上对冲了保险板块净利润亏损的损失，成为当年集团实现净利润的重要力量之一。2008 年以来，平安集团信托业务和证券业务持续实现赢利，净利润规模虽然不及保险板块和银行板块，但投资板块的净利润基本上维持在 20 亿元人民币左右。

由于信托业务和证券业务中的手续费及佣金收入占营业收入的绝大部分，投资收益和损失主要由投资者承担，所以平安集团投资板块净利润的绝大部分来源于投资平台，依靠手续费和佣金收入。2010 ~ 2013 年，信托业务手续费及佣金收入分别占信托营业收入的 32.6%、66.3%、64.1%、51.1%；证券业务手续费及佣金收入分别占证券营业收入的 88.1%、86.6%、56.5%、56.3%。①

表 6－2　2008～2013 年平安集团盈利结构

单位：亿元人民币

| | | 2008 | 2009 | 2010 | 2011 | 2012 | 2013 |
|---|---|---|---|---|---|---|---|
| 保险板块 | 人寿保险 | －14.64 | 103.74 | 84.17 | 99.74 | 64.57 | 122.19 |
| | 财产保险 | 5.00 | 6.75 | 38.65 | 49.79 | 46.48 | 58.56 |
| 银行板块 | 银行业务 | 14.44 | 10.80 | 28.82 | 79.77 | 132.32 | 149.04 |
| 投资板块 | 信托业务 | 5.50 | 10.72 | 10.39 | 10.63 | 14.84 | 19.62 |
| | 证券业务 | 12.07 | 6.06 | 15.94 | 9.63 | 8.45 | 5.10 |
| 集团净利润 | | 16.35 | 144.82 | 179.38 | 225.82 | 267.50 | 360.14 |
| 归属于母公司股东的净利润 | | 15.69 | 136.89 | 173.14 | 194.35 | 200.98 | 283.48 |

资料来源：根据平安集团各年年报数据整理。人寿保险的净利润为平安人寿公司净利润，财产保险净利润为平安产险公司净利润。

### 4. 平安集团的资产规模

平安集团是我国保险市场上净资产规模排行第二位的保险机构，归属于母公司股东的净资产规模仅次于中国人寿（见表 6－3）。2009 年以来，平安集团净资产以 15% 以上的增速持续上升，与中国人寿净资产的差距逐渐缩小。2013 年平安集团的净资产达到 1882.79 亿元人民币，比中国人寿的净资产低 375.02 亿元人民币。

表 6－3　平安集团和中国人寿归属于母公司股东的净资产

单位：亿元人民币

| | 2009 | 2010 | 2011 | 2012 | 2013 |
|---|---|---|---|---|---|
| 平安集团 | 849.7 | 1120.3 | 1308.67 | 1596.17 | 1882.79 |
| 中国人寿 | 2110.72 | 2087.1 | 1915.3 | 2210.85 | 2257.81 |

资料来源：根据平安集团和中国人寿各年年报数据整理。

---

① 根据平安集团各年年报数据整理。

# 第三节 国内系统重要性保险机构的识别

G-SII 主要反映了其在国际及国内保险业中处于关键和核心节点位置，表明了这种机构对全球保险业系统性风险的贡献程度。国内除了关注平安集团对保险业系统性风险的影响之外，也需要关注国内具有潜在系统重要性的保险机构对保险市场的影响程度。本节根据 IAIS 提出的识别全球系统重要性保险机构的指标体系和方法，结合中国的实际，选取了更适合中国市场情况的指标体系，并根据客观赋值法改进了用以识别全球系统重要性保险机构的主观赋权法，根据熵值法计算国内潜在的系统重要性保险机构的重要性指数。本节根据国内四大上市保险公司①——平安、中国人寿、新华、太保 2013 年年报的相关数据，分析这四家保险机构在国内保险业中的系统重要性程度。

## 一 评估方法

根据 IAIS 提出的识别全球系统重要性保险机构的标准，结合中国保险市场的实际情况，选取以下指标评估国内系统重要性保险机构（见表 6-4）。

表 6-4 国内系统重要性保险机构评估指标体系

| 一级指标 | 二级指标 |
| --- | --- |
| 规模 | 资产总额 |
| | 保费收入 |
| | 投资收益 |

---

① 中国人寿（集团）公司的简称，也简称"中国人寿"。由于中国人民保险集团在香港上市，2013 年，报中某些统计指标与其他四大保险机构不完全一致，本书没有对中国人民保险集团的潜在系统重要性进行评估。本书中关于中国人民保险集团的所有观点都代表作者本人的观点，不代表本人所在单位的观点；所引用的数据均为公开途径获得的数据。

续表

| 一级指标 | 二级指标 |
|---|---|
| 非传统非保险业务 | 非保险收入 |
| | 交易性金融资产 |
| | 投资性房地产 |
| | 衍生金融资产 |
| | 买入返售金融资产 |
| | 交易性金融负债 |
| | 衍生性金融负债 |
| | 卖出回购性金融资产 |
| | 独立账户资产 |
| | 独立账户负债 |
| | 保险负债的流动性 |
| 关联性 | 分出保险 |
| | 应收分保账款 |
| | 应付分保账款 |

### 1. 规模

IAIS 提出评估全球 G – SII 的规模指标包含两个方面的内容：一是资产负债表上的总资产；二是相关的营利性指标。评估国内系统重要性保险机构时主要选取保费规模和投资收益指标，以反映国内保险机构的盈利情况。由于我国几家大型保险公司很少开展保险以外的其他金融业务（平安集团除外），因而其他收益在保险机构盈利中的比重相对较小。

### 2. 非传统非保险业务

Geneva Association 等机构认为非传统保险业务是造成保险业系统性风险的主要因素，因此，在评估系统重要性时，此类业务选取的指标范围较为广泛。评估国内系统重要性保险机构时的非保险收入指标[1]，主要反映非保险收入对保险机构可能造成的损失情况。非传统非保险指标包括可供出售的金融资产、交易性金融负债、衍生金融资产、衍生金融负债、买入返售金融资产、

---

[1]　根据全球系统重要性保险机构评估指标体系中非传统非保险业务指标设计。

卖出回购金融资产和房地产投资等。这类指标反映了保险机构涉足非传统非保险业务活动的风险情况。2012 年开始，中国保监会陆续出台了多项保险资金投资政策，拓宽了保险资金的投资渠道，要求保险公司建立独立账户。因此，评估国内系统重要性保险机构时，也考虑了独立账户资产和独立账户负债指标。负债的流动性指标反映了退保行为对保险机构流动性的影响程度，主要通过退保数量指标反映负债流动性情况。2011 年，工银安盛、中美联泰大都会、华泰人寿、瑞泰人寿和信诚人寿五家保险公司先后获批开展变额年金业务，但国内最大的五家保险公司基本上未涉足变额年金业务①。又由于中国保监会出于风险监管的考虑，未允许国内保险机构涉足 CDS 等业务，因而评估国内系统重要性保险机构时未考虑 CDS 业务和变额年金的占比情况。因为国内大型保险集团中仅平安集团拥有银行、证券、基金等子公司的控股权，中国人寿、人民保险集团②（原来也简称"人保集团"）、中国太保、新华保险等基本上是专营保险业务的金融机构，因而也未考虑集团内部担保情况。

### 3. 关联性

IAIS 给出了评估 G – SII 关联性的七类指标。结合国内保险机构的业务特点，这里主要选取应收分保账款、应付分保账款、再保险规模等指标评估保险机构的系统重要性。其中，应收分保账款是衡量保险公司开展分保业务而发生的各种应收款；应付分保账款是衡量保险公司开展分保业务而发生的各种应付款；再保险规模衡量保险公司开展再保险业务的保费收入，反映了风险在保险公司中的再聚集情况。

### 4. 不可替代性

IAIS 提出可以根据保险机构承保特殊保险业务的规模情况评估 G – SII。这类特殊保险业务发生的概率一般较低，一旦发生风险将对保险机构造成巨

---

① 《变额年金在我国发展困难，市场企业都不感兴趣》，http：//www. jinfuzi. com/wz/id – 539014. html。

② 中国人民保险集团股份有限公司，简称"人民保险集团"。

大损失。目前，国内承保特殊保险业务的保险公司数量较少。一旦承保这类业务的保险机构发生危机，可能对被保险人的利益造成极大的影响。2013年中国保监会才批准在深圳、云南等地试点巨灾保险业务，2014年开始在深圳和宁波试点。巨灾风险对保险机构系统重要性程度的影响相对较小。国内保险机构的信用保险业务主要是传统信用保险业务，Geneva Association 等机构认为传统信用保险业务引发系统性风险的概率较低，且中国几家大型保险机构均未涉足 CDS 业务。中国平安集团近年来保证保险业务发展迅速，在所有保险机构中位居首位，但这类保险业务也属于传统保险业务的范畴，与非核心保险业务中的担保保险有较大的不同，因而这类业务对国内保险业系统性风险的影响相对较小。国内几家大型保险机构主要承保航空、海上意外伤害保险等保险业务。这类业务属于人身保险业务，很少涉及风险较大的航空、海上等保险业务。

### 5. 全球活跃性

这个指标主要衡量保险机构在国际市场的影响力。首批全球系统重要性保险机构中国外的八大保险机构基本上是全球化经营的金融集团，在多国经营保险业务。中国平安集团近年来也加强了在国际金融业务中的参与度，但总体来看，平安集团涉足国际金融业务的规模相对较小，国际保险业务的规模较为有限。中国人民保险集团在海外承保的主要为传统的财险业务，非传统保险业务的规模较小。国内其他几家大型保险公司较少参与国际金融业务，在国际市场中的影响也相对较小。因此，评估国内系统重要性保险机构时未考虑全球活跃性因素的影响。

### 6. 熵值法

熵值法采用客观赋权的方式给权重赋值，代替了 G－SII 中的主观赋权法。熵是一种度量不确定性的方法。一般来说，信息量越充分时熵值越小，信息量越少时熵值越大。利用熵值法评估系统重要性机构的指标权重，可以在很大程度上避免人为主观因素的干扰。在信息系统中，信息是系统有序程度的度量，熵值则反映了系统的无序化程度。本节根据系统重要性几大指标中包含的信息量来确定指标权重,反映了指标间的相互比较关系,比其他赋权方法更为客观。

## 二 数据标准化过程

假设 E 为第 $i$ 家保险机构第 $j$ 个评估指标的样本矩阵,$E = e_{ij}$($i = 1,2,\cdots,m$;$j = 1,2,\cdots,n$)。由于各指标的类型及量纲不同,各指标值的数量值差异较大,因而需要对评估指标进行标准化处理。系统重要性保险机构的评估指标可分为正指标和逆指标两大类。其中,正指标也称为最大化指标,这种指标越大越好;逆指标也称为最小化指标,这种指标越小越好。

正指标的标准化处理过程为:

$$y_{ij} = \frac{e_{ij} - \min(e_{ij})}{\max(e_{ij}) - \min(e_{ij})} \quad (i = 1,2,\cdots,m;j = 1,2,\cdots,n) \qquad (1)$$

逆指标的标准化处理过程为:

$$y_{ij} = \frac{\max(e_{ij}) - e_{ij}}{\max(e_{ij}) - \min(e_{ij})} \quad (i = 1,2,\cdots,m;j = 1,2,\cdots,n) \qquad (2)$$

根据国内四大上市保险公司(国寿①、平安、新华、太保公司)的年报披露信息,按照公式(1)和公式(2)对各公司相应的指标值进行标准化处理②(见表6-5)。

由于规模、非传统非保险业务、关联性等指标对系统重要性程度的评估都是正指标,因而本文采用最大化标准处理方法,标准化的结果越大,表明这个指标代表的原始数据在同类指标中的重要性越高。表6-5表明,国寿集团和

---

① 此处的"国寿"为中国人寿保险股份有限公司,非中国人寿保险集团。表中参加比较的为平安集团。

② 本节主要采用正指标标准化处理方法。

表 6 - 5　各指标值的数据标准化结果

| 指标 | 样本标准化 | 中国人寿 | 平安 | 太保 | 新华 |
|---|---|---|---|---|---|
| 规模 | 资产总额 | 0.503528585 | 1 | 0.056427299 | 0 |
| | 保费收入 | 0.963506619 | 1 | 0.317128478 | 0 |
| | 投资收益 | 1 | 0.392233446 | 0.096210855 | 0 |
| 非传统非保险业务 | 非保险收入 | 0.753884607 | 1 | 0.073942929 | 0 |
| | 可供出售的金融资产 | 1 | 0.283008646 | 0.130885071 | 0 |
| | 投资性房地产 | 0.049022911 | 1 | 0 | 0.063903863 |
| | 衍生金融资产 | 0 | 1 | 0 | 0 |
| | 买入返售金融资产 | 0.023826206 | 1 | 0.003948016 | 0 |
| | 交易性金融负债 | 0.000631265 | 1 | 0 | 0.005984395 |
| | 衍生性金融负债 | 0 | 1 | 0 | 0 |
| | 卖出回购性金融资产 | 0 | 1 | 0 | 0 |
| | 独立账户资产 | 0 | 1 | 0.047156576 | 0.314031378 |
| | 独立账户负债 | 0.000631265 | 1 | 0 | 0.005984395 |
| | 退保保费 | 1 | 0 | 0.213112465 | 0.37042015 |
| 关联性 | 分出保险 | 0 | 1 | 0.719748022 | 0.11592929 |
| | 应收分保账款 | 0 | 1 | 0.385723936 | 0.005629363 |
| | 应付分保账款 | 0.004571802 | 1 | 0.379541187 | 0 |

资料来源：根据各上市保险公司 2013 年年报数据整理。

平安集团的规模指标值最高，在资产及盈利规模方面具有绝对优势；新华人寿的资产和收益指标的标准化结果均为 0，表明新华人寿在四大上市保险公司中的规模相对较小，对中国保险市场的影响相对较小。

非传统非保险业务各项指标中，国寿集团的可供出售的金融资产和退保金额的标准化处理结果为 1，平安集团其他所有二级指标的标准化结果均为 1。国寿集团的退保金额最高意味着退保对中国人寿流动性造成的压力最大。平安集团的退保金额最低，标准化处理结果为 0，表明退保对平安集团流动性造成的压力最小。可供出售的金融资产是为了交易目的而持有的债券、股票、基金等金融资产，这类资产越大表明金融市场变化对保险机构的影响越大。平安集团的这个指标值在四家保险公司中排第二，表明风险相对较小。中国太保在非传统非保险业务多项二级指标上的标准化结果均为 0，或者在四家保险公司中最低，主要是因为中国太保在经营过程中执行了较为保守的经营策略，对系统性风险的贡献相对较低。新华人寿的经营策略与中国太保较为相似，涉足非传统保险业务的范围相对较小，对系统性风险的贡献度较低。

平安集团在关联性这一指标上绝对领先。国寿集团在这一指标上的标准化结果表明其风险的传染性相对较低。太保集团的关联性指标在四家公司中居第二位，与其他保险机构的关联性较为紧密。

总体来看，平安集团在规模、非传统非保险业务、关联性等三个指标上均具有绝对优势。国寿集团的规模相对较大，涉足非传统保险业务的范围较为广泛，但是与其他保险机构的关联性相对较弱。太保集团规模较小，经营策略较为稳健，与其他保险机构的关联性较为紧密。新华人寿在规模、非传统非保险业务、关联性三个指标上的标准化结果相对较低，对我国保险业系统性风险的贡献相对较低。

## 三 熵值赋权法

### 1. 确定权重指数

假设第 $i$ 个评估项目的第 $j$ 个指标的标准化向量为：

$$\eta_{ij} = \frac{e_{ij}}{\sum_{i=1}^{m} e_{ij}} \quad (\, i = 1,2,\cdots,m \,;\, j = 1,2,\cdots,n \,) \tag{3}$$

则第 $j$ 项指标的熵值 $S_j$ 为：

$$S_j = -\frac{1}{\ln(m)} \sum_{i=1}^{m} \eta_{ij} \ln(\eta_{ij}) \quad (\, j = 1,2,\cdots,n \,) \tag{4}$$

其中，$m$ 为参加评估的保险机构的个数，$j$ 为评估指标的数目。如果 $e_{ij} = 0$，规定 $\eta_{ij}\ln(\eta_{ij}) = 0$。

利用熵值计算的各项指标的权重公式为：

$$W_j = \frac{1 - S_j}{\sum_{j=1}^{n}(1 - S_j)} , \quad (j = 1,2,\cdots,n) \tag{5}$$

根据公式（3）、公式（4）和公式（5）分别计算各指标的权重值，得到的客观权重指标如表6-6所示。

表6-6　熵值法下的各项权重指标

| 指　标 | 样本标准化 | 权　重 | 权重合计值 |
|---|---|---|---|
| 规模 | 资产总额 | 0.01907963 | 0.038447801 |
| | 保费收入 | 0.007853807 | |
| | 投资收益 | 0.011514364 | |
| 非传统非保险业务 | 非保险收入 | 0.015071739 | 0.802875722 |
| | 可供出售的金融资产 | 0.011360763 | |
| | 投资性房地产 | 0.066447887 | |
| | 衍生金融资产 | 0.115394529 | |
| | 买入返售金融资产 | 0.09925017 | |
| | 交易性金融负债 | 0.111928039 | |
| | 衍生性金融负债 | 0.115394529 | |
| | 卖出回购性金融资产 | 0.115394529 | |
| | 独立账户资产 | 0.020653273 | |
| | 独立账户负债 | 0.111928039 | |
| | 退保保费 | 0.020052226 | |
| 关联性 | 分出保险 | 0.035793241 | 0.158676477 |
| | 应收分保账款 | 0.061096275 | |
| | 应付分保账款 | 0.061786961 | |

表6-6中非传统非保险业务在权重指标中的占比最高，表明这类业务是影响保险机构系统重要性的关键因素，证实了IAIS提出的"非传统非保险业务是保险机构造成系统性风险来源"的观点。其中，衍生金融资产、交易性金融负债、衍生性金融负债、卖出回购性金融资产和独立账户负债对非传统非保险业务权重指标的贡献最大。

关联性在三类指标中占的比重第二高。国际上赋予关联性的权重为30%~

40%，用熵值法计算的国内关联性指标的权重为15.87%，低于国际权重指标。这主要是因为国内保险机构与国际市场的联系相对较少，保险机构采取了较为谨慎的经营战略。

规模在三类指标中的占比最低。熵值法计算的国内系统重要性保险机构的规模权重指标约为3.84%，略低于国际赋权的权重标准5%。其中，资产总额指标和投资收益指标在规模中占的比重较为接近，反映了投资收益在保险机构系统重要性评估中的地位。

## 四 国内系统重要性指数

根据公式（3）和公式（5），可以计算国内各保险公司的系统重要性指数 $r_j$：

$$r_j = \sum_{j=1}^{n} W_j \, \eta_{ij} \, , \, ( \, j = 1,2,\cdots,n \, ) \tag{6}$$

根据公式（6）计算四家上市保险公司的系统重要性指数，并按照系统重要性指数进行排名，可得到中国系统重要性保险机构的评估结果（见表6-7）。

表6-7 国内系统重要性保险机构排名

| 保险机构 | 系统重要性指数值 |
|---|---|
| 平安集团 | 0.864041593 |
| 太保集团 | 0.064480463 |
| 国寿集团 | 0.045183261 |
| 新华人寿 | 0.026294683 |

表6-7的评估结果表明，平安集团的系统重要性指数最高，远高于其他三家保险公司，与IAIS全球系统重要性保险机构的评估结果一致。这主要是因为平安集团在传统保险业务的基础上扩展了金融服务的范围，建立了集保险、银行、投资于一体的综合性金融集团，涉足大量非传统非保险业务，而这

类业务正是 2008 年 AIG 集团深陷危机的主要原因。平安集团的规模、非传统非保险业务和关联性指标的绝对值也远高于其他三家保险机构。这些奠定了平安集团成为全球系统重要性保险机构的基础。中国人寿、太保集团、新华人寿三家国内大型上市保险公司未成为全球系统重要性保险机构，也符合这三家机构在我国保险市场中的地位。国寿集团和新华保险是单纯的以人身保险业务为主的保险机构，是以经营传统保险业务为主的保险公司，而这类业务引发系统性风险的可能性较低。中国人寿的规模虽然较大，但是由于国寿集团与其他保险机构的关联性较弱，公司一旦破产倒闭对其他保险机构的影响相对较小，因而其系统重要性指标相对较低。新华人寿在规模、非传统非保险业务、关联性三个方面的指标值均较低，对国内保险业系统性风险的贡献最低，系统重要性指数最低。

表 6 - 7 中一个较为意外的结果是太保集团的系统重要性指标约为 0.06，高于国寿集团。这是因为太保集团与其他金融机构的关联性较强，关联性各项指标相对较大，远超中国人寿，而关联性指标在系统重要性指数中的比重达到 15.87%，远高于规模指标。国寿集团的非传统非保险业务指标在系统重要性指数中的贡献为 0.03，太保集团该项指标的贡献为 0.012；国寿集团的规模指标在系统重要性指数中的贡献为 0.014；太保集团该项指标的贡献为 0.005；国寿集团的关联性指标在系统重要性指数中的贡献为 0.001，太保集团该项指标的贡献为 0.048。因而，太保集团的系统重要性指数值超过国寿集团，成为中国第二大系统重要性保险机构。该集团的经营风险可通过关联性向其他保险机构传染，给其他保险机构造成重大损失。

目前，国寿集团、平安集团、太保集团和新华人寿仍然是我国市场份额最大的几家保险集团。保险业务是关系民生保障的重要部门，它们一旦破产倒闭，对市场造成的影响是不容忽视的。因此，加强对这几家大型保险机构的风险监管，对维持保险市场正常运营具有重要意义。

# 第七章

# 保险业系统性风险的国际案例分析

　　由于保险业受到高度的监管和控制，涉及保单持有人未来多年的利益保障，因而相对于银行破产，利益相关人员更不期望保险机构破产。然而，作为市场优化资源配置的一种途径，保险机构自成立以来就存在破产清算的退出机制。根据评级机构 A. M. Best 在 2002 年的统计①，1984～1993 年，全球破产的财产与意外险保险公司有 400 家以上。1991 年可以称为保险行业的"破产高峰年"，当年全球累计有 65 家寿险公司被破产清算，46 家财险及意外险保险公司倒闭。其中，美国 Executive Life 和 Mutual Benefit Life 的破产倒闭是世界著名的保险公司破产案。1991～2001 年，日本先后有 8 家寿险公司破产倒闭。1998～2002 年，韩国先后有 15 家保险公司破产。2001 年 HIH 保险集团破产倒闭成为澳大利亚保险史上最大的破产案。同年，英国 Independent 公司的破产倒闭也引起了世界各国的关注。2008 年 AIG 濒临破产，由于美国政府提供的救助资金规模庞大，成为美国有史以来最昂贵的救助案。本章主要根据世界各国保险史上的几次大规模破产倒闭案例，分析这些事件的潜在系统性风险。

# 第一节　美国保险业系统性风险分析

　　美国是全球经济最发达的国家，也是全球保险业较为发达的国家之一，保险行业发展历史悠久。但是，自经营保险业务以来，美国保险市场也发生了多

---

① A. M. Best, *Bestcs insolvency study*, *property/casualty*（2004）.

次保险公司破产事件。本节主要分析美国历史上几个影响较大的保险公司破产案例的潜在系统性风险。

# 一　Mission 保险公司破产

　　Mission 是一家总部位于美国加州的保险公司，主营业务为工人补偿保险，同时经营原保险业务和再保险业务。该公司以主营业务经营稳健著称，20 世纪 80 年代初，Mission 公司承保了大量的财产和意外保险业务。为了迅速扩张业务，Mission 公司通过两家保险代理商以低价竞争方式承保了大量保险业务，并对其中的大部分保险业务进行再保险，自己只留有较少的承保份额。结果，较大比例的保费收入流入再保险公司，Mission 公司只剩下较为有限的准备金用于支付赔偿。保险代理商以 Mission 公司的名义签发保单，承保费率低于市场同类保险公司。过低的定价导致 Mission 公司赔付率偏高，达到 400% ~ 1000%，远高于同业水平。同时，为了赢得公众和再保险公司的信任，Mission 公司压低已发生未报告准备金率（IBNR），采用 5 年直线法提取 IBNR，人为降低责任险与复合保单责任险认定的比例，导致公司的准备金低估，加重了保险公司的偿付风险。由于当时美国经济正处于低谷期，当赔付高峰到来时，多数再保险公司早已破产倒闭，拒绝支付赔偿。这导致 Mission 公司不仅难以转移支付风险，而且无法收回流入再保险公司的保费收入，面临着巨额的赔付压力，偿付能力状况急剧恶化。1985 年，加州保险监管当局对 Mission 公司展开调查。1987 年 2 月加州保险监督官委员会对其进行了清算，Mission 公司破产损失达到 16 亿美元。

　　Mission 公司过度依赖再保险业务来转移风险，以低成本大肆扩张保险业务，加剧了公司的经营风险。当再保险公司破产倒闭或者因为其他原因拒绝支付赔偿时，Mission 公司既无法通过再保险方式转移部分赔偿损失，也无法收回投保再保险的保费收入。因而，过度依赖再保险业务未必能守住绝对的保障底线。该保险公司的破产仅是单个保险机构的破产事件，并没有引发其他保险机构或者银行等金融机构大规模破产倒闭。经济处于低谷时期是多数再保险公司破产倒闭的一个导火线，并没有引发保险业系统性风险。

## 二　Integrity 保险公司

20世纪70年代后，美国的 Integrity Insurance 公司快速发展，对保险总代理的控制过于宽松，使得公司保险业务迅速扩张。同时，Integrity 对大部分保险业务进行了再保险，公司只承担较少风险的承保赔偿，并将再保险佣金收入作为主要的利润来源。这种业务模式使得 Integrity 公司快速发展，与全球 500多家保险公司签署了千份以上的再保险合同。当经济下滑时，再保险公司拒绝提供赔偿，所有损失由 Integrity 公司承担。1987年，美国地方保险监督官委员会宣布对 Integrity 公司进行清算，清算损失约为 3 亿美元。

Integrity 公司的破产倒闭也是美国历史上具有代表性的一个保险机构破产事件，但是其影响相对较小。从保险业系统性风险的几个基本要素特征及该公司的业务来看，Integrity 公司也不符合保险业系统性的基本要求，没有引发保险业系统性风险。

## 三　Executive Life 保险公司

Executive Life 保险公司破产之前是美国加州最大的保险公司。该公司的保险业务涉及结构性赔付年金（Structured Settlement Annuities）、团体年金（Group Annuities）及针对养老计划或政府公债等的担保投资合同（Guaranteed Investment Contracts）等。Executive Life 的首席执行官弗雷德·卡尔（Fred Carr）与德崇证券（Drexel Burnham Lambert）经纪公司的债券大王麦克·米尔肯（Mike Milken）交好。在破产之前，Executive Life 公司销售了大量高利率的投资担保合同保单。

1974～1988年，Executive Life 将 30% 以上的资产投资于垃圾债券业务，获取了丰厚的投资收益。在此期间，Executive Life 公司的资产管理规模迅速从美国第 355 位上升至第 15 位，巅峰时期的投资收益率居美国第 3 位。1982～1987 年，Executive Life 持有德崇证券 90% 的股份，债券市值达到 400 亿美元。1990 年，Executive Life 持有的德崇证券发行的垃圾债券市值达到 90 亿美元。1989 年 7 月至 1990 年 12 月，美国垃圾债券市场崩溃，Executive Life 遭受了巨大的投资损失。1990 年 1 月，Executive Life 的股票价格下跌 65.4%，大量客户纷纷退保，加剧了 Executive Life 公司的流动性危机。

1991 年 4 月，美国加州保险监督官委员会查封了 Executive Life 公司。1991 年 11 月加州政府接管 Executive Life 公司后，以 32.5 亿美元的价格将 Executive Life 公司的垃圾债券组合出售给里昂信贷银行的阿尔特斯金融部。1991 年 12 月 6 日公司进入清算程序，1993 年公司的大部分保单转移给由里昂信贷银行投资组建的曙光国家寿险保险公司（Aurora National Life Insurance Company）。

Executive Life 公司的破产倒闭也是美国历史上影响较大的一个保险机构破产倒闭事件。该公司的投资损失引发了大规模的退保潮，加剧了公司的流动性风险。由于 Executive Life 公司的破产没有引发其他保险机构或者金融机构大规模的破产倒闭，该公司在美国保险业中也不具有系统重要性地位，不符合保险业系统性风险的四个基本特征，经营业务也未大量涉及具有潜在系统性风险的两大类业务，所以该公司的破产没有引发保险业系统性风险。

## 四　Mutual Benefit 保险公司

Mutual Benefit 保险公司是美国新泽西州纽瓦克市的一家寿险公司，成立于 1845 年。1848～1924 年，Mutual Benefit 公司的主要负责人为 Frederick Frelinghuysen。公司因被称为保险业的"蒂芙尼（Tiffany）"，主要为美国上层阶层人士提供寿险服务。

20 世纪 70 年代到 80 年代，战后"婴儿潮"一代进入成年期，形成了对住房的巨大需求。里根总统为振兴经济提出了针对房地产的税收优惠计划，刺激了美国房地产市场的发展。房地产市场的迅速发展，特别是房价的持续上升，引发了市场的投资热情。在这股投资热潮的吸引下，Mutual Benefit 公司大量投资于商业性房地产、合伙企业及房地产相关的抵押贷款业务，销售了大量的担保投资合同保单和低退保手续费的保单。截至 1991 年，Mutual Benefit 公司的资产总额达到 130 亿美元，而公司的资本金低于公司资产总额的 10%，抵押贷款及房地产投资约占资产的 37%。20 世纪 90 年代初，美国房地产市场开始衰退，住房率从 1985 年的 85% 下降到 1991 年的 70%，房地产市场价格降到成本以下，10% 左右的资产无法履约，造成公司偿付能力不足。房地产市场的剧烈波动及利率的变化引发市场的恐慌，大量保单持有者退保，造成公司资金大量外流。Mutual Benefit 公司申请新泽西州保险监督官委员会干预前的三个月内，退保资金高达 10 亿美元。

1991 年 7 月 6 日，新泽西州保险监督官委员会正式接管 Mutual Benefit 公司，以遏制资本的继续外流。1992 年中期，Mutual Benefit 公司剩余资产仅 85 亿美元，负债总额却达到 93 亿美元。1994 年 5 月 1 日，Mutual Benefit 公司的有效保单被转移给 MBL 寿险公司。2001 年 6 月 14 日，Mutual Benefit 公司被清算完毕并被解散。

Mutual Benefit 公司的破产倒闭在美国保险业历史上也具有重要影响，与 Executive 公司的破产倒闭发生的时间较为接近，而且都是由于投资损失造成了大规模的退保行为而先后破产倒闭。然而，由于 Mutual Benefit 公司在美国保险业中不具有系统重要性规模，其破产倒闭并没有引发其他保险机构连锁性的破产倒闭现象，并且，Mutual Benefit 公司也不符合保险业系统性风险的四个基本要素，也未大量涉足具有潜在系统性风险的保险业务，所以并没有引发保险业系统性风险。

## 五　美国国际集团的破产危机

20 世纪 80 年代初，美国财险市场进入低谷期，直到 1985 年财险市场才得以恢复。保险行业发展的历史经验及发展规律，让 AIG 管理层意识到财险业务是一种具有较强经营周期的业务。因而，AIG 管理层采用多元化经营战略提高公司整体经营业绩的稳定性：一是加强开发寿险业务；二是大规模开发海外保险市场；三是向资本领域扩张，成立 AIG 金融业务部（AIG FP），发展新兴的衍生金融投资业务。AIG FP 成立之初明确规定，其利润来源主要为客户的交费与对冲业务风险成本之间的差异。

自 2005 年起，AIG FP 大量涉足 CDS 业务，销售含有次贷因素的 CDS 产品，因为当基础资产违约赔付低于互换保费收入时，CDS 业务就可以实现盈利。基础资产违约率并非一种自然现象，而是一种社会现象，与经济资产和风险状况有密切关系。次贷是 1980 年以后才兴起的一种金融业务，其统计规律并没有经历全球经济危机这类"巨大"风险的考验，发展并不稳定。与传统保险业务不同的是，CDS 业务仅在没有发生信贷违约时才收取保费收入，缺乏提取准备金等风险控制手段，无法通过稳定的基金池提供保障功能。同时，CDS 业务的交易都在场外进行，缺乏公开透明的柜台交易，容易受信用评级结果的影响。CDS 业务是一种与银行、贷款人和投资者等多个利益体密切相关的表外非传统保险业务。其中，CDS 业务与银行的密切关联性，可将风险通过杠杆效应放大和扩大，影响波及整个金融行业；与贷款人的密切关联性，可使风险波及实体经济和贷款者个人的生活等各方面；与投资者的密切关联性，可使风险波及金融行业和实体经济。

AIG 的寿险及退休业务部、财险业务部、资产管理部及金融服务部都投资了证券化资产，而证券化资产（MBS、ABS）正是导致次贷危机蔓延和扩散的帮凶。AIG 投资的第一大证券化资产是 RMBS。RMBS 的投资成本远高于 CMBS、CDO、ABS 等证券化资产，而且 AIG 大量投资于贷款风险较高的准优贷、第二抵押权、次贷等类型的 RMBS。2007 年 2 月次贷危机爆发以后，2008 年上半年 AIG 在 RMBS 投资中的浮亏明显高于 2007 年。AIG 还持有较高比例的私营 MBS 证券化资产。2008 年金融危机爆发时，AIG 并未意识到私营 MBS 业务的潜在危险，没有及时进行减仓处理。AIG 通过证券化资产投资大量涉足房地产相关业务，多数子公司专门经营某一类房地产金融业务（郭金龙，2014），一旦房地产价格下降，按揭违约率上升，将导致风险迅速向其他领域蔓延。

CDS 业务和证券化资产业务等业务的叠加，使得 AIG 对次贷、准优贷等高风险业务的违约率极为敏感。2008 年金融危机爆发后，AIG 面临证券抵押品的巨额赔付和 AIG 投资业务的巨大损失，加上评级下调的压力，最终导致 AIG 偿付能力恶化。AIG 的规模、关联性、替代性、时效性四个特征均符合保险业系统性风险的特征。AIG 还经营商业票据或者证券借贷短期投融资管理业务及 CDS 等表外非传统保险业务，而这两类业务达到一定规模就具有引发系统性风险的潜在可能性。2007 年，AIG 将借出证券获得的 820 亿美元押金用于短期借贷业务，资本的可占用时间非常短。2008 年以前，由于续期及证券借券业务具有较好的连续性，AIG 的可用资金仍然维持在一定水平之上。然而，2008 年第三季度以后，续期者和借券者的数量锐减，现金和短期投资均严重不足，加剧了 AIG 的流动性危机。2008 年 AIG 资产总额达到 8604.18 亿美元，AIG 经营的 CDS 业务的规模接近于当年资产总额的 1/3，2008 年第三季度，AIG 涉足的私营部门 MBS 业务规模达到 473 亿美元，占 RMBS 业务总规模的 70% 以上。由于 AIG 与多个金融部门、实体经济、投资者和消费者具有密切的关联，一旦 AIG 破产倒闭，将导致风险损失迅速向其他部门扩散，加剧金融危机造成的损失，引发保险业系统性风险。为了挽救 AIG，美国政府先后通过多种方式提供了高达 1823 亿美元的救助金，使得 AIG 破产案成为 2008 年金融危机中最贵的一例政府救助案。

多数文献研究均将 AIG 作为保险业系统性风险的一个重点案例进行分析，引发了人们对"保险业是否存在系统性风险"这一问题的关注。AIG 在美国具有系统重要性地位，其特征符合保险业系统性风险的四个基本要素，大规模地经营具有潜在系统性风险的 CDS 业务，在 2008 年金融危机中遭受了巨大的损失。然而，AIG 并没有破产倒闭，美国政府即使耗资巨大也要挽救 AIG 公司。AIG 于 2012 年清偿了所有债务，美国政府从这次收购中赚取了高达 227

亿美元①的收益。美国在 2008 年金融危机中损失惨重，银行等金融机构和实体经济均遭受了较大的损失。但是，由于 AIG 并没有破产倒闭，完成了各项债务清偿的支付义务，其他机构并没有因为 AIG 遭受危机而破产倒闭。因此，AIG 的破产危机也没有引发保险业系统性风险。

## 第二节　英国保险业系统性风险分析

英国是世界保险业的发源地，1688 年英国劳合社②宣布成立。从 17 世纪中叶开始，英国开始成为世界海上贸易中心，为英国海上保险业的发展创造了有利条件。从 18 世纪后期开始，英国成为世界海上保险的中心。目前，英国的保险业在全球排名第 3 位，在欧洲排名第 1 位；非寿险业在全球排名第 4 位；非寿险再保险业务全球排名第 3 位。保险业是英国经济发展的重要支柱产业，在个人成长和企业发展中，保险业都发挥着重要作用，占据着重要地位。一旦爆发保险业系统性风险，将对整个国民经济及人民生活造成重大影响。

英国是欧洲保险公司数量最多的国家，保险业的竞争非常激烈。据统计，英国有 1000 多家保险公司，其中 300 多家保险公司经营长期保险业务。自经营保险业务以来，英国保险市场就不断有保险公司进入和退出。英国保险公司破产案中影响较大的包括 Drake、Independent、Chester Street 等公司的破产，但是这几家保险公司的破产并没有引发英国保险业系统性风险。由于这几家公司没有同时满足保险业系统性风险的规模、替代性、关联性、时效性四个基本特征，它们的破产多为单个机构破产案例，对整个保险行业的影响相对较小。这几家保险公司以经营传统保险业务为主，都没有大规模经营

---

① http：//www. guancha. cn/america/2012_ 12_ 12_ 113864. shtml.
② 劳合社实际上是由多个保险机构组成的保险市场。

表外非传统保险业务，也没有大规模地通过商业票据或者证券借贷进行短期投融资业务。由于传统保险业务引发系统性风险的概率较低，因而这几家公司的破产没有引发系统性风险。

2008 年金融危机引发了全球性经济危机，英国经济也遭受了较大的打击，至今尚未恢复到危机前的水平。英国保险业也在投资业务中遭受了一定程度的损失。但是，与美国保险业在危机中遭受的损失相比，英国保险业的损失相对较小，仍然在保险业可承受的范围之内，没有爆发系统性风险。

# 一 Drake 保险公司

Drake 保险公司是 1994 年从其母公司 Sphere Drake 中独立出来的一家经营汽车保险业务的保险公司。Drake 公司在破产之前是英国二十大汽车保险公司之一，客户超过 20 万人，保费收入超过 5000 万英镑。从 20 世纪 90 年代中期开始，美国车险承保业务利润极低，多数车险公司只能通过投资收益赚取利润。20 世纪 90 年代末，车险业务的投资收益已经无法弥补承保损失，车险承保业务大面积亏损。1994 年是 Drake 公司的最后一个盈利年。从 1995 年开始，Drake 公司的投资收益已经难以支付高昂的红利收益和税收账款，公司开始面临亏损，并且亏损逐年上涨。

由于规模较小，Drake 公司在经营过程中一直利用再保险业务分散风险。1995 年车险业务开始亏损时，为了节约成本，Drake 公司开始大规模减少再保险业务，导致公司承担了大量的承保风险。1998 年，Drake 公司的承保损失达到 1700 万英镑，严重侵蚀了公司的资产水平，导致公司的偿付能力急剧恶化。雪上加霜的是，受亚洲金融危机的影响，英国经济当时也处于低谷期，股东拒绝为 Drake 公司继续注资，公司的偿付能力危机无法得到有效缓解。2000 年 5 月，英国金融服务监管局责令 Drake 公司停止承保新的保险业务，随后对其进行了清算。

## 二 Independent 保险公司

Independent 保险公司由 Michael Bright 成立于 1986 年①。公司成立之后即进入快速发展阶段。1993 年 Independent 保险公司上市以后，迅速开展国际保险业务，进入法国、西班牙、伦敦等多个市场。2000 年，Michael Bright 出任公司董事长兼执行官。20 世纪 90 年代末的快速扩张，使得 Independent 迅速成为英国第四大非寿险保险公司。同时，公司股票价格上涨了 50%，比最初上市时的股票价格上涨了近 8 倍。Independent 公司创造了伦敦保险市场的奇迹，每年都分配较高的收益，是 20 世纪 90 年代证券市场非常热门的股票之一。公司的个人投保客户数量达到 50 万人，机构投保客户数量达到 4 万家。

Independent 公司在快速扩张的过程中同样采取了低保险费率的扩张政策，并以虚假报告和欺诈的方式掩盖其经营过程中出现的偿付能力不足的问题。法国监管机构发现，2000 年，Independent 公司向自己的保险公司购买再保险。这种业务实质上是一种贷款，不但未能起到分散风险的作用，反而加剧了风险在公司的聚集。当英国经济陷入低谷时，2001 年 Independent 公司的偿付能力开始出现危机。法国监管机构向英国金融服务监管局（FSA）反映了 Independent 公司的可疑行为，FSA 却未给予足够的重视。2001 年 6 月，Independent 公司进入清算程序，英国严重欺诈管理办公室（Serious Fraud Office）介入调查。

## 三 切斯特街保险公司

切斯特街保险控股有限公司（Chester Street Insurance Holdings）购买了

---

① Roger Massey 等工作组成员：《Insurance Company Failure》，General Insurance Convention 2002，2002 年 10 月 8 日。

1990 年前破产清算的 Iron Trades 保险公司。1990 年初，切斯特街保险公司将 Iron Trades 的资产重组为公司的一个部分。切斯特街保险公司在英国石棉肺赔偿（如造船行业）中具有较大的风险敞口。

2001 年 1 月切斯特街保险公司董事长从公司的会计处初步获悉公司已经资不抵债时，就成立了临时清算小组。大多数公众对切斯特街保险公司的财务状况较为关注，因为他们担心由石棉肺引发的相关疾病不能及时得到全部赔偿。因此，下议院提前采取了一些行动，并指出："下议院非常关注成千上万个石棉肺相关患者及其他行业的受害者不能获得赔偿这一事件。由于 Iron Trades 保险公司已经将 1990 年之前的负债转移给切斯特街保险公司，所以切斯特街保险公司陷入清算困境表明这类业务提取的准备金不足，要求由整个保险行业承担切斯特街保险公司资产不能覆盖的当前赔偿。"

由于很难准确测算所需的准备金数额，临时清算小组决定不要求公司董事会采取行动恢复公司的资产状况，只要求公司在会计报告中阐述这一不确定性情况，并要求公司董事会提出一个最低的可能赔偿值。总之，切斯特街保险公司的破产是由于公司未充分估计石棉肺的风险敞口和储备率过低。

# 第三节　澳大利亚保险业系统性风险分析

对澳大利亚保险业影响最大的保险公司破产事件是发生在 2002 年的 HIH 保险集团破产事件。HIH 保险集团破产造成的损失巨大——澳大利亚保险市场花了十几年的时间才将这笔损失赔偿完毕。2002 年，HIH 保险集团破产是当年全球保险公司破产案中影响最大的事件。

## 一　HIH 保险集团简介

澳大利亚的 HIH 保险集团成立于 1969 年，总部设在悉尼。在成立之后的

32 年里，凭借 HIH 保险集团在澳大利亚保险市场的影响力，公司股票的市场价格增长水平位列澳大利亚股票市场前列。在资本市场的投资收益为 HIH 保险集团开发海外市场提供了大量资金。通过收购、兼并、可转换权益或者债券等方式，HIH 保险集团成为拥有 17 家子公司（包括 CIC 公司、Utilities 公司、FAI 公司等），业务范围遍及澳大利亚、美国、英国等多个国家的国际保险集团，成为澳大利亚第二大非寿险公司。

## 二 HIH 保险集团破产原因分析

HIH 保险集团在快速扩张的过程中采用低保险费率和提高佣金费率等策略，承保了大量雇员补偿保险、职业责任保险、海上保险、航空保险等高风险保险业务，为几家主要银行提供影片融资服务和再保险业务，在收购 FAI 公司时出价过高，虚报再保险业务，并且允许自己的子公司向集团购买再保险业务。这些都加剧了风险在 HIH 集团的集中，使得 HIH 集团对风险缺乏有效的控制。快速扩张消耗了集团的大量现金，导致 HIH 保险集团出现资本金不足的问题。2000 年澳大利亚金融监管局提高了资本金要求，加剧了 HIH 集团的资本困境。2001 年 3 月 15 日，澳大利亚新南威尔士州地方最高法院责令对 HIH 保险集团及其 17 家子公司进行清算。经过初步调查，最高法院发现 HIH 集团的账面亏损高达 8 亿澳元。另外，HIH 集团还存在其他未决赔款（Outstanding Claims）及潜在的追索权（Potential Recourse）。即使乐观估计，HIH 集团的实际损失也在 360 亿~530 亿澳元。在确定 HIH 集团无力偿还债务的情况下，2001 年 5 月 17 日，澳大利亚最高法院正式宣布 HIH 保险集团破产。HIH 集团成为继澳大利亚再保险公司、澳大利亚 GIO 公司和澳大利亚新帽再保险公司（the New Cap Re）之后澳大利亚最大的破产保险公司。

## 三　HIH 保险集团破产的巨大损失影响深远

为了最大限度地弥补保单持有人的损失，澳大利亚联邦政府提供了 5 亿澳元的政府援助基金，新南威尔士州和昆士兰州则分别承担 6 亿澳元和 4 亿澳元，但是这些来自纳税人的钱仍然不足以弥补 HIH 保险集团的损失。因此，新南威尔士州政府计划每年向当地保险公司征收 6900 万澳元的税收，相当于将每张保单的保险费率提到 5%。HIH 集团破产造成的巨大损失最终被转移给公司股东、保单持有人及纳税人。相关调查表明，完全偿还 HIH 集团的破产损失需要十几年的时间，而且最终偿还的数额也远低于保单承诺的赔偿金额。

## 四　HIH 保险集团破产的潜在系统性风险

虽然 HIH 集团破产造成了巨大损失，也对澳大利亚整个保险行业的发展造成较大的影响，但是 HIH 保险集团的破产仍然只是单个保险机构的破产事件，并没有引发系统性风险。虽然 HIH 保险集团符合保险业系统性风险的规模特征，但是 HIH 集团与其他保险机构和银行等金融机构的关联性相对较小，HIH 保险集团破产也没有在较短时间内引发大量保险或者银行等金融机构破产，对实体经济的影响较为有限。虽然 HIH 集团在经营过程中大量涉足高风险的责任保险、海上保险、航空保险等业务，但是这类高风险业务可以通过再保险的方式转移和分散风险，仍然是传统保险业务，引发保险业系统性风险的潜在可能性较低。

# 第四节　日本保险业系统性风险分析

二战以后，随着日本经济的快速恢复和发展，日本保险业也进入了快速发展阶段。20 世纪末至 21 世纪初，日本保险业发生了影响较大的多家保险机构相继破产事件，遭受了较大的损失。此后，日本保险监管机构陆续进行了一系列改革，并根据美国保险监管模式建立了日本的保险监管制度和体系，保险监管进入稳定期。日本保险监管制度的改革，对保险行业的发展产生了较为积极的影响，在防范保险业风险和规范保险机构行为中起到了重要作用。2008 年金融危机爆发以后，日本保险投资业务也遭受了较大的损失，日本大和生命保险公司成为 2008 年金融危机中首家破产的保险公司。但与美国保险业相比，日本保险业在金融危机中遭受的损失相对较小，损失主要局限于某些单个保险机构，并不构成系统性风险。

日本保险业是全球保险市场最发达的国家之一，保险业在日本经济中占据重要地位。目前，日本是全球第 2 大保险市场。2012 年，日本总保费收入为6541.12 亿美元，在全球寿险和非寿险保费收入中的比重分别为 20% 和 6.5%。日本总保费收入占 GDP 的比重达到 11.44%，是全球保险深度第 6 高的国家。本节主要分析 20 世纪末 21 世纪初日本保险业一系列破产事件的潜在系统性风险。

# 一　日本保险业经营特点分析

Swiss Re（2000）指出，20 世纪末日本保险业的发展有六个方面的特点。第一，非寿险保费中储蓄型寿险业务占较大比重。1998 财年，日本保险业23% 的非寿险保费收入是到期返还型，对利率和投资收益的依赖性较强。第二，保费收入与保险业务费用成反比关系，表明日本保险业具有规模经济效应。第三，日本保险公司虽然赔付率相对较低，但是费用比例相对较高，表明日本保险销售系统的成本较高，通过法庭等手段解决纠纷的成本较高。第四，尽管日本是一个地震多发的国家，但是日本在自然灾害方面的保险并不充分。1995 年 1 月 17 日，日本发生了有史以来最为严重的阪神大地震。1999 年 3 月底的统计数据显示，日本只有 14.8% 的家庭购买了住房地震保险，日本保险业的地震承保能力可能较为有限。第五，虽然很多外国保险公司都瞄准日本保险市场（美国 1994 年甚至通过施压的方式强迫日本接受了《日美保险协议》），日本也进行了一系列保险监管改革，但实际情况证明，外资公司进入日本市场的难度较大。截至 2000 年，日本保险市场中外国公司保险业务所占的份额仍然较低，在非寿险业务中的占比约为 4.7%，在寿险业务中的占比约为 7.7%①。第六，日本保险市场的集中度较高。1998 年，日本最大的 5 家保险公司分别占非寿险和寿险保费收入的 53.6% 和 60.4%。日本保险业的并购风潮有可能加强保险市场的集中度，将这一比率提高到 68.6% 和 63.4%。

20 世纪末，日本金融市场执行了一系列开放市场和放松管制的改革，进行了更大规模的"大爆炸"金融改革。日本政府希望通过一系列改革恢复日本"世界金融中心"的地位，以迎接金融全球化及技术创新的挑战。围绕这一系列的目标，日本政府进行了多方面改革，其中部分改革目标对保险行业的发展有较大影响。在扩大资产投资途径、便利保险公司融资方面②，日本政府提出巩固投资信托（允许银行和其他金融机构进行柜台保险销售），完全放开证券衍生品市场，通过扩大股票期权的使用及促进股票回购等方式增强股票的吸引力，以及推动以资产为抵押的证券产品和中期债券的使用。在提供多种金融服务方面，日本政府提出：取消对证券公司业务经营范围的限制；改革保险费率厘定的组织系统；允许投资信托公司投资于非上市股票和未登记股票以促进资产管理业务；改革市场准入规定，准许保险公司与其他金融机构进行跨行业竞争；准许银行进行柜台保险销售；推进股份制公司组织形式。在确保公平交易方面，日本政府提出：采用统一报告制度，制定更严格的财务标准，提高信息披露程度；创建保单持有人保护公司，以便为他们提供更好的保障（Swiss Re，2000）。

---

① 根据 1998 年的保费收入和 2000 年 3 月的所有权结构计算，既包括外国公司持有最大股份的国内保险公司及分支机构，也包括外国公司持有较大股权（持股比例超过 20%）的保险公司。

② 资料来源：大藏省，Schedule for Financial System Reform，2004。

## 二 日本保险公司的破产倒闭

从日本保险业发展的历史来看，高水平的国内储蓄率和强大的产业部门一直支持着日本保险行业的发展。20世纪90年代以来，日本的国内外经济环境发生了较大变化，暴露了日本保险业发展中的一系列潜在问题。这段时期，经济的萧条导致日本保险业的经营环境恶化，经济困难抑制了保险需求，日本的保费增长几乎停滞。20世纪90年代上半期，日本寿险和非寿险业务的增长速度分别为1%和2.6%；1995~1998年，二者的增长率下降为3.3%和－1.3%。此时，那些向客户提供保证收益的保险公司深感投资不足的压力。在泡沫经济时期，保险公司为追求业务发展，纷纷向客户提供较高的保证收益，导致保险公司对证券投资的依赖性越来越强。20世纪90年代以后，随着日本泡沫经济的破灭，保险资金投资难以获得预期的高回报率。尽管日本保险公司在泡沫时期积累了巨额的未实现资本收益，但是，泡沫经济破灭以后，日本资本市场没有出现足够的回升，保险公司以往的投资收益难以弥补经济泡沫破灭时的损失。1997年亚洲金融危机爆发，导致日本股票市场大跌，日本经济受到重创，保险业也未能幸免于难，多家保险公司陆续破产倒闭。

20世纪80年代中后期到90年代初，日本经济出现了严重的泡沫现象，各行业都呈现出过度繁荣的景象，保险业也不例外。日本银行放松银根之后，大部分资金流向股市、债券等有价证券市场以及房地产市场。一些保险公司在银行利率居高不下时设计和销售了大量高预定利率的养老保险产品和年金产品。这些产品具有较强的储蓄特征，对利率的变化极为敏感。泡沫经济破灭后，日本利率接连下调，甚至实行零利率政策，导致预定利率与实际利率严重倒挂，使得在高预定利率时期销售的保单产生了严重的利差损。1999财年，日本15家寿险公司的利差损达到15366亿日元。其中，亏损最严重的日产生命人寿保险公司，利差损高达3600亿日元；协荣生命人寿保险公司的利差损高达700亿日元（王少群，2007）。此外，在银行高利率期间，日本保险公司的保险资金主要由公司内部的投资管理部管理，而这些部门一般缺乏专业的投资管理能力。这导致保险资金运用的透明度较差，保险公司没有充分发挥保险资金的投资优势，没有积累足够的投资收益，实现收益在较长期内的平滑作用。1993 ~ 1995 年，日本的股市和债券市场因为泡沫经济的破灭而急剧下挫，导致保险资金投资严重亏损，难以兑现最初承诺的高投资收益，债券难以兑现。同时，房地产市场的低迷使得保险公司和银行投资形成了大量呆账和不良资产。1997 年 4 月至 2000 年 3 月，日本先后有 7 家寿险公司破产倒闭（见表 7 - 1），部分经营大量寿险业务的财险公司也宣告破产倒闭（见表 7 - 2）。

1997 年，日产生命人寿保险公司成为泡沫经济破灭以来日本首家破产的寿险公司，引发了市场对保险行业的信任危机。1997 年 4 月 ~ 6 月，日本 44 家寿险公司个人寿险业务的退保金额高达 23.7 兆日元。其中，大公司的退保率上升到 10%，小公司的退保率甚至高达 70% ~ 80%。保单持有人大量退保，加剧了保险公司的流动性危机，加快了保险公司破产倒闭的速度。

巴力（2001）认为，这一时期日本保险公司的破产倒闭有四个原因。一是泡沫经济导致巨额的利差损和投资失败。这是破产的主要原因。二是保险公司对保险市场的过度开发破坏了保险业的可持续发展。三是"退保潮"加剧了保险公司的流动性困境。例如，千代田公司破产倒闭前的平均破产率达到 20%；第百生命为扼制"退保潮"曾做出种种努力，最终均未能奏效。四是受监管和改革的影响。日本的金融自由化改革必将淘汰一部分保险公司。

郭金龙（2014）认为这一时期日本保险公司破产倒闭的主要原因为：一是产品结构不合理导致严重的利差损；二是有价证券投资和房地产投资等高风险投资业务造成巨大的投资损失；三是投资决策失误造成了新的投资损失；四是日本保险公司在泡沫经济时期存在经营管理不善、盲目扩张以及投资管理团队不专业等管理失误；五是多数保险公司是相互保险公司，难以通过资本市场融资补充资金。

### 表7-1　20世纪末21世纪初日本保险公司倒闭情况

单位：亿日元

| 公司名称 | 公司组织形式 | 成立时间 | 倒闭时间 | 资产总额 | 排名 | 倒闭后资不抵债金额 |
|---|---|---|---|---|---|---|
| 日产生命 | 相互公司 | 1909 | 1997.4 | 20609 | 16/44 | 3000 |
| 东邦生命 | 相互公司 | 1898 | 1999.6 | 28046 | 16/44 | 6500 |
| 东京生命 | 相互公司 | 1895 | 2000.3 | 10150 | 16/44 | 325 |
| 第百生命 | 相互公司 | 1915 | 2000.5 | 21885 | 15/44 | 3200 |
| 千代田生命 | 相互公司 | 1904 | 2000.5 | 35019 | 12/44 | 5950 |
| 大正生命 | 股份公司 | 1914 | 2000.8 | 2044 | 28/44 | 365 |
| 协荣生命 | 股份公司 | 1935 | 2000.10 | 46099 | 11/44 | 6895 |

注：资产总额和负债总额为公司破产倒闭时的统计值。排名为在日本保险市场中的排名。
资料来源：傅安平，《寿险公司偿付能力监管》，中国社会科学出版社，2004。

### 表7-2　日本保险公司破产原因分析

| 破产公司 | 破产时间 | 具体原因 |
|---|---|---|
| 日产生命 | 1997.4 | 日产生命是因为负利率差的沉重负担和投资不善而倒闭的，是"二战"以来倒闭的第一家日本寿险公司。日本保单持有人保护计划弥补了日产生命约2/3的净亏损。公司倒闭后，日本成立了一家名为Aoba Life的终结性公司，负责管理日产生命的存有保单。Aoba Life后来被法国的Artemis公司收购 |
| 东邦生命 | 1999.6 | 由于保单退保率上升，日本金融监管局（FSA）责令东邦生命部分停业。长期以来，该公司一直受到保证回报率过高而投资回报率过低这一问题的困扰。1999年12月，东邦生命和通用电器金融公司建立的合资公司GE Edison同意接管这家问题公司的存有保单 |
| 第一生命（Daiichi Mutual Fire & Marine） | 2000.5 | 日本FSA停止了第一生命相互海上和火灾保险公司（简称"第一生命"）的部分业务，因为该公司向监管当局隐瞒了几十亿日元的投资和贷款损失。公司长期储蓄类业务的比重过大，经营业务受投资收益的影响较大，以至于公司管理层放弃了重组的希望。该公司是"二战"以后首家宣告破产的日本非寿险公司 |
| 千代田生命 | 2000.5 | 2000年5月31日，日本FSA停止了千代田生命寿险公司的部分业务，因为该公司的偿付能力比率已跌至-190.2%，远远低于官方要求的200%的底线 |

续表

| 破产公司 | 破产时间 | 具体原因 |
|---|---|---|
| 大正生命 | 2000.8 | 2000 年 8 月下旬，日本 FSA 责令大正生命寿险公司停业，因为该寿险公司的偿付能力比率已跌至 67.7%，远远低于法定的 200% 的底线 |

资料来源：瑞士再保险公司经济研究部。

## 三 日本保险公司破产的潜在系统性风险

20 世纪末到 21 世纪初发生在日本保险行业的一系列保险机构破产倒闭事件是世界保险历史上影响较大的一次保险机构危机：在 3 年的时间内，有 7 家寿险公司和 1 家财险公司破产倒闭，破产倒闭时资不抵债的亏损超过 26235 亿日元。这一系列破产倒闭事件的主要原因是日本泡沫经济破灭，寿险公司在高预定利率时期销售了大量具有较高保证收益的保险产品，保险公司投资亏损严重，以及银行降息，等等。在日本泡沫经济破灭时，日本银行业同样遭受了巨大的损失，日本实体经济也受到了这轮亚洲金融危机的影响，出现下滑、衰退甚至倒退现象。从这次危机的表现形式来看，日本保险机构的破产倒闭与保险业系统性风险的定义描述的特征极为相似。

Geneva Association、IAIS、FSB 等认为，只有保险机构同时具备规模、可替代性、关联性、时效性四个特征，这类保险机构的破产倒闭及其造成的影响才能被界定为保险业系统性风险。

从 7 家寿险公司的规模来看，除了大正生命保险公司破产时的资产总额低于万亿日元以下之外（见表 7－1），其余 6 家寿险公司破产时的资产总额均在万亿日元以上，规模还是比较大的。然而，根据 Swiss Re（2000）的报告，日本保险业是一个集中度较高的行业，1998 年日本保险业前 5 家寿险公司的保费收入占整个国内市场的 60% 以上。20 世纪 90 年代末，日本保险业正掀起并购狂潮。表 7－1 的统计显示，这 7 家寿险公司在日本保险市场中的排名均在第 10 位以后。绝大部分保险公司仍然是日本保险市场规模较大的公司，但与整个保险市场相比，这几家公司的规模还是比较小的。

从 7 家寿险公司的可替代性特征来看，保险业系统性风险的可替代性特征必须满足两个条件：一是该项金融服务或机构具有独有的技术或服务，或者具有不可缺性，以至于一旦它停止运行，无法在短期内找到其他机构或服务代替；二是该项金融服务的市场份额足够大，即具有重要地位，以至于一旦它停止运行，没有相应的金融服务填补其市场空白。日本的这 7 家保险公司显然也不满足这两个条件，其保险业务的可替代性较强。未破产的保险公司仍然在日本市场中发挥着重要作用，弥补了这 7 家保险公司的市场空白。

从 7 家寿险公司的关联性特征来看，这 7 家寿险公司的大部分投资损失是股票和房地产等投资业务造成的。日产生命倒闭时在有价证券投资方面损失 900 亿日元以上；千代田生命倒闭前一夜，日经指数在 16000 点左右，远低于其投资组合实现盈亏平衡所必需的 22000 点；协荣生命倒闭前 3 年，有价证券内含损失均在 1000 亿日元以上。日产生命倒闭时在房地产投资方面损失了 300 亿日元以上；千代田生命在 1988 年仅投资新日本饭店一项就损失 700 亿日元以上（郭金龙，2014）。由于保险公司、银行、基金公司等机构通过互相持有股票的方式增强彼此的关联性，日本银行业在此次经济泡沫中也遭受了较大的损失。日本的"大爆炸"金融改革准许保险公司与其他金融机构进行跨行业竞争，允许银行在柜台销售保险业务，也加强了保险与其他金融机构的关联性。但是，这个时期日本保险业与其他金融机构的关联程度，与 2008 年世界金融危机爆发时相比要低得多。2008 年金融危机中，保险公司大量发展 CDS业务，这种保险业务就像一条"产业链"，将多个机构的利益关联起来。

从日本 7 家寿险公司破产的时效性特征来看，1997 年 4 月日产生命人寿保险公司破产以后，在短短 3 年内陆续有 8 家以上的保险机构破产，特别是 2000 年至少有 7 家保险机构破产，破产公司数量约占整个日本市场保险公司数量的 16%。

从 20 世纪末日本破产倒闭的保险公司经营的业务来看，破产倒闭的这几家公司是经营传统保险业务的保险公司，尚未大规模涉足 CDS 业务等具有潜在系统性风险的保险业务。这些公司破产倒闭的主要原因是投资损失、利率下跌等，通过商业票据或者证券借贷进行的短期投融资业务并没有出现严重的管理不善问题。从日本公司保险业务的分类来看，日本 20 世纪末经历的这次危机，并不符合保险业系统性风险的特征。

总之，虽然日本保险业在这个时期经历了规模较大的保险机构破产危机，但是，由于这次危机并不符合保险业系统性风险的四个基本特征，因而日本保险业在这次危机中也没有发生保险业系统性风险。

# 第五节　中国保险市场的潜在系统性风险分析

## 一　中国保险业发展概况

1980 年恢复营业以来，我国保险业快速发展。2013 年，我国已经成为全球第四大保险市场，保费收入规模跃居全球第四位。但应该看到的是，我国保险市场正处于全面深化改革的深水区，保险密度和保险深度依然很低，我国保险业在国际市场的影响力也较为有限，尚处在发展的初步阶段，与经济较发达国家或地区保险业的发展水平相比仍存在较大的差距。20 世纪末，央行基准利率在短期内连续下调，造成了部分保险公司巨大的利差损，是中国保险历史上影响较大的保险业危机。但是，我国迄今尚未出现保险公司破产倒闭事件。本节主要通过 20 世纪末中国寿险市场经历的这次危机，分析当时中国保险业市场的潜在系统性风险。

## 二　中国保险机构退出机制简介

1995 年 10 月，我国颁布了第一部《保险法》。该法规定："经营有人寿保

险业务的保险公司，除分立、合并外，不得解散。"虽然这项法律的颁布主要
是为了保护寿险保单持有人的利益，但实际上在一定程度上对经营人寿保险业
务的保险公司起到了过度保护作用，使得寿险市场缺乏退出机制。第一部
《保险法》规定，保险公司破产倒闭时，破产财产支付破产费用之后，首先支
付"所欠职工工资和劳动保险费用"，其次才是支付"赔偿或者给付保险金"，
保单持有人的利益并没有放在赔偿的第一位。保险机构退出制度仍保持了这一
规定。在 2004 年之前，我国寿险公司经营损失的最后贷款人是政府，寿险公
司超出其偿付能力之外的经营损失最后由政府承担，政府对保单持有人员最终
赔偿责任。2004 年，我国通过了《保险保障基金管理办法》，第一次建立了保
护保单持有人利益的保险业存款保险制度：由保险机构缴纳一定比例的保险保
障基金，当保险机构破产倒闭时，其损失由保险保障基金承担。2008 年 9 月
11 日，中国保监会修订了《保险保障基金管理办法》，并于公布之日起执行。

## 三　20 世纪末中国保险市场的危机

1999 年 6 月之前，我国寿险预定利率采取与银行利率挂钩的政策。"九
五"期间，我国宏观经济进行了调整。1996 年 5 月至 2002 年 2 月，央行连续
八次下调基准利率，一年期定期存款的利率由 10.98% 逐渐下调至 1.98%。这
导致保险业在高预定利率时售出的老业务以及续期保单业务出现了巨大的利差
损，这些损失迄今尚未完全消化。中国人寿、平安人寿、太保人寿等老牌保险
公司在此期间承保了大量此类业务，承诺给客户的年化收益率基本在 8% 以
上，部分保单的年化收益率甚至高达 15%，保险期间多为 20 年以上或终身。
同时，长期以来，我国对保险资金的投资方向有严格的限制：40% ~ 60% 的保
险资金只能配置于银行存款、国债等固定收益渠道，限制保险资金进入当时快
速发展且投资收益较高的房地产、医药等行业。因此，保险资金的投资渠道非
常狭窄，投资效率非常低下，保险公司难以通过投资收益弥补利差损的巨大缺
口，遂酿成中国保险业发展历史上第一次影响最大的危机。

与日本 20 世纪末的一系列破产倒闭事件不同的是，当时我国经济正处于上升时期，政府作为最后贷款人对保险业给予了极大支持。通过剥离不良资产的方式，政府将部分亏损较大的保单业务剥离给新成立的部门，主要负责管理 1999 年之前售出的保单以及续期业务。例如：国寿集团存续的保单业务主要是中国人寿 1999 年之前的历史存量保单①。2000 年后，我国寿险市场引入了投资型寿险产品，投资型寿险业务迅速发展，为保险行业的发展找到了新的突破点。因此，我国并没有出现保险公司破产事件。

## 四　中国保险市场危机的潜在系统性风险分析

中国人寿、平安人寿、太保人寿是当时中国保险市场上规模最大的三家公司。一旦这三家保险公司破产倒闭，短期内难以在市场上找到可以替代其市场地位和角色的保险机构，将对保单持有人的利益造成极大的损失，造成商业保险保障功能完全瘫痪。出于监管风险的考虑，中国保监会对保险资金的投资渠道限制较为严格，相当比例的保险资金被配置于银行存款。在相当长的一段时期里，银行为吸收存款对大额存款给出了较高的利率。而且，银行存款作为最稳健的资本收益渠道，是保险资金一个重要的资金配置渠道。因此，保险资金多年来一直是我国银行存款的重要来源之一。由于我国寿险公司与银行机构具有这种紧密的关联性，这三家保险机构一旦破产倒闭，其损失可能迅速传导到银行业，并通过银行的杠杆效应扩大和蔓延，在较短的时间内对中国经济造成更大的影响。由于当时市场没有出现寿险公司分立或者合并的情况，我国执行的《保险法》也不允许经营寿险业务的保险公司破产倒闭，所以，即使这些寿险公司损失较大，最终也没有破产倒闭。20 世纪末，我国保险业经营的都是传统保险业务，没有涉及具有潜在系统性风险的 CDS 业务等表外非传统保险业务，中国人寿、平安人寿、太保人寿也没有发生对通过商业票据或者证券

---

①　保险公司在 1999 年前的高利率环境下发行的、定价利率较高的长期人身保险产品。

借贷进行的短期投融资业务管理不善的问题。因此，这种潜在系统性风险在当时没有对三家保险公司产生较大的影响。因而，从三家保险公司的业务分类情况来看，我国 20 世纪末保险公司的危机并不符合保险业系统性风险的标准。但是，中国保险业经历的这次危机，凸显了这类规模较大的保险公司破产倒闭可能造成的危害，提醒我国保险监管机构加强对大型保险机构的系统性风险监管。

# 第八章

# 我国保险业防范系统性风险的方法和机制

2008 年爆发的国际金融危机不断演变和发展，产生了一系列连锁反应和衍生金融风险，对世界经济造成了沉重打击，从而推动全球金融监管体系进入新一轮改革周期。世界主要国家和国际组织都在积极研究推动金融监管机构和制度的改革，寻求塑造新的国际金融秩序，我国保险业也不例外，进行了一系列监管改革。从 2012 年开始，中国保监会陆续出台了多项关于保险资金投资的政策措施，拓宽了保险资金的投资渠道。从 2013 年 8 月 5 日开始，传统人身保险产品费率改革政策正式执行，传统人身保险业务开始了费率市场化改革。这些改革措施在为保险行业发展创造更有利的政策环境的同时，也增加了保险经营的潜在风险。本章主要介绍我国保险业防范系统性风险的方法和机制。

# 第一节　我国第二代偿付能力建设

保险业是经营风险的特殊行业。它作为一种重要的社会经济补偿机制，对社会经济的稳定发展具有重要意义。保险公司经营亏损或倒闭不仅会直接损害公司自身的利益，而且会严重损害广大保单持有人的利益，危害相关产业的发展，从而影响社会经济的稳定和人民生活的安定。2008 年金融危机的爆发和 AIG 的破产危机，促使各国保险监管机构推进保险监管改革。保险监管包括偿付能力监管、公司治理结构监管和市场行为监管三大方面，其中偿付能力作为影响保险公司持续经营的重要因素，是保险监管的核心，是各国监管改革的重点。国际各方在偿付能力监管的理念、原则等方面达成了一些共识，同时又在寻求适合自身发展的改革路径。防范保险业系统性风险的核心，是加强对保险机构偿付能力的监管。过高的偿付能力要求或者过低的偿付能力要求，都不利于保险机构的发展。

# 一　我国第二代偿付能力监管制度改革的背景

我国第一代偿付能力监管标准（以下简称"偿一代"）最初建立于 2003 年。偿一代在资产负债评估方法上，借鉴了美国的法定会计原则；在最低资本要求上，直接采用了欧盟偿付能力 I 的标准。10 多年来，偿一代对推动我国保险公司树立资本约束理念、切实防范风险和促进行业转变发展方式发挥了重要作用。然而，随着我国保险业的发展，偿一代体系的潜在缺陷或不足日渐暴露，主要体现在以下五个方面：一是偿一代偿付能力监管体系的风险种类覆盖不全面；二是对资产负债的评估和资本要求与公司实际风险情况的相关性不高；三是没有充分发挥保险公司在提高风险管理水平中的协助和引导作用；四是偿一代的偿付能力监管方法侧重于定量监管要求，定性监管和综合评价不足；五是不能形成有效的监管合力，监管机制需要进一步调整和完善。

2008 年金融危机的爆发，暴露了各国金融监管制度的缺陷或不足，陆续制定了相应的改革计划，完善现有的偿付能力监管体系：银行业率先出台了巴塞尔协议Ⅲ，该协议的部分内容也为保险业监管体系的改革提供了重要的参考和指导；2011 年 10 月，IAIS 出台了 26 项核心监管原则，研究制订全球统一的保险集团监管框架；欧盟正在建设和推进欧盟偿付能力Ⅱ；英国根据欧盟偿付能力Ⅱ标准的相关要求，调整了本国保险监管的共同框架，基本接受了欧盟偿付能力Ⅱ监管的基本模式；瑞士的偿付能力测试（SST）项目已经基本完成，但还在不断调整，改革方向是保持与欧盟偿付能力Ⅱ的一致性；NAIC 提出了建立偿付能力现代化工程（SMI）的倡议，该计划也在不断完善；日本和韩国的保险监管模式则主要借鉴了 SMI 的监管模式；中国也启动了建立第二代偿付能力监管体系（以下简称"偿二代"）的保险监管制度改革；其他国家和地区也推出了相应的保险监管改革。中国保监会于 2012 年 3 月发布了《中国第二代偿付能力监管制度体系整体框架》（以下简称《整体框架》），计划用 3～5 年的时间，建立一套既与国际接轨又符合中国国情的保险业第二代偿付能力监管框架体系。

中国保险业第二代偿付能力监管框架体系的全称为"中国风险导向的偿付能力体系"，英文全称为"Chinese – Risk Oriented Solvency System"，简称 C – ROSS。偿二代的建设目标有三个（陈文辉，2013）：一是科学全面地计量保险公司面临的风险，使资本要求与风险更具相关性；二是守住风险底线，确定合理的资本要求，提高中国保险业的竞争力，建立有效的激励机制，推动保险公司提高风险管理水平，促进保险行业科学发展；三是积极探索适合新兴市场经济体的偿付能力监管模式，为国际偿付能力监管体系建设提供中国经验。中国的偿二代计划分三个具体步骤推进：第一步是从 2012 年开始，用 2～3 年的时间，开展各项专题研究工作，包括最低资本和实际资本标准、保险集团偿付能力监管标准、逆周期监管方法和制度、第二支柱和第三支柱的相关制度建设等；第二步是在 2014 年底之前，完成第二代偿付能力制度体系的征求意见稿；第三步是自 2015 年开始，用 1～2 年的时间，向行业征求意见，多次进行定量测试，修改完善中国第二代偿付能力监管体系，并最终定稿。

## 二　《整体框架》建立的基本原则

### （一）与国际接轨的原则

《整体框架》遵循国际保险监督官协会的核心原则，借鉴欧美等国成熟有效的经验，坚持与国际监管接轨的大方向。与国际接轨的原则主要体现在两个方面：第一，监管的基本理念和基本原则与国际趋同；第二，三支柱的主要内容包括定量监管、定性监管和市场约束，体现了国际偿付能力监管模式的变革趋势与共识，也与银行业的资本监管体系保持一致。目前，国际各方在偿付能力监管方面比较一致的基本理念和原则是：都强调建立以风险为导向的偿付能力监管体系；对资产和负债的监管逐渐从预警评估向价值评估转型；基本上认同巴塞尔协议Ⅲ提出的三支柱保险监管框架体系，强调在保险监管中将定性分析与定量分析相结合；都提出了针对保险集团监管的特别措施和要求；将保险业的微观审慎监管与银行业的宏观审慎监管相结合，建立统一的金融监管体系，强调加强跨边界金融业务的监管；认为系统重要性保险机构在各国保险业和世界保险业中具有重要的地位和极大的影响力，应该加强对系统重要性保险机构的评估和监管。

## （二）结合中国国情的原则

同时，《整体框架》也充分考虑我国保险业的发展实际，与我国国情相结合，建立了一套代表新兴市场特点的偿付能力监管模式。

### 1. 要求实行统一监管

我国的模式与美国和欧盟的偿付能力监管模式有根本性的差别。美国是实行联邦制的国家，欧盟也是由多个国家组成的国际联盟组织。美国和欧盟的保险监管采取的是分散监管模式，美国各州和欧盟各成员国在保险监管中具有较强的独立性。我国的保险监管则是建立全国统一的保险监管模式，不需要考虑分散监管的复杂技术性特点和制度安排。

### 2. 体现了新兴市场的特征

《整体框架》充分考虑了我国作为新兴保险市场在人才、数据、资本等方面的约束和限制：以保险公司的资本成本监管为核心，注重提高资本的使用效率；更加注重定性监管在三支柱监管体系中的地位，注重定性监管与定量监管的协同监管效应；注重保险监管制度的适应性和动态性特征，以提高保险行业的竞争力；充分考虑了监管制度的执行力和约束力，注重识别和化解监管过程中的各类风险；在建立保险监管制度的过程中，更加注重监管制度的可操作性，注重监管制度未来的执行力问题。

### 3. 以风险为导向，兼顾价值

我国偿付能力监管制度的核心目标是防范风险，各项政策措施的制定是为了更好地反映和识别风险，防范系统性风险和区域性风险。我国的偿二代监管标准体现了兼顾资本使用效率的原则，目的是提高保险公司和整个行业的竞争力。"偿二代"将在风险和价值之间实行平衡。

### 4. 强调公司内部偿付能力管理

《整体框架》要求保险公司的经营活动除了符合监管标准要求的外部偿付能力标准之外，还要加强保险公司内部偿付能力的管理，建立内部偿付能力管理与外部偿付能力监管相结合的监管制度体系。

### 5. 实行宏观审慎资本监管要求和调控资本要求

我国偿二代的第一支柱中，增加了宏观审慎资本监管要求。这一监管原本是针对银行金融业务的监管制度，主要用于防范和控制非传统保险业务的经营风险。同时，在第一支柱中明确提出了调控性资本要求标准，主要是应对特殊风险的资本监管要求。这两项监管要求体现了新兴市场的资产负债评估原则。

### 6. 对风险进行综合评级

除了欧盟偿付能力Ⅱ中第二支柱的监管制度之外，我国的偿二代还提出了对保险公司的风险进行综合评级的定性监管要求。这一监管要求有利于加强第二支柱的定性监管要求的执行力，体现了第二支柱定性监管与第一支柱定量监管要求相结合的特点，也体现了新兴市场保险监管的制度特点。

### 7. 加强市场力量在保险监管中的作用

我国偿二代的第三支柱框架，重点是充分发挥市场约束机制在保险监管中的作用，创造有利于市场监管的政策和制度环境，改变长期以来新兴保险市场过度依赖政府监管的监管模式，引导市场力量在保险监管中发挥重要作用。美国和欧盟的偿付能力监管要求则是在保险业已经充分发展的情况下出台的，市场力量已经在保险监管中起着重要作用，也已经形成了相应的市场监管氛围和环境。因而，我国偿二代的这一要求体现了新兴市场保险监管制度的特点。

## 三 《整体框架》的主要内容

偿二代的建设是中国保监会顺应国际保险监管发展趋势、统揽行业发展全局、审时度势做出的重要战略决策和改革方案，是我国保险监管史上一次具有历史性意义和里程碑性质的改革。改革的基本思想是"放开前端"和"管住后端"。其中，"放开前端"主要是指在对保险公司的监管方面，将保险条款、保险费率和保险投资等权限完全交给保险公司；"管住后端"主要是指偿付能力监管以及消费者权益保护，对资本约束要管住管好，对资本补充采取放开放活的方式。

欧盟偿付能力Ⅱ的监管目标主要是提高保险业的竞争力，对资本和负债的评估主要采用市场价值法，是一种较为松散的偿付能力监管标准。美国偿付能力现代化工程（SMI）的监管目标主要是风险预警，对资本和负债的评估主要采用成本评估法，是一种较为严格的偿付能力监管标准。我国的保险监管最初以市场监管为主，2003 至 2008 年的保险监管内容其实是美国和欧盟模式的拼接。由于美国和欧洲的偿付能力监管模式各有利弊，在中国保险监管的执行过程中都存在某些不适应的方面，因而我国的第二代偿付能力监管体系既没有完全追随美国模式，也没有完全追随欧盟模式，而是提出了结合美国和欧盟偿付能力监管模式的特点，建立适应中国国情的保险监管模式。

中国偿二代的基础是保险公司内部偿付能力管理。保险公司内部偿付能力管理是外部偿付能力监管的前提、基础和落脚点，外部偿付能力监管必须与内部偿付能力管理相适应。偿二代要求建立科学、有效的内部偿付能力管理制度和机制，以便有效识别和防范保险经营过程中的各类风险，及时应对各类风险的动态变化。

《整体框架》确立了"三支柱"的监管体系（见图 8 - 1）。

第一支柱是定量资本要求，主要防范能够量化的风险，通过科学地识别和量化各类风险，要求保险公司具备与其风险相适应的资本。第一支柱主要包括五部分内容：量化资本要求、实际资本评估标准、资本分级、动态偿付能力测试和第一支柱监管措施。其中，量化资本要求主要包括保险风险资本要求、市场风险资本要求、信用风险资本要求、宏观审慎监管要求（主要是应对非传统保险业务中的顺周期风险）、系统重要性保险机构的资本监管要求、适度的调控性资本要求（主要是应对行业发展、市场调控等特定风险）（陈文辉，2013）；实际资本评估标准主要是指保险公司资产和负债的评估标准和认定标准。资本分级要求主要是指针对保险公司实际资本的分级，主要是为了明确各类资本的标准和特点；动态偿付能力测试是指在不同情景下，对保险公司的偿付能力在未来各种情景下的灵敏性的评估；第一支柱监管措施主要是指在保险公司的不同偿付能力情景下，监管机构可采取的干预和应对措施。

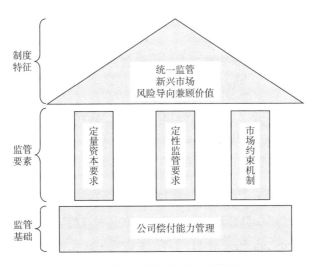

**图 8-1 我国第二代偿付能力监管制度体系**

　　第二支柱是定性监管要求，是在第一支柱的基础上进一步防范难以量化的风险。第二支柱主要包括四部分内容：风险综合评级、保险公司风险管理要求与评估、监管检查和分析，以及第二支柱监管措施。其中，风险综合评级主要是指监管机构根据第一支柱的定量分析和第二支柱的定性分析，全面评价保险公司的偿付能力风险情况；保险公司风险管理要求与评估主要是指监管机构对保险公司提出的风险管理要求（如公司治理结构、内部控制结构、管理结构和流程要求），并评价保险公司的风险管理能力和风险情况；监管检查和分析主要是指监管机构对保险公司的偿付能力情况进行的现场检查和非现场分析；第二支柱监管措施主要是指监管机构对未满足第二支柱定性要求的保险公司采取的干预和监管措施。

第三支柱是市场约束机制，主要通过相关利益人的市场化力量，通过信息披露的方式，提高信息的透明度，加强对偿付能力的监管。第三支柱一方面要求保险公司进行信息披露，利用相关利益人的市场化力量，加强对保险公司市场行为的约束，另一方面要求完善市场约束机制，创造有利于市场监督发挥作用的环境。

## 四 国内关于偿付能力监管制度改革的研究

### 1. 关于我国保险监管制度改革方向问题的研究

国内部分文献认为，我国保险监管改革应该建立基于风险的保险监管模式，可以借鉴欧盟"三支柱"的保险监管框架。袁敏（2011）认为，欧盟偿付能力Ⅱ汇集的各种先进方法和技术，特别是计算风险的模型和方法值得我国借鉴。姜波（2010）指出欧盟偿付能力Ⅱ的新偿付能力指令可以推动保险公司建立和完善内部风险管理制度，逐步建立内部风险评估制度、风险控制制度、风险转移制度等，防范和控制承保风险和运营风险。郭艳、胡波（2008）指出，美国的 RBC 制度实施至今，取得了一定的成效：它促使保险公司致力于提高自身的风险管理水平和资本配置水平，有效降低了保险公司经营失败的风险。以风险为基础的偿付能力衡量模式适应了保险业发展环境的变化，促使保险公司更加注重提高风险管理的水平。与以业务量为基础的模式相比，这一模式对最低偿付能力的衡量更加科学。因此，我国偿付能力制度体系改革应充分借鉴国外已经取得的成果和经验。赵靖（2012）总结了中国保险偿付能力监管的发展历程。朱安彤（2013）在此基础上总结了欧盟偿付能力的发展历程，通过比较中国和欧盟偿付能力监管的差异，提出向欧盟改革借鉴，实现"三支柱"的监管模式。

部分文献认为，我国必须结合欧盟和美国等保险监管制度的经验，建立适合我国自身国情的保险监管制度，实施混业监管。段玉平、刘洪、潘力（2011）并不赞成直接将国外经验"拿来"就用，而是主张必须结合我国基本国情和市场发展状况，建立适合我国实际的保险偿付能力监管体系。魏丽娜（2012）比较了不同国家保险行业的监管模式，再根据目前国际上最新的监管动态，指出中国保险监管的发展方向很可能是混业监管。李孝玲（2013）分析了保险偿付能力评估模型，指出中国现行的保险偿付能力监管标准在借鉴了欧盟偿付能力 I 框架和欧盟偿付能力 II 的改革方向后正逐渐完善，但仍存在一些需要改进的地方：一是最低资本要求的计量有待进一步完善；二是尚未对资产负债认可价值采取市场一致性估计；三是偿付能力评价缺乏动态性和前瞻性；四是保险公司信息透明度须进一步加强。

### 2. 关于保险集团监管制度改革问题的研究

美国 AIG 的危机显示了保险集团危机的巨大威力，表明以前针对非集团化保险的保险监管制度和体系存在缺陷和漏洞，难以完全揭示和反映保险集团的风险。2008 年金融危机以后，各国保险监管改革都建立了针对保险集团的监管制度，加强了对系统重要性保险机构的金融监管，首批 9 家全球系统重要性保险机构都是综合性的保险集团。国内部分文献研究了保险集团监管问题。杨文生和张倩（2009）总结了 AIG 被接管的经验教训，建议中国保险监管应该在注重风险的情况下继续拓宽保险资金的投资渠道，建立"前台全面而灵活，后台重点而严厉"的监管体系，培育对投资者负责的、有效的系统性风险信用评级机构，完善保险公司的风险管理，警惕国际金融风险向中国保险业传导。韩亮、陈欢（2011）总结了 IAIS、欧盟偿付能力 II 和美国对保险集团偿付能力监管的创新，得出了四点对中国保险集团监管的启示：一是建立以风险为基础的全面的偿付能力监管体系；二是定性监管被提高到前所未有的高度；三是从法定资本监管向经济资本监管转变；四是强化偿付能力信息的披露和报告制度。王乐（2012）总结了国际保险集团的监管模式和中国现行的保险集团监管模式，并比较了二者的差别，指出了中国现有监管模式的漏洞：保险集团整体仍然缺乏动态监管规则，缺乏规范的对金融集团特殊风险的监管制度，偿付能力监管的信息化基础也相对薄弱。他建议，我国保险监管改革应尽快引入保险集团动态监管标准，完善定性风险监管，加强保险公司内部风险管理，建立全面有效的合作监管体系，并通过加强内部关联交易风险监管、对组织结构不透明的保险机构的监管、对利益冲突的保险机构的监管、对信息化建设的监管等方式实现对保险集团特殊风险的监管。

### 3. 保险监管机构关于偿二代改革的观点

中国保监会的主要负责人针对中国偿二代建设，指出了我国保险业偿付能力监管改革的发展方向、基本原则和基本内容等。项俊波（2012）指出，虽然目前世界没有就保险偿付能力监管体系达成共识，但是各国偿付能力监管的内涵正不断扩大。中国与欧美的实际情况不一样，中国的保险业监管体系既不能完全照搬欧盟的保险业监管模式，也不能完全照搬美国的保险业监管模式，而是应该建立一套适合中国保险业自身特色的偿付能力监管模式。这既是国内保险市场发展和国际金融格局的客观要求，也是维护国际金融市场和新兴市场稳定的客观要求。中国保险业第二代偿付能力整体框架由制度特征、监管基础和监管要素三大部分构成。王新棣（2012）分析了国家金融监管改革的趋势，认为国际金融改革有四个特征：一是更加强调资本监管的重要性，如 IAIS 制定的保险集团监管共同框架将偿付能力作为监管改革的核心内容；二是更加强调宏观审慎监管的作用，从宏观审慎监管的角度改革监管机构；三是更加注重对系统重要性金融机构的监管，增加了逆周期监管，缓解顺周期效应；四是更加注重金融监管的国际趋同与合作。我国偿二代制度也具有四个特点：一是整体框架与国际接轨；二是充分反映了新兴市场的特征；三是加强宏观审慎监管；四是强化全面的风险管理。陈文辉（2013）指出，我国偿付能力监管体系建设应当遵循四个原则。一是以我国国情为基础。我国保险市场总体上仍处于发展的初级阶段，与欧美发达国家的保险市场不同。因此，不能照搬照抄欧美监管制度，而是要与我国保险行业的发展水平、保险市场的发育程度和保险监管的能力相适应，促进我国保险市场发展。二是与国际保险监管接轨。我国偿付能力监管制度应当借鉴欧盟偿付能力Ⅱ和美国风险资本制度的先进经验，遵守国际保险监督官协会（IAIS）的核心原则，与国际保险监管发展主流保持一致，坚持与国际监管接轨的大方向。三是以风险为导向，坚持以风险为基础计算资本要求。要全面评估保险风险、资产风险、利率风险、信用风险、操作风险等各种风险，根据实际风险状况计算最低资本要求，增强风险防范的全面性，提高偿付能力监管对风险的敏感性。四是规则导向和原则导向相结合。我国保险市场总体上还处于发展的初级阶段，明确的监管规则有利于偿付能力制度的实施和监督，有利于提高监管政策的一致性、可比性和可操性，符合我国保险监管的现实情况，适合当前行业的实际要求。此外，他还从制度特征、监管要素、监管基础等方面阐述了我国偿二代的具体内容。

### 4. 偿付能力监管改革的国际经验分析

部分文献分析了国际保险监管改革的经验，认为我国保险业监管应建立以风险为基础的偿付能力监管体系，加强内部监管，建立适合中国国情的保险资本分级制度。游丽蒙（2012）比较了美国《萨班斯法案》和中国《整体框架》的主要内容，认为适度的政府监管和法制规范是必要的，但是内部监管也不应该忽视。马尧、吕伟育、史啸凯（2012）认为，2008年金融危机对我国保险业发展的教训是：保险公司即使在正常运营情况下，也要注意建设自身的损失吸收能力。从监管的角度来看，资本属性的规范首先需要制度的建设，即资本分级体系的构建、资本合格标准的制定以及相应的额度限制。欧美各国主要监管体系中，资本分级制度和额度限制问题是监管制度和体系的核心内容。我国可以借鉴国际监管体系中资本分级的优秀经验，建立符合国情的中国保险资本分级制度。

部分国内文献研究了欧盟偿付能力Ⅱ改革的优点和不足，分析了欧盟偿付能力Ⅱ在我国保险监管中的实用性等问题。车路（2012）比较了欧盟偿付能力 I 与欧盟偿付能力 II 在风险考察、内部管理和资本衡量方法等方面的差异，分析了欧偿付能力 II 的推行对欧盟保险市场的影响，并指出我国偿付能力监管改革应该充分借鉴国际经验，立足于中国保险业发展的现实来展开。车路还提出如下建议：我国偿付能力监管改革应该全面度量保险公司风险；应该协调好经营安全与效率的关系，根据保险公司的实际运营情况和风险分布，参照动态监测结果采取相应的对策；应该加强配套制度的改革和完善，一方面建立专业的保险会计制度，建立以公允价值为基础的会计体系，另一方面加强精算制度建设，建立独立的精算评估机构；应该将静态监管与动态监管有机结合；应该加强定性风险管理，建立以资产和负债管控为核心的风险管理制度，鼓励使用先进的风险管理工具和管理手段，建立和完善内部风险评估制度；应该完善信息披露制度，发挥市场监督力度，辅助非专业投资者和保单持有人参与决策过程。黄海森、高琳（2013）比较了欧盟偿付能力 I 和欧盟偿付能力 II 的差异，详细介绍了欧盟偿付能力 II 的主要框架，指出欧盟偿付能力 II 经过长时间的设计和修改，已经较为完善和成熟。欧盟偿付能力 II 中以风险为导向的监管方式和利用市场力量进行监督的信息披露机制，以及其体现出的前瞻性监管思维，对我国偿付能力改革具有重要借鉴意义。但同时，欧盟偿付能力 II 也存在一些不足之处：完全摒弃了欧盟偿付能力 I 的静态比例法；以原则为导向的监管模式在中国保险监管中的适用性较差；信息披露制度会增加保险公司的成本，且需要监管机构对信息披露的"度"有较好的把握，但目前缺乏关于信息披露"度"的适当标准；没有将宏观审慎监管的思维融入保险监管制度体系之中。因此，我国保险业偿付能力改革可将其视为一种参考，通过对比发现我国在建设第二代偿付能力体系时应当注意的问题，开发出真正适应我国保险业的第二代偿付能力制度体系。李兆涛（2013）认为，偿付能力监管体系的"第二支柱"主要关注对保险公司的定性监管要求，是对保险公司风险管理的质的要求，内容主要涉及保险公司的治理结构、内部控制体系、风险管理体系和监管要求披露。目前，我国保险业不适合建立像欧盟那样复杂的监管体系，因为我国保险市场没有形成像欧盟保险市场那样完善的市场体系，金融产品不能以市场价值来计量。因此，未来我国保险监管更有可能倾向于加强定性监管。鉴于我国在"第二支柱"监管方面欠缺相应的法律约束，保险公司尚未成立相应的公司治理结构，我国应该从宏观和微观两大方面入手进行偿付能力监管改革。苏洁（2013）采用 2009～2011 年我国各大寿险、财险公司的数据分析了欧盟偿付能力 Ⅱ 在中国的适用性，结论显示第五次量化影响研究（Quantitative Impact Studies 5，简称 QIS5）完全覆盖了目前中国保险业经营中的所有风险，采用欧盟偿付能力 Ⅱ 可以有效地识别和防范我国保险业的风险。苏洁认为，我国在保险业监管中应注重积累更多的业务数据和信息；在立法的过程中应强调 QIS 的作用，让保险公司参与保险监管体系的建设，引导保险公司建立自己的风险管理体系，帮助保险公司建立符合监管要求的数据库。由于欧盟偿付能力 Ⅱ 以原则为导向，不符合中国保险监管的特点，内部标准模式的合理性很难验证，因而苏洁建议我国保险业偿付能力监管改革立足我国国情，适度引入欧盟偿付能力 Ⅱ 。

# 第二节　动态财务分析在防范和应对保险业系统性风险中的作用

资产和负债的评估是偿付能力监管的核心，会计制度的差异可能导致难以比较不同国家的偿付能力，因而会计制度的发展情况对偿付能力制度的发展具有重要影响。为了促进保险监管的发展，减少保险公司资产核算的差异，国际会计准则理事会于 2002 年提出制订国际保险会计准则，以及专门针对保险合同的会计核算方法和规则，引入公允价值核算方法，为欧洲偿付能力采用一致性市场价值评估资产和负债提供基础。目前，国际保险会计制度改革的方向是动态财务分析法的应用和发展。

# 一 动态财务分析法简介

动态财务分析法（Dynamic Financial Analysis，简称 DFA）是为适应实际工作需要而发展起来的一种会计方法，一般认为 DFA 方法最早于 1990 年开始在实际工作中应用（Casualty Actuarial Society，1999；Blum 和 Dacorogna，2004）。北美非寿险协会（Casualty Actuarial Society，简称 CAS）是这种应用方法的主要推动者。CAS 还为此组建了动态风险研究委员会①（Committee on Dynamic Risk Modeling）。该委员会主要致力于 DFA 相关问题的研究，其发布的《DFA 研究手册》和《DRM 研究手册》是 DFA 研究和使用必备的两本手册。

DFA 的基本思想是通过设置不同的情景，构建保险公司的现金流模型，根据现金流模型分析保险公司资产和负债价值的变化情况、保险公司亏损的概率和公司盈利的风险等（CAS，1999；Blum 和 Dacorogna，2004）。由于 DFA 方法可以解决偿付能力分析与预测、资本测试、资本充足率测试、再保险决策等重大问题，DFA 方法在保险公司管理中的应用越来越多，特别受到使用内部模型计算偿付能力资本要求的保险公司的青睐，很多世界一流的保险公司都在使用 DFA。欧盟偿付能力Ⅱ要求保险公司可以采用标准模型或者内部模型两种方法中的一种来计算各自的偿付能力资本要求。随着欧盟偿付能力Ⅱ的推行和推广，未来将有更多的保险公司基于 DFA 方法使用内部模型。

DFA 在不同经营领域中的应用有不同的表述方法：有些领域称之为资产附表管理（Asset Liability Management，简称 ALM），应用 DFA 的寿险公司通常使用这种表述方法；有些领域称之为资产负债表管理（Balance Sheet Management，简称 BSM），应用 DFA 的非寿险保险公司和银行等通常使用这种表述方法。实际上，DFA 在这些领域中的应用非常接近。

---

① http：//www. casact. org/research/drm/.

## 二　动态财务分析法的基本框架

动态财务分析法（DFA）总体上可以分为四个阶段（Eling 和 Parnitzke，2007）（见图 8 - 2）：第一阶段为建模（Modeling）阶段；第二阶段为模拟（Simulation）分析阶段；第三阶段为分析或决策（Interpretation）阶段；第四阶段为验证（Verification）阶段。

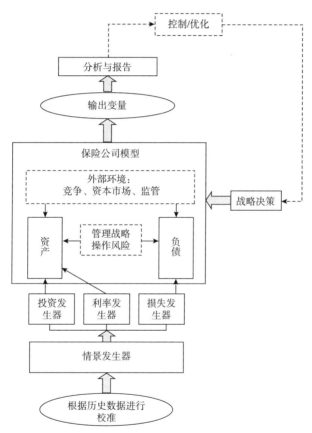

**图 8 - 2　动态财务分析法的一般框架**

资料来源：郭金龙，2014。

在第一阶段，DFA 首先分析保险公司的若干关键变量以及关键变量的随机影响因素，并分析保险公司有哪些外部环境因素。DFA 将保险公司的业务活动抽象为资产和负债两个部分。其中，资产包括股票、债券和其他投资等。这些投资对应的随机影响因素为股票价格的波动、理论的波动、投资品的期限结构和通货膨胀等因素。负债的核心内容为确定损失分布函数，预估可能产生的赔付支出。由于保险公司的保障功能是居于第一位的，因而 DFA 的负债业务（主要为承保业务）是建模的核心，也是保险公司财务处理不同于其他金融机构的关键。再保险业务的影响也包含在第一阶段的过程中。建模分析中考虑的外部因素包括竞争者情景分析、监管环境的变化（如投资、税收、会计准则等的变动）、资本与货币市场变化（如利率和汇率的波动等）。另外一个重要内容是模型的"校准（Calibration）"问题，即根据历史数据确定模型中主要参数的基准值，作为第二阶段情景模型分析的基础。

由于第二阶段对技术的要求很强，涉及大量的现代金融工程和精算模型及方法。第二阶段的关键在于设计第一阶段建模时充当随机因素的"发生器"，即通过设计随机变量变化的不同路径，计算不同路劲下关键指标（如收益率、风险、经济附加值、偿付能力指标、决策影响等）的取值。当模拟的情况足够多（如 1 万次以上）时，可以得到关键指标的分布。其中，较为重要的"发生器"主要是利率、汇率、通货膨胀、股价、损失等指标的变动情况。

在第三阶段，采用类似于组合管理的前沿面分析方法，将风险和收益等指标结合起来分析第二阶段各种"发生器"可能发生的情况，并做出相应的决策。

在第四阶段，根据第三阶段的决策结果，与随后某个时间的实际运行进行对比，分析实际发生的情景与模拟情景的差距，对第一阶段的模型设计进行"校准"和优化处理。同时，也可以重新模拟第二阶段的情景，重新进行决策分析，再与实际运行结果进行对比，直到最终确立最为接近现实的模型。

## 三　动态财务分析法的优点和缺点

目前尚没有专门的文献研究动态财务分析法的优点和缺点，因而本书根据以往文献研究的部分结论进行总结和归纳。

### 1. DFA 的优点

Arcy 等（1997，1998）指出，DFA 能够将保险公司的各项主要活动整合在一起进行综合的模拟分析，并能够利用模拟分析提供一个可能结果的概率分布，而不仅仅是单一的预测值。Cummins 等（1999）认为：DFA 能够预测保险公司何时可能发生偿付能力不足的风险，而这是其他方法所不能实现的；DFA 还能够模拟不利宏观经济事件的影响，而且其预测能力比静态模型强。Swiss Re（2000）认为，DFA 可以为管理者提供一个流程清晰的"玻璃盒"，参数或者假设的变化都可以通过"玻璃盒"清晰地观察到，这也是以往的模型无法做到的。Kaufmann（2001）认为，DFA 的优点是可以模拟多种情景，给管理者提供较多角度的信息。

### 2. DFA 的缺点

Arcy（1998）认为，DFA 依赖于历史数据进行校准，但历史数据与现实可能存在较大的差异，如果未来发生的损失远远超过历史事件，可能导致模拟结果低估损失风险。Kaufmann 等（2001）认为：DFA 没有考虑外部融资对破产概率的影响，计算出来的破产概率往往高于实际；DFA 只是提供了几种可能策略的比较，无法帮助管理者做出最优策略决策；DFA 涉及较为复杂的技术，要求使用者具有较高的精算水平。Kaufmann 等（2001）指出：DFA 对保险公司进行了高度抽象和简化，或许难以描述保险公司的真实情况；同时，DFA 也存在模型风险的问题。Eling 和 Parnitzke（2007）认为：保险公司各项活动之间的关联是普遍和复杂的，单纯通过简单的模型描述这一过程是较为困难的；DFA 分析中最关注概率分布的尾部性质，特别是负债环节，对概率分布的尾部性质依赖性较强，但实际上正确描述尾部性质较为困难。

郭金龙（2014）指出，DFA 方法存在的一些问题对 DFA 在保险管理中的应用造成了一些困难。第一，DFA 只是一种会计方法，本身不是十全十美的。第二，DFA 方法中负债建模的应用也存在某些问题。负债建模应用的第一个困境是如何选择损失的概率分布。非寿险公司往往拥有很多个产品线，有的产品的损失分布比较一致（如车辆事故），有的产品的损失分布却可能有很大的特殊性（如自然灾害）。不同产品线的损失服从不同类型的分布，给负债建模带来了极大的困难和复杂性。负债建模应用的第二个困境是如何考虑再保险的影响。负债建模必须同时考虑比例型和非比例型再保险，而再保险建模与巨灾损失建模有密切关系。巨灾损失建模通常采用"频率－损失程度"（Frequency－Severity）的设置通过随机模型（Stochastic Models）进行模拟分析（Blum 和 Dacorogna，2004），也可以采用描述分布的尾部性质的方法对巨灾等极端损失进行模拟。第三，DFA 应用中的困境是影响因素的建模问题。资本与货币市场中的利率、汇率、股票价格等主要变量对资产具有重要影响，对这些因素建模的困难在于如何描述这些变量之间复杂的相关性。

## 四 动态财务分析法在防范和控制保险业系统性风险中的作用

随着现代保险业的发展，DFA 在保险公司管理中的应用越来越广泛，因为 DFA 方法可以解决偿付能力分析与预测、资本测试、资本充足率测试、再保险决策等重大问题，契合了保险业系统性风险防范与控制的某些目标。保险业系统性风险防范与控制的重点是合理控制保险机构的各种经营风险，维持保险机构良好的偿付能力状态，同时尽可能保持保险机构充分利用盈利空间的能力，建立预警机制，避免保险机构破产倒闭事件和触发保险业系统性风险的事件发生。尽管 DFA 方法的应用存在某些困难和不足，但是，与静态会计模型相比，动态会计模型充分考虑了公司的外部环境以及不确定性对资产和负债的影响和冲击，加强了对单个保险机构偿付能力风险的控制，仍然是一种较好的监控保险机构偿付能力情况、进行资本测试和资本充足率测试的方法。

我国保险公司在实际操作中也对 DFA 方法进行了一些试探性应用。对我国而言，由于我国资本与货币市场尚未完全成熟，存在诸多体制和制度方面的问题，成熟市场的利率和汇率模型可能并不适合我国保险公司经营管理的现实需要。因此，应用 DFA 的最大挑战是外部随机变量"发生器"的设计问题。目前，DFA 方法尚未在我国保险公司管理中大面积推广。

# 第三节　我国应对保险业系统性风险的政策措施及建议

虽然我国保险业尚处于发展的初级阶段，保险密度和保险深度与发达国家的保险业发展水平存在较大的差距，保险业在国际保险市场中的影响也相对较小，但是，由于我国是一个人口众多的国家，保险市场可开发的潜力较大，多国国际保险集团都将我国市场作为其国际业务发展的重点，同时，我国经济发展进入新一轮增长阶段，需要大力发展现代保险服务业，充分发挥保险对经济发展提质增效的作用，更好地辅助和支持经济发展，巩固经济发展的成果，中国保险业在国际保险市场中的影响力正在逐步增强。中国平安集团成为首批 9 家系统重要性保险机构中唯一的亚洲保险机构，反映了中国保险业在国际保险市场中具有较大的影响力和重要的地位。因而，加强我国保险业系统性风险管理具有重要意义。

## 一　我国保险业系统性风险管理的现状分析

保险业系统性风险这一概念是近几年才提出来的一个新名词。IAIS、FSB、Geneva Association 和 IMF 等国际组织提出了保险业系统性风险的概念，保险业系统性风险的特征和识别，以及保险业系统性风险与银行业等其他系统性风险的区别等问题，还对保险业系统性风险的防范措施和管理方法问题展开了研究。但是，目前尚无任何研究明确提出全球哪些保险业危机事件是保险业系统性风险。比如，2008 年金融危机是不是保险业系统性风险引起的？更多的研究倾向于认为 2008 年金融危机是一种金融业系统性风险，或者是银行业系统性风险，因为美国国际集团在 2008 年金融危机中并没有真正破产倒闭。美国政府即使耗资巨大，也要挽救美国国际集团。美国政府的援助措施保障了美国国际集团的偿付能力，没有出现因为美国国际集团无法支付负债而对其他机构及市场造成影响的情况。因此，我们难以模拟和评价美国国际集团破产倒闭可能造成的后果和影响。保险业系统性风险的研究还停留在理论层面，尚未提出针对保险业系统性风险的管理措施。实际上，各国针对保险业一般性风险的监管改革措施，也可以起到防范和应对保险业系统性风险的作用。

## 1. 我国偿付能力监管改革的一般性措施

2008 年金融危机爆发以后，我国保险业不但没有遭受巨大的损失，反而保持了较高的发展速度。但是，国际保险业发展的经验和教训，已经让我国的保险监管机构和相关学者意识到保险业系统性风险的重要性，我国保险监管机构也进行了某些相关改革，采取了一些积极应对措施。2008 年开始，我国也提出了第二代偿付能力建设计划，并在保险公司管理中进行 DFA 的一些尝试性应用。这种改革措施虽然是改善保险公司风险管理的一般性措施，但也可以起到加强对保险机构偿付能力的监控和预警风险的作用，起到避免和防范单个保险机构破产倒闭的作用，进而在一定程度上起到保障整个保险市场经营稳定、防范和控制保险业系统性风险的作用。我国保险业尚处在初级阶段，目前并未涉及或者大规模地经营具有潜在系统性风险的保险业务，保险业务基本上控制在传统保险业务的范围内。与非传统的表外保险业务相比，传统保险业务引发保险业系统性风险的可能性较低。我国保险监管制度一直保持了较为谨慎的监管态度，保险监管处于探索式改革进程中，对风险的监管和控制较为严格。我国保险监管和保险经营的这种特点，也在一定程度上起到了防范和控制保险业系统性风险的作用。鉴于在首轮全球系统重要性保险机构评估中，中国平安集团最终被确定为全球系统重要性保险机构之一，中国政府也将采取相应的措施，加强对平安集团的风险监管，防范与控制保险业系统性风险。

**2. 我国保险集团监管制度的建设与发展**

金融危机爆发之前，我国基本上没有建立专门针对保险集团的监管制度和措施。2008 年金融危机爆发以后，美国的 SMI 计划明确提出了针对保险集团的监管措施，欧盟的偿付能力 Ⅱ 也对保险集团监管做出了特别规定。2008 年 4 月，我国出台了《保险公司偿付能力报告编报规则第 14 号：保险集团》（简称"14 号编报规则"），首次提出了保险集团偿付能力的监管评估标准，基本上建立了较为完善的保险集团偿付能力监管体系。2010 年，中国保险监督管理委员会又制定了专门针对财险公司的《保险公司偿付能力报告编报规则第 16 号：动态偿付能力测试（财产保险公司）》。保险集团偿付能力监管实际上是评估保险集团的资本充足性，将保险集团的子公司分为受金融监管的子公司（保险、银行、证券和期货）和不受金融监管的子公司（保险经纪公司和资产管理公司）。其中，对受金融监管的子公司采取按经营金融业务分业管理的方式，保险业的偿付能力监管标准按照中国保监会的相关规定设置，银行的资本充足率按照中国银监会的相关规定设置；不受金融监管的子公司无须编报偿付能力报告。王乐（2012）指出，14 号编报规则总体上以欧盟偿付能力 Ⅱ 的"三支柱"模型为基础，确定了我国保险集团偿付能力监管的基本框架。这个框架既包括资本充足性的定量监管要求，也包含了定性监管标准以及信息披露要求。

2014 年 7 月 28 日，中国保监会向保险公司下发了《保险集团并表监管指引》的征求意见稿，要求保险集团应当以风险为基础评估偿付能力，建立偿付能力管理制度和内部交易管理制度，规定了纳入保险集团并表监管的投资机构类型。征求意见稿的相关规定实质上是加强了对保险集团的资本、财务和风险的全面和持续监管，主要是识别、计量、监控和评估保险集团的总体风险状况。

### 3. 我国保险业的保险保障基金制度

2004 年，我国通过了《保险保障基金管理办法》，建立了保险业的保险保障基金制度。这种制度是保障保单持有人利益的一种机制。我国的 1995 年《保险法》以及随后修订的 2002 年《保险法》，均明确规定不准承保寿险保险合同的保险机构破产倒闭。这一法律条文虽然是为了避免寿险公司破产对寿险保单持有人利益造成重大损失，是为了保护寿险保单持有人的利益，但是没有为寿险公司提供正常的退出机制——寿险公司经营管理不善造成的损失最终都由政府承担。保险保障基金制度的建立是我国保险业发展历史上的一次重要改革，可以在一定程度上避免市场由于恐慌心理而产生的大规模"退保潮"，加剧保险业的流动性风险，同时也为经营管理不善的寿险公司提供了一种正常的退出机制，有利于市场优化资源配置。2008 年，根据我国保险业发展的特点及保险监管中出现的新情况，中国保监会再次修改了《保险保障基金管理办法》的某些规定，进一步完善了我国保险业的保险保障基金制度。

## 二 我国保险业的新发展及系统性风险监管的潜在隐患

我国保险业虽然规模较大，但是平均发展水平仍然较低，保险业在国民经济生活中的地位和作用远未达到世界先进水平，在国际市场中的影响力也较为有限，保险业总体上处于发展的初步阶段。然而，我国保险业和保险市场的发展潜力是不容忽视的。

### 1. 保险集团的数量和规模不断增加

继平安集团成立以来，我国陆续组建了多个保险集团，保险集团的数量越来越多。平安集团是综合性保险金融集团，经营业务几乎涉及我国所有的金融业务；人保集团旗下包括人保财险、人保寿险、人保健康、资产管理公司等多个子公司，是纯粹经营保险业务的集团机构；太保集团下设太保产险、太保人寿、资产管理公司等多个子公司，也是较为单纯的保险集团；安邦集团旗下包括安邦财险、安邦人寿、资产管理公司、保险经纪公司等多个子公司，也是单纯的保险集团。随着我国保险集团数量的不断增加，保险集团在国内外保险和金融市场的影响力逐渐增强。因此，如何实施针对保险集团的监管，开始引起市场关注。

偿一代已经显示出较多的缺陷，难以适应当前保险集团监管的需要。正在建立的偿二代已经克服了偿一代的诸多弊端，建立了针对保险集团的动态风险监管制度体系。然而，放开"前端"，"后端"能否管得住，还缺乏充分的市场过程的检验，实际结果仍然很难预测。安邦集团自成立以来，业务发展的重点并非在传统保险业务领域，资本化扩张倾向非常显著。由于保险集团加强了向银行等金融行业的渗透和扩张，未来可能出现更多综合性金融集团，加强保险业与银行业的关联性。平安集团和安邦集团加强了在国际市场的投资，未来也可能有更多的保险集团或金融集团参与国际金融市场活动，加强与国际金融市场的关联性。此外，中国的保险集团或将逐渐涉足更多的非传统保险业务领域。这些变化增加了保险业潜在的系统性风险。偿二代能否在保险集团实际监管中真正奏效，防范与化解保险业系统性风险，仍然有待观察。

### 2. 保险费率市场化改革

我国的费率市场化改革正在逐步推进，市场因素对保险行业发展的影响力将进一步增强，未来保险行业发展将面临更为激烈的竞争环境和国际先进保险机构进入的市场冲击。部分保险机构为争夺市场份额，可能采取较为激进的价格策略，调低保险费率，短期内可能对保险市场造成较大的影响，对整个保险行业造成较大的压力。澳大利亚的 HIH 保险集团和英国的 Independent 保险公司等的承保业务，均因为过度扩张和采取低价格的方式争夺市场而遭受了较大的损失。2013 年 8 月 1 日，中国保监会启动了人身险费率改革的第一步方案，不再执行传统人身保险产品保险费率 2.5% 的上限政策，而是由保险公司根据审慎原则自行决定。这一费率政策改革出台后的半年内，2013 年平安、新华、太保、人保等上市保险公司传统险寿险产品保费收入在公司总保费收入中的比重分别较上年提高了 0.84、12.98、0.03、9.76 个百分点。当然，传统人身保险产品属于传统保险业务，这种保险业务规模的提高并不会造成保险业系统性风险。我国保险费率改革的第二步计划是放开分红险和万能险的保证利率，第三步计划是完全的费率市场化（袁序成，2014）。在费率市场化改革的过程中，保险行业可能推出具有较高风险的投资型保险业务，以充分吸收资本市场的收益。这种业务增强保险行业和其他金融行业的关联性，可能导致金融风险更容易在保险行业中传播，从而提高保险业系统性风险的潜在可能性。

针对费率市场化改革，中国保监会提出了"放开前端、管住后端"的监管原则，着力构建我国第二代偿付能力监管体系。目前，世界各国都在开展新的偿付能力监管改革。但由于这些新的监管体系刚刚起步，尚未正式在市场中推广，无法检验它们是否能够起到防范保险业系统性风险的作用，所以它们能否适应未来可能出现的更为复杂的现代保险业发展环境也未可知。

### 3. 保险产品体系逐渐完善和健全

我国保险业正在逐渐完善和健全保险产品体系，开发和推广多种具有高风险性质的保险产品业务，因而未来中国保险机构将面临更高的承保风险。多数保险公司正在开发和大力推广各种责任保险业务、信用保险业务、保证保险业务等非车险保险业务。近年来，平安集团加大了保证保险业务的市场开发和推广力度，成为我国保证保险业务保费收入最高的保险公司。2014年，我国正式在深圳和宁波试点开展巨灾保险业务。这种业务一旦发生风险，可能给保险机构带来严重后果。未来，我国保险公司也可能推出具有更高风险性质的非传统保险产品。CDS业务等非传统保险业务是造成2008年保险业潜在系统性风险的保险业务之一。目前，关于保险业系统性风险的研究文献均认为，大规模开展这类保险业务容易引发保险业系统性风险。但是，这些研究并没有指出这类保险业务"大规模"的标准是多少，临界点是多少。我国是一个人口众多、市场较为庞大的潜在保险市场。随着这种高风险保险产品的发展，保险界尚无法测算这种承保业务的亏损可能对中国保险市场造成多大程度的损失，也无法推测具有造成保险业系统性风险潜力的各类保险产品造成系统性影响的临界点。

### 4. 保险资金投资渠道拓宽

我国保险资金的投资渠道进一步放开后，保险公司为追求更高的投资收益，可能将保险资金配置于一些具有高风险的投资业务。2012 年以来，我国陆续出台了 13 项以上的有关保险资金投资的政策，扩大了保险资金的投资渠道。2013 年，我国保险资金投资收益率达到 5.04%，为 4 年以来的最高水平。IAIS、Geneva Association 和 FSB 等认为，投资管理业务中的资产负债管理不善造成潜在系统性风险的可能性较低，大规模开展表外衍生品金融投资管理业务可能引发保险业系统性风险。但是，相关的研究也没有指明表外衍生品金融投资管理业务"大规模"的标准是量的标准还是比例的标准。我国现有的保险资金投资政策仅规定了权益投资的比例限制。实际上，即使在这种比例限制下，由于某些保险机构的资金规模较大，按照这种比例限制配置保险资金时，其表外非传统非保险业务规模的量也可能相对较大，可能对保险业造成系统性冲击，从而引发保险业系统性风险。

## 三　我国保险业系统性风险监管的政策建议

### 1. 建立和完善保险集团监管制度体系

"偿二代"建设的第 17 号文件是专门针对保险集团偿付能力监管的方法和措施，包括总则（明确界定了保险集团的定义、分类、偿付能力风险类型和偿付能力监管规则等）、资本计量（包括一般规定、最低资本和实际资本）、偿付能力风险管理要求与评估、偿付能力报告和信息披露、监督管理与协作、附则等内容，对保险集团及其子公司的偿付能力监管问题做出了详细规定。目前，"偿二代"正处在试运营阶段，保险监管机构应密切关注试运营阶段保险集团的风险变化和风险管理制度体系建设等情况，以及保险集团监管政策对保险集团的影响效应，比较"偿二代"下保险集团偿付能力与"偿一代"下的保险集团偿付能力之间的差异，完善保险集团监管制度体系，使得这一制度体系既适合中国当前保险监管的需要，也保持与国际保险集团监管制度体系的兼容性，适应保险集团国际化发展趋势的需要。

## 2. 加强系统重要性保险机构的监管

系统重要性保险机构在保险业务发展中处于重要节点位置。这种机构破产倒闭可能导致金融系统中某些业务无法正常开展和运营，造成某些金融功能瘫痪。2013 年中国平安集团被评为首批全球系统重要性保险机构之一，是亚洲国家唯一入选的保险机构，反映了平安集团在全球金融系统中的重要地位。随着国际经济形势的变化和国内保险集团的大规模发展，未来我国全球系统重要性保险机构可能有所增加，在国内具有系统重要性的保险机构的数量也会增多。这些机构将成为我国金融系统的重要组成部分，一旦发生危机可能会危及我国金融系统的稳定，甚至危及整个经济系统的安全。

因此，我国监管机构采取了多种措施以加强对系统重要性保险机构的监管：一是加强对全球系统重要性保险机构和国内系统重要性保险机构评估方法的研究，保持评估方法的科学性和客观性，保证所采用的评估方法尽可能真实反映这类机构的风险情况，既避免过度监管，也防止监管不足；二是加强与国际保险监管机构的交流与合作，积极参与国际保险监管规则框架的制定和交流活动，保持我国系统重要性保险机构监管制度体系与国际保险监管规则的兼容性，增进对国际先进国家系统重要性保险机构监管制度体系的环境、影响等的理解；三是加强系统重要性保险机构自身的风险管理，督促这类机构建立和完善企业风险管理制度体系，增强企业负责人的风险责任意识，建立风险追责机制，将风险管理水平和企业经营绩效纳入企业负责人薪酬考核机制；四是加强信息披露，增强市场监管在系统重要性保险机构监管中的作用。

## 3. 加强对资本融资和流动性风险管理业务的监管

偿付能力危机和流动性危机都对保险企业的健康经营有较大的影响，其中流动性风险对保险企业造成的影响更为即时和迅速。保险公司发生偿付能力危机时，未必能立即对保险公司的正常经营造成显著影响，流动性危机则可以迅速使保险企业陷入经营困境。IAIS、Geneva Association 和 FSB 等认为，通过商业票据或者证券借贷等进行短期投融资业务的流动性管理不善，容易引发保险业系统性风险，具有潜在的系统性风险。因此，笔者建议：一是监管机构和保险公司自身采取多种措施加强对这类业务的风险管理，增强这类业务的透明度；二是建立这类业务的流动性风险追踪记录机制和定期报告制度；三是建立针对这类业务的风险预警机制；四是建立评估流动性风险优劣的临界值标准，综合运用定性分析和定量分析方法，评估这类业务的风险情况。

### 4. 加强对表外非传统保险业务的监管

IAIS、Geneva Association 和 FSB 等认为，传统核心保险业务引发保险业系统性风险的可能性较低，某些表外非传统保险业务达到一定规模时容易引发保险业系统性风险。由于目前我国保险机构开展这类保险业务的规模相对较小，甚至尚未涉足这类保险业务（如风险较大的非传统保险业务 CDS），所以，在把握市场变化特征的基础上，监管机构需要评估保险机构开展这类保险业务的合理性规模标准，将这类保险业务的经营规模控制在合理性标准范围之内。对开展非核心表外保险业务的机构，应在授予其经营牌照的同时，加强对这类业务透明性的考核并将考核作为许可经营的重要条件之一；尽量对这类业务的交易实现柜台化管理，加强对这类业务交易过程的监管，并建立适度的准备金制度。

### 5. 加强与其他金融监管机构的合作

现代金融业的发展使得各类金融业务的边界日渐淡化，各类金融业务中都出现了其他相关金融业务的某些功能特征。例如：将银行储蓄和投资增值等方式作为养老或者防范身故风险损失的方式；部分保险产品具有储蓄投资功能特征，融合了银行和投资业务的功能特征。AIG 在 2008 年金融危机中损失惨重，就是由于这类业务边界范围的模糊导致保险监管缺位，放纵 AIG 的金融部门大力发展这类金融业务并达到一定的规模，最终引发了巨大风险。现代金融业的发展趋势是金融业务的混业经营，银行、证券、保险多种金融业务之间的关联性更为密切，渗透性更强。未来可能出现更多的新型跨边界金融产品，金融业分业监管的制度体系可能导致经营中出现监管盲区，造成某些具有较大潜在风险的业务大规模发展。因此，我国必须重视保险、银行、证券等多家监管机构的密切合作，加强金融混业监管。

# 参考文献

［1］巴力：《日本保险业破产倒闭事件的启示》，《金融理论与实践》2001年第2期。

［2］白雪梅，石大龙：《中国金融体系的系统性风险度量》，《国际金融研究》2014年第6期。

［3］蔡浩：《基于金融不稳定假说对当前金融危机的成因及其演变的分析》，硕士学位论文，复旦大学经济学院，2012年。

［4］蔡利，何雨，王瑜：《连续审计在政府审计维护金融安全中的运用研究——基于系统性风险监控的视角》，《审计研究》2013年第6期。

［5］车路：《基于欧Ⅱ的我国偿付能力监管改革》，硕士学位论文，东北财经大学保险学，2012年，第6~14页。

［6］陈璐，徐南南：《美国保险公司破产研究及对我国的启示》，《保险研究》2011年第10期。

［7］陈华：《基于安全的中国保险行业系统性风险研究》，《保险研究》2008年第3期。

［8］陈文辉：《积极推进中国偿付能力监管体系建设》，《中国金融》2012年第13期。

［9］陈文辉：《推进第二代偿付能力制度建设》，《保险研究》2013年第9期。

［10］陈文辉：《中国保险偿付能力监管改革》，《中国金融》2013年第8期。

［11］陈文辉：《中国偿付能力监管改革的道路选择》，《金融时报》2013年9月24日，第1版。

［12］陈志国：《欧盟保险偿付能力改革的最新进展》，《保险研究》2008年第

9 期

[13] 陈忠阳，刘志洋，宋玉颖：《中国系统性风险监测与分析研究》，《吉林大学社会科学学报》2012 年第 7 期。

[14] 崔慧贤：《偿付能力评估中的 DFA 方法研究》，《财经问题研究》2010 年第 1 期。

[15] 杜长江：《系统性风险的来源——预警机制与监督策略》，博士学位论文，南开大学经济学院，2010 年，第 1 ~ 7 页。

[16] 段玉平，刘洪波：《欧洲偿付能力 Ⅱ 监管制度及对我国保险公司经营的启示》，《金融会计》2011 年第 12 期。

[17] 范凯文：《美国偿付能力现代化工程对我国保险业偿付监管体系建设的启示》，《上海保险》2013 年第 8 期。

[18] 方意，赵胜民，王道平：《我国金融机构系统性风险测度——基于 DCC – GARCH 模型的研究》，《金融监管研究》2012 年第 11 期。

[19] 弗兰克·J. 法博齐（Frank J. Fabozzi）著，《投资管理学》，周刚等译（第二版），经济科学出版社，1999，第 36 ~ 40 页。

[20] 高洪忠：《保险公司次级债风险及监管研究》，《保险研究》2011 年第 1 期。

[21] 龚明华，宋彤：《关于系统性风险识别方法的研究》，《国际金融研究》2010 年第 5 期。

[22] 郭金龙：《金融危机对全球保险业的影响》，经济管理出版社，2013，第 53 ~ 80 页。

[23] 郭金龙：《现代商业保险规范发展与金融稳定关系的综合研究》，经济管理出版社，2014，第 27 ~ 55，160 ~ 164，274 ~ 316 页。

[24] 郭艳，胡波：《保险公司偿付能力监管：国际趋势及其对我国的启示》，《经济问题》2008 年第 6 期。

[25] 韩亮，陈欢：《国际保险集团偿付能力监管改革及启示》，《保险研究》2011 年第 10 期。

［26］黄海森，高琳：《欧盟 Solvency II 框架综述及相关问题思考》，《金融发展研究》2013 年第 2 期。

［27］胡宣达，沈厚才：《风险管理学基础：数理方法》，东南大学出版社，2001，第 34～46 页。

［28］姜波：《国际保险监管发展趋势与启示》，《中国金融》2010 年第 1 期。

［29］江先学：《欧盟偿付能力 II 对完善我国偿付能力监管制度的启示》，《中国金融》2010 年第 23 期。

［30］江先学，吴岚：《保险公司偿付能力监管研究》，上海交通大学出版社，2013，第 3～280 页。

［31］金德尔伯格．施瓦茨：《金融危机史》，叶翔译，中国金融出版社，2008，第 69～72 页

［32］孔瑞敏：《第一代偿付能力 欧洲与国内有三点不同》，《证券日报》2012 年 4 月 19 日，第 2 版。

［33］李若瑾：《警惕跨市场金融风险向保险业传递》，《财经科学》2009 年第 2 期。

［34］李孝玲：《保险偿付能力评估模型研究》，《商情》2013 年第 31 期。

［35］李永军，尹伟：《系统性风险防范与宏观审慎监管——后危机时代的金融监管思考》，《内蒙古财经学院学报的》2011 年第 4 期。

［36］李兆涛：《偿付能力监管体系"第二支柱"问题研究》，硕士学位论文，河北大学金融学，2013 年，第 7～29 页。

［37］林宝清，施建祥：《论西方保险监管模式变革与我国保险监管模式选择》，《金融研究》2003 年第 6 期。

［38］刘春航，朱元倩：《银行业系统性风险度量框架的研究》，《金融研究》2011 年第 10 期。

［39］刘吕科，张定胜，邹恒甫：《金融系统性风险衡量研究最新进展述评》，《金融研究》2012 年第 11 期。

［40］刘兴亚，王少群，陈敏：《全球系统重要性保险机构的评估方法和政策

措施》，《金融发展评论》2013 年第 9 期。

[41] 林鸿灿，刘通，张培园：《保险机构系统性风险溢出效应的实证研究——基于 AR – GARCH – CoVaR 模型》，北大赛瑟（CCISSR）论坛文集，北京，2012 年 4 月，第 304 ~ 316 页。

[42] 林虹：《保险契约信息不对称问题研究》，博士学位论文，吉林大学法学院，2009 年，第 80 ~ 90 页。

[43] 鲁玉祥：《系统重要性保险机构监管改革进展及对我国的启示》，《金融稳定研究》2012 年第 12 期。

[44] 吕晨：《欧盟偿付能力监管体系改革及启示》，《中国保险》2008 年第 7 期。

[45] 马尧，吕伟育，史啸凯：《建立我国保险业资本分级体系》，《中国金融》2012 年第 13 期。

[46] 马勇：《系统性金融风险：一个经典注释》，《金融评论》2011 年第 4 期。

[47] 麦强盛：《基于审慎监管的银行业系统性风险研究》，博士学位论文，暨南大学管理科学与工程专业，2011 年，第 22 ~ 40 页。

[48] 欧阳谦：《次贷危机与系统性风险——对金融市场网络效应的分析》，《中国金融》2010 年第 5 期。

[49] 潘林伟，吴娅玲：《系统重要性金融机构监管的国际经验及对我国的启示》，《金融监管》2011 年第 5 期。

[50] 裴光：《保险业信息披露机制的理论分析》，《保险研究》2007 年第 2 期。

[51] 钱小安：《保险业诚信问题的根源、危害与对策》，《保险研究》2005 年第 9 期。

[52] 秦岩：《国际监管领域关于保险与系统性风险研究》，《中国保险》2011 年第 3 期。

[53] 斯蒂文 . L. 施瓦茨：《金融系统性风险》，沈晖，缪因知译，《金融法

苑》，2013，第 192 ~ 238 页。

[54] 沈丁丁，晏燕：《长尾业务对非寿险公司的冲击与防范》，《西南金融》 2008 年第 2 期。

[55] 苏洁：《欧盟偿付能力 II 背景下我国保险业偿付能力管理》，《上海保险》 2013 年第 3 期。

[56] 孙丽娟：《保险公司破产的国际经验与借鉴》，《保险研究》2009 年第 6 期。

[57] 锁凌燕：《美国保险风险资本监管系统的改革与发展》，《中国金融》 2010 年第 23 期。

[58] 孙祁祥，郑伟，肖志光：《保险业与美国金融危机：角色及反思》，《保险研究》2008 年第 11 期。

[59] 孙立明：《美国财产保险公司的破产成本分析与启示》，《金融研究》 2002 年第 10 期。

[60] 童牧，何奕：《复杂金融网络中的系统性风险与流动性救助——基于中国大额支付系统的研究》，《金融研究》2012 年第 9 期。

[61] 谭洪涛，蔡利，蔡春：《金融稳定监管视角下的系统性风险研究述评》，《经济学动态》2011 年第 10 期。

[62] 田辉：《次贷危机中的美国保险业对我国的启示》，《经济参考报》2008 年 5 月 30 日。

[63] 王大威：《系统性金融风险的传导、监管与防范研究》，博士学位论文，中国社会科学院金融系，2012 年，第 10 ~ 103 页。

[64] 王俊：《金融风险的跨市场传递机制研究》，硕士学位论文，西南财经大学金融学，2011 年，第 15 ~ 33 页。

[65] 王璜：《系统性风险的识别与评估》，《金融纵横》2012 年第 4 期。

[66] 王乐：《中国保险集团偿付能力监管研究》，硕士学位论文，辽宁大学保险学，2012 年，第 6 ~ 37 页。

[67] 王少群：《发达国家保险公司破产原因及对我国的启示》，《保险研究》

2007 年第 8 期。

[68] 王晓全，阎建军，孙祁祥：《保险经济学：一个综述》，《金融评论》 2012 年第 4 期。

[69] 王新棣：《建设中国第二代偿付能力监管制度》，《中国金融》2012 年第 13 期。

[70] 王颖：《保险监管模式国际比较及借鉴》，《保险研究》2012 年第 12 期。

[71] 王姝：《主要发达国家保险监管制度比较研究》，博士学位论文，吉林大 学经济学院，2013 年，第 29～115 页。

[72] 魏丽娜：《我国保险监管模式研究》，硕士学位论文，山西财经大学金融 学，2012 年，第 16～28 页。

[73] 文国柱：《金融衍生品市场监管与系统性风险的预防》，《劳动保障世界》 2013 年第 7 期。

[74] 项俊波：《保险业偿付能力监管：国际格局中与中国道路》，《金融监管 研究》2012 年第 8 期。

[75] 项俊波：《抓紧推进第二代偿付能力监管制度体系建设》，《中国保险》 2012 年第 4 期。

[76] 肖崎：《现代金融体系下系统性风险的演变与防范》，《金融发展研究》 2012 年第 1 期。

[77] 谢海林，邝健坤，李倩：《宏观审慎监管：一个文献综述》，《区域金融 研究》2011 年第 5 期。

[78] 谢世清：《"侧挂车"：巨灾风险管理的新工具》，《证券市场导报》2009 年第 12 期。

[79] 谢世清，曲秋颖：《保险连接证券的最新发展动态分析》，《保险研究》 2010 年第 7 期。

[80] 谢志刚：《我国第二代偿付能力监管制度体系建设中的几个关键问题》， 《保险研究》2012 年第 8 期。

[81] 熊志国：《欧美保险偿付能力监管制度比较》，《中国金融》2012 年第

13 期。

[82] 徐杰：《信息不对称与金融市场脆弱性》，《中央财经大学学报》2004 年第 4 期。

[83] 徐超：《系统重要性金融机构识别方法综述》，《国际金融研究》2011 年第 11 期。

[84] 阎建军，关凌：《保险业在金融危机中的角色：资产证券化视角》，《金融评论》2011 年第 4 期。

[85] 阎建军，王晓军：《保险业协会在管理行业风险中的作用》，《中国金融》2009 年第 4 期。

[86] 杨军：《系统性金融风险的产生与化解》，《中国金融》2011 年第 6 期。

[87] 杨琳：《国际保险业系统性风险、成因与对策》，《中国保险》2008 年第 3 期。

[88] 杨文生，汪洋：《银行业风险向保险业传递的路径研究》，《统计与决策》2009 年第 15 期。

[89] 杨茜：《欧盟偿付能力（Solvency）Ⅱ改革综述及其借鉴意义》，《改革探索》2012 年第 5 期。

[90] 杨霞：《保险业在国家金融稳定中的作用——后危机时代的思考》，《保险研究》2010 年第 2 期。

[91] 叶华：《系统风险、系统性风险与金融危机》，《投资研究》2012 年第 12 期。

[92] 尹成远：《日本人寿保险公司倒闭原因及对我国的启示》，《日本问题研究》2003 年第 1 期。

[93] 游丽蒙：《〈萨班斯法案〉与〈内部控制基本规范〉的比较研究》，《经济与法》2012 年第 6 期。

[94] 叶青，易丹辉：《中国股票市场价格波动与经济波动的关系》，《统计与决策》2000 年第 1 期。

[95] 杨文生，张倩：《美国国际集团被接管的教训及对中国保险业的警示》，

《河南金融管理干部学院学报》2009 年第 2 期。

[96] 袁敏:《建立以风险为导向的非寿险公司偿付能力监管体系研究——基于欧盟保险偿付能力监管标准Ⅱ》,《北大赛瑟(CCISSR)论坛文集》,北京,2011 年 4 月,第 512~526 页。

[97] 袁序成:《人身保险费率形成机制改革》,《中国金融》2014 年第 9 期。

[98] 臧敦刚:《后危机时代保险业的宏观审慎监管》,《国际经济合作》2011 年第 12 期。

[99] 曾忠东,贾荣:《金融危机下全球保险业风险管理策略调整新动向》,《现代财经》2011 年第 2 期。

[100] 翟金林:《银行系统性风险的成因及防范研究》,《南开大学学报》(哲学社会版)2001 年第 4 期。

[101] 张楠楠:《次贷危机后的保险业风险管理问题》,《保险研究》2009 年第 11 期。

[102] 张晓朴:《系统性金融风险研究:演进、成因与监管》,《国际金融研究》2010 年第 7 期。

[103] 赵桂芹,吴洪:《保险体系的系统风险相关性评价:一个国际视角》,《保险研究》2012 年第 9 期。

[104] 赵靖:《我国保险公司偿付能力监管制度之发展历程》,《商情》2012 年第 26 期。

[105] 郑庆寰:《跨市场金融风险的传递机制研究》,《南方金融》2008 年第 3 期。

[106] 周梅,李梦斐:《保险市场风险与效率探析》,《经济问题》2009 年第 8 期。

[107] 周刚:《保险市场风险与效率探析》,《经济问题》1999 年第 8 期。

[108] 朱安彤:《我国保险公司偿付能力监管研究》,硕士学位论文,河北大学保险学,2013 年,第 8~32 页。

[109] 朱淑珍:《金融创新与金融风险》,上海复旦大学出版社,2002,第 1~

107 页。

[110] 朱文杰:《论保险业的系统性风险》,《商业时代》2007 年第 7 期。

[111] 朱元倩,苗雨峰:《关于系统性风险度量和预警的模型综述》,《国际金融研究》2012 年第 1 期。

[112] 朱元倩:《从宏观审慎视角看保险业的系统性风险》,《中国保险报》2012 年 3 月 27 号第 7 版。

[113] An Chen and Michael Suchaneki, "Default Risk, Bankruptcy Procedures and the Market Value of Life Insurance Liabilities," *Mathematics and Economics* 3 (2007): 231 – 255.

[114] A Ellul, et al, Mark – to – Market Accounting and Systemic Risk: Evidence from the Insurance Industry (58th Panel Meeting of Economic Policy 10, November 2013), pp. 1 – 59.

[115] A. M. Best, Bests' Insolvency Study, Property/Casualty, 2004.

[116] A Estrell, "Mixing and Matching: Prospective Financial Sector Mergers and Market Valuation," *Journal of Banking & Rinance* 25 (2001): 2367 – 2392.

[117] Alberto Dreassi, "Insurance Solvency Supervision, European Regulation and Takaful product," *Savings and Development* 33 (2009): 469 – 491.

[118] Andrew Ellul, Christian T. Lundblad and Yihui Wang, Mark – to – Market Accounting and Systemic Risk: Evidence from the Insurance Industry (Preliminary version of a paper prepared for the 58th Panel Meeting of Economic Policy, October 2013), pp. 1 – 59.

[119] Andreas Klinke and Ortwin Renn, "Systemic Risks as Challenge for Policy Making in Risk Governance," *Qualitative Social Research* 1 (2006): 1 – 13.

[120] Alfred Lehar, Measuring Systemic Risk: A Risk Management Approach (Working Paper: Department of Business Studies University of Vienna, September 2003). pp. 1 – 37.

[121] Bijlsma M, Klomp J and Duineveld S, Systemic Risk in the Financial Sec-

tor: A Review and Synthesis (CPB Netherlands Bureau for Economic Policy Analysis: CPB Documents January 2010), pp: 1 – 98.

[122] Brenda González – Hermosillo, Banking Sector Fragility and Systemic Sources of Fragility (IMF Working Paper, February 96), pp: 1 – 34.

[123] C. A. Williams et al, Risk Management and Insurance (McGraw – Hill Publishing Co. : International 8 Revised ed, 1998), pp: 1 – 173.

[124] Charles Poor Kindleberger, "Economic Response: Comparative Studies in Trade, Finance, and Growth," *The American Historical Review* 84 (1979): 415 – 416.

[125] De Bandt O and Philipp Hartmann, Systemic Risk: A Survey (European Central Bank: Working Paper 35, November 2000), pp. 1 – 79.

[126] Dr. Kai – Uwe Schanz, "Restoring Trust in the Financial Markets – time to Think Sustainably," *Insurance and Finance* 9 (2009): 231 – 238.

[127] D Kessler, "Why (Re) Insurance is not Systemic," *Journal of Risk and Insurance* 88 (2013): 477 – 488.

[128] Daniel M. Hofmann and Axel P. Lehmann, Dedicated Insures are not A Systemic Risk (An Assessment after the First Year of the Global Credit Risk: Mckinsey Research and Analysis, 2003)

[129] European Central Bank. Annual Report (2004).

[130] Franklin Allen and Douglas Gale, Systemic Risk and Regulation (Wharton Financial Institutions Center Working Paper, 2005), pp. 95 – 24.

[131] F Baluch and S Mutenga, Insurance, Systemic Risk and the Financial Crisis (The Geneva Papers 36, 2011), pp. 126 – 163.

[132] Frederie S. Mishkin, "Global Finaneial Instability: Framework, Events, Issues," *The Journal of Economic Perspectives* 4 (1999): 3 – 20.

[133] FSB, Intensity and Effectiveness of SIFI Supervision (Press Enquires, November 2010), pp. 1 – 3.

[134] FSB, Reducing the Moral Hazard Posed by Systemically Important Financial Institutions (FSB Recommendations and Time Lines, October 2010), pp. 1 – 14.

[135] FSB, Effective Resolution of Systemically Important Financial Institutions (Consultative Document: Recommendations and Timelines, July 2011).

[136] FSB, IMF and BIS, Macroprudential Policy Tools and Frameworks: Progress Report to G20 (February 2011), pp. 1 – 20.

[137] FSB, Key Attributes of Effective Resolution Regimes for Financial Institutions (October 2011), pp. 1 – 74.

[138] FSB, Policy Measures to Address Systemically Important Financial Institutions (Press Enquiries, November 2011), pp. 1 – 2.

[139] FSB, Recovery and Resolution Planning: Making the Key Requirements Operational (The Voice of Banking and Financial Service, November 2012), pp. 1 – 8.

[140] FSB, Guidance to Assess the Systemic Importance of Financial Institutions-Markets and Instruments Initial Considerations: Background Paper, July 2013), pp. 1 – 30.

[141] G10, Report on Consolidation in the Financial Sector (Available at: IMF; BIS, OECD Website, January 2001), pp. 1 – 463.

[142] Geneva Association, Regulations as A Source of Systemic Risk: the Need for Economic Impact Analysis (The Geneva Papers on Risk and Insurance: Issues and Practice Vol. 29, No. 2 (April 2004)), pp. 273 – 283.

[143] Geneva Association, Anatomy of the Credit Crisis: an Insurance Reader from the Geneva Association (The Geneva Reports, January 2010), pp. 1 – 159.

[144] Geneva Association, Systemic Risk in Insurance: An Analysis of Insurance and Financial Stability (The Geneva Association Systemic Risk Working Group, March 2010), pp. 1 – 129.

［145］ Geneva Association, Key Financial Stability Issues in Insurance (Reports, July 2010), pp. 1 – 51.

［146］ Geneva Association, Considerations for Identifying Systemically Important Financial Institutions in Insurance (Reports, April 2011), pp. 1 – 66.

［147］ Geneva Association, Insurance Regulation: Reflections for a Post – Crisis World (Reports, February 2012), pp. 1 –.

［148］ Geneva Association, Insurance and Resolution in Light of the System Risk Debate (Reports, February 2012), pp. 1 – 72.

［149］ Geneva Association, The Geneva Association Response to the IAIS G – SIIs Consultation (Reports, July 2012), pp. 1 –.

［150］ Geneva Association, The Surrenders in the Life Insurance Industry and Their Impact on Liquidity (Reports, August 2012), pp. 1 – 60.

［151］ Geneva Association, IAIS Policy Measures Consultation Response (Reports, November 2012).

［152］ Geneva Association, Cross Industry Analysis 28 G – SIBs vs 28 Insurers: Comparison of Systemic Risk Indicators (Reports, February 2013).

［153］ Geneva Association, Group – Wide Risk and Capital Management of Internationally Active Insurance Groups – Current Practices and Challenges (Reports, April 2013).

［154］ Geneva Association, Dialectics of the Current Regulatory and Supervisory Developments in Insurance (Reports, August 2013).

［155］ GFIA, Response to the IAIS Consultation on Proposed Policy Measures for G – SIIs (Reports, November 2012).

［156］ Gregor N. F. Weib and Janina Muhlnickel, "Consolidation and Systemic Risk in the International Insurance Industry," *Journal of Financial Stability* 18 (2015): 187 – 202.

［157］ Gregor N. F. Weiß and Janina Mühlnickel, "Why do Some Insurers Become

Systemically Relevant?," *Journal of Financial Stability* 13 (2014): 95 –117.

[158] H Chen, JD Cummins and KS Viswanathan, "Systemic Risk and the Interconnectedness between Banks and Insurers: An Econometric Analysis," *Journal of Risk and Insurance* 81 (2013): 623 – 652.

[159] Hart O. and Zingales L, How to avoid a new financial crisis (Working Paper, 2009), pp. 1 – 16.

[160] Hansjörg Furrer, Risk Based Solvency Requirements (Recent Development in Financial and Insurance Mathematics and the Interplay with the Industry in Oberwoifaeh, 2007).

[161] Harry Markowitz, "Portfolio Selection," *The Journal of Finance* 3 (1952): 77 –91.

[162] J. David Cummins and Mary A. Weiss, "Systemic Insurance and the U. S. Insurance Sector. *Journal of Risk and Insurance* 81 (2014): 489 – 528.

[163] J. S. Rosenb, *Risk Management and Insurance* (1972).

[164] Jaime Caruana. Systemic risk: How to Deal With It? (BIS Other Publications, February 2010), pp. 1 – 11.

[165] Hua Chen et al, "Systemic Risk and the Interconnectedness Between Banks and Insurance: An Econometric Analysis," Journal of Risk and Insurance 81 (2014): 623 –652.

[166] IAIS, Standard on the Structure of Regulatory Capital Requirements (Reports, October 2008).

[167] IAIS, Guidance Paper on the Use of Internal Models for Regulatory Capital Purpose (Reports, October 2008).

[168] IAIS, Follow up Response to G20 Washington Action Plan (Reports, February 2009).

[169] IAIS, Strategic Response of the IAIS to Address Lessons From the Financial Crisis Specific to the Insurance Sector (Reports, 2009).

[170] IAIS, Systemic Risk and the Insurance Sector (Reports, Ocober 2009).

[171] IAIS, IAIS Position Statement on Key Financial Stability Issues (Reports, July 2010).

[172] IAIS, Response to FSB Consultative Document on the Resolution of Systemically Important Institution (Reports, September 2011).

[173] IAIS, Insurance and Financial Stability (Reports, November 2011).

[174] IAIS, Insurance Core Principles, Standards, Guidance and Assessment Methodology (Reports, October 2011).

[175] IAIS, Global Systemically Important Insures: Proposed Assessment Methodology (Reports, May 2012).

[176] IAIS, Reinsurance and Financial Stability (Reports, July 2012).

[177] IAIS, International Center for Insurance Regulation Conference on Global Insurance Supervision (Reports, July 2012).

[178] IAIS, Submission to the IAIS on Its Proposed Methodology for Identifying Systemically Risky Insures (Reports, July 2012).

[179] IAIS, Application Paper on Regulation and Supervision Supporting Inclusive Insurance Markets (Reports, October 2012).

[180] IAIS, Global Systemically Important Insures: Proposed Policy Measures (Reports, October 2012).

[181] IAIS, Proposed Resolution of Main Issues From the Comments on Global Systemically Important Insures (Reports, November 2012).

[182] IAIS, Global Systemically Important Insurers: Policy and Measures (Reports, July 2013).

[183] IAIS, Global Systemically Important Insurers: Initial Assessment Methodology (Reports, July 2013).

[184] IAIS, Issues Paper on Policyholder Protection Schemes (Reports, October 2013).

［185］Iman Anabtawi and Steven L. Schwarcz, "Regulating System Risk: Towards Analytical Framework," *Notre Dame Law Review* 86（2011）: 1349 – 1412.

［186］IMF, Insurance and Issues in Financial Soundness（Working Paper, July 2003）, pp. 1 – 44.

［187］IMF, Global Stability Report – Responding to the Financial Crisis and Measuring Systemic Risks（Working Paper: Washington, DC, 2009）.

［188］JF Slijkerman, D Schoenmaker and CG de Vries, "Systemic risk and diversification across European banks and insurers," Journal of banking & finance 37（2012）: 773 – 785 .

［189］Kaufman George G. , Bank Failures, Risk and Bank Regulation. *CATO Journal* 16（1996）: 17 – 46.

［190］Kaufman G G, *Market Discipline in Banking: Theory and Evidence*（Amsterdam: Elsevier vol（15）, 2003）.

［191］Kaufman G G and Scott K E, "What is Systemic Risk, and Do Bank Regulators Retard or Contribute to it?," *Independent Review* 3（2003）: 371 – 391.

［192］Landau J – P, Bubbles and Macro Prudential Supervision（Remarks at the Joint conference on the VFuture of Financial RegulationV, Banque de France and Toulouse School of Economics, Paris. , 2009）, p. 28.

［193］Lehar A, Measuring Systemic Risk: A Risk Management Approach（SSRN Working Paper, July 2003）, pp. 1 – 37.

［194］Linda Allen, Turan G. Bali and Yi Tang, "Does Systemic Risk in the Financial Sector Predict Future Economic Downturns?," *Review of Financial Studies* 10（2012）: 3000 – 3036.

［195］M Billio, M Getmansky and AW Lo, L Pelizzon, Measuring Systemic Risk in the Finance and Insurance Sectors（Working Paper, 10 2010）, pp. 1 – 68.

［196］M Billio, M Getmansky and AW Lo, L Pelizzon, "Econometric Measures of Connectedness and Systemic Risk in the Finance and Insurance Sectors,"

*Journal of Financial Economics* 104 （2012）: 535 – 559.

［197］ Maciej Sterzynski and Jan Dhaene, Solvency II: Changes within the European Single Insurance Market （Working Paper 4, 2006）, pp. 1 – 11.

［198］ Markus Brunnermeier, Modeling and measuring systemic risk （Working Paper, October 2010）, pp. 1 – 5.

［199］ Matthew Beville, "Financial pollution systemic: risk and market stability," *Florida State university review* 36 （2009）: 245 – 274.

［200］ Martin F. Grace, The Insurance Industry and Systemic Risk: Evidence and discussion （Reports, April 2010）, pp. 1 – 40.

［201］ Martin Hellwig, "Systemic Risk in the Financial Sector: An Analysis of the Subprime – Mortgage Financial Crisis," *De Economist* 157 （2009）: 129 – 207.

［202］ Monica Billio et al, Measuring Systemic Risk in the Finance and Insurance Sector （MIT Sloan School of Management Working Paper, March 2010）, pp. 4774 – 4784.

［203］ Martin Summer, "Banking Regulation and Systemic Risk," *Open Economies Review* 14 （2003）: 43 – 70.

［204］ NAIC, Systemic Risk and the US Insurance Sector （Policy & Research, 2010）.

［205］ NAIC, An Analysis of the AIG Case: Understanding Systemic Risk and Its Relation to Insurance （Reports, 2012）.

［206］ O Bernal, JY Gnabo and G Guilmin, "Assessing the Contribution of Banks, Insurance and Other Financial Services to Systemic Risk," *Journal of Banking & Finance* 47 （2014）: 270 – 287.

［207］ Oliver De Bandt and Phillip Hartmann, Systemic risk: A Survey （Working Paper, November 2000）.

［208］ Patrick M. Liedtke, The Global Financial Crisis and the Insurance Industry （Insurance and Finance: Frequently Asked Questions, March 2010）, pp. 1 – 4.

[209] Rampini, A. , Default Correlation (Working Paper, Northwestern University, 1999).

[210] Ross Levine, "The Governance of Financial Regulation: Reform Lessons from the Recent Crisis," *International Review of Finance* 12 (2012): 39 – 56.

[211] Roger Massey et al, Insurance company failure (Working Paper, 2003).

[212] Sylvester C. W. Eijffinger, Defining and Measuring Systemic Risk (Reports, 2009).

[213] Scott E. Harrington, "The Financial Crisis, Systemic Risk, and the Future of Insurance Regulation," *The Journal of Risk and Insurance* 12 (2009): 785 – 819.

[214] Scott E. Harrington, "The Financial Crisis, Systemic Risk, and the Future of Insurance Regulation," *The Journal of Fisk and Insurance* 4 (2009): 785 – 819.

[215] Swiss Re, Reinsurance – A Systemic Risk (Zurich, Switzerland, May 2003).

[216] Swiss Federal Office of Private Insurance, White Paper of the Swiss Solvency Test (Swiss Federal Office of Private Insurance, 2004), pp. 1 – 43.

[217] Se Harrington, "The Financial Crisis, Systemic Risk, and the Future of Insurance Regulation," *Journal of Fisk and Insurance* 76 (2009): 785 – 819.

[218] Stefano Giglio et al, Systemic Risk and the Macroeconomy: An Empirical Evaluation (Nber Working Paper Series, September 2012), pp. 1 – 64.

[219] Steven L Schwarcz, Systemic Risk. *Georgetown Law Journal* 11 (1997): 86 – 93.

[220] Stevan L. Schwarcz, Identifying and Managing Systemic Risk an Assessment of Our Progress (Working Paper, March 2011), pp. 1 – 17.

[221] Swiss Re, The great changes from insurance marketing in Japan (Reports, August 2000).

[222] Swiss Re, Economic Research and Consulting (Reports, July 2002).

[223] Swiss Re, Global Insurance Review 2008 and Outlook 2009: Weathering

the Storm（Reports, November 2008）, pp. 1 – 36.

［224］ Swiss Re, Risk Talk on Financial Markets Regulation（Reports, March 2010）, pp. 1 – 2.

［225］ The Joint Forum, Principles for the Supervision of Financial Conglomerates（Reports: Basel Committee on Banking Supervision, September 2012）, pp. 1 – 68.

［226］ Thomas J Hoerger, "Frank A. Sloan and Mahmud Hassan, Loss Volatility Bankrupt and the Demand for Reinsurance," *Journal of Risk and Uncertainty* 3（1990）: 221 – 245.

［227］ Viral V. Acharya, "Theory of Systemic Risk and Design of Prudential Bank Regulation," *Journal of Financial Stability* 5（2009）: 224 – 255.

［228］ William F. Sharpe, "A Simplified Model for Portfolio Analysis," *Management Science* 1（1963）: 277 – 293

［229］ William F. Sharpe, "Capital Asset Prices: A Theory of Market Equilibrium under Conditions of Risk," *The Journal of Financial* 3（1964）: 425 – 442.

［230］ Xin Huang, Hao Zhou and Haibin Zhu. A Framework for Assessing the Systemic Risk of Major Financial Institutions（BIS Working Papers: Monetary and Economic Department, April 2009）, pp. 1 – 40.

［231］ Xin Huang, Hao Zhou and Haibin Zhu. 2011. Systemic risk contributions（Finance and Economics Discussions Series, Federal Reserve Board, August 2011）, pp. 36 – 43.

**图书在版编目（CIP）数据**

保险业系统性风险及其管理的理论和政策研究／郭金龙，
周华林著.—北京：社会科学文献出版社，2016.1
ISBN 978 - 7 - 5097 - 8065 - 7

Ⅰ.①保… Ⅱ.①郭… ②周… Ⅲ.①保险业 - 风险管理 -
研究 Ⅳ.①F840.32

中国版本图书馆 CIP 数据核字（2015）第 225693 号

**保险业系统性风险及其管理的理论和政策研究**

著　　者／郭金龙　周华林

出 版 人／谢寿光
项目统筹／恽　薇　王婧怡
责任编辑／许秀江　刘宇轩

出　　版／社会科学文献出版社·经济与管理出版分社（010）59367226
　　　　　地址：北京市北三环中路甲 29 号院华龙大厦　邮编：100029
　　　　　网址：www.ssap.com.cn
发　　行／市场营销中心（010）59367081　59367090
　　　　　读者服务中心（010）59367028
印　　装／三河市东方印刷有限公司

规　　格／开本：787mm×1092mm　1/16
　　　　　印张：17.75　字数：258 千字
版　　次／2016 年 1 月第 1 版　2016 年 1 月第 1 次印刷
书　　号／ISBN 978 - 7 - 5097 - 8065 - 7
定　　价／79.00 元